데일 카네기

인간
관계론

와일드북

와일드북은 한국평생교육원의 출판 브랜드입니다.

데일 카네기
인간관계론

초판 1쇄 발행 · 2023년 07월 17일
초판 3쇄 발행 · 2023년 10월 10일

지은이 · 데일 카네기
옮긴이 · 유광선 · 장비안
발행인 · 유광선
발행처 · 한국평생교육원
편 집 · 장운갑
디자인 · 박형빈
마케팅 · 경영숙 · 김미숙 · 김미정(부산) · 김미정(창원) · 김미정(충남) · 김미진 · 김민정 · 김부자 · 김세경 ·
　　　　　김수자 · 김은정 · 김지혜 · 김진희 · 노희석 · 류경문 · 문유리 · 문혜숙 · 박초희 · 배새나 · 서미애 ·
　　　　　서형덕 · 성연정 · 손미향 · 송기나 · 신선아 · 신정아 · 오정희 · 윤혜숙 · 이금순 · 이미경 · 이봉선 ·
　　　　　이여정 · 이은경 · 이응준 · 이헌영 · 임정미 · 임주리 · 장선식 · 장정화 · 장현옥 · 전준우 · 전혜린 ·
　　　　　정운란 · 조숙진 · 조환철 · 차영호 · 최경선 · 한성심 · 황준연 · 황진숙

주 소 · (대전) 대전광역시 유성구 도안대로589번길 13 2층
　　　　　(서울) 서울시 서초구 반포대로 14길 30(센츄리 1차오피스텔 1107호)
전 화 · (대전) 042-533-9333 / (서울) 02-597-2228
팩 스 · (대전) 0505-403-3331 / (서울) 02-597-2229

등록번호 · 제2018-000010호
이메일 · klec2228@gmail.com

ISBN 979-11-92412-53-5 (13190)
책값은 책표지 뒤에 있습니다.

잘못되거나 파본된 책은 구입하신 서점에서 교환해 드립니다.

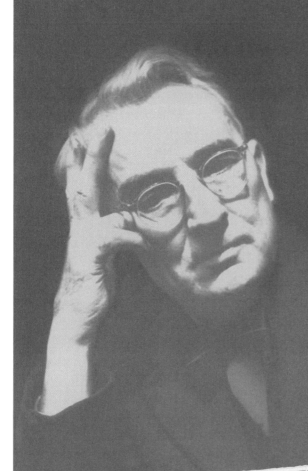

데일 카네기
인간
관계론

데일 카네기 지음 | 유광선 · 장비안 역

완역본

와일드북
WILD

어떻게,
그리고 왜 이 책을 쓰게 되었나

20세기 초반 첫 35년 동안, 미국의 출판사들은 20만 종이 넘는 책을 발행했다. 그중 대부분의 책은 극도로 따분했고, 많은 책이 적자를 내었다. 내가 '많은 책'이라고 했는가? 세계에서 가장 큰 출판사를 운영하는 어느 편집장은 나에게 자신의 75년 된 출판사가 여전히 출간하는 책의 8권 중에서 7권이 적자를 보고 있다고 고백한 적 있다.

그런데도 나는 어째서 무모하게도 새로운 책을 쓰려고 하는가? 그리고 왜 그렇게 쓴 글을 독자들에게 읽으라고 하는가?

두 가지 다 타당한 질문이기에 답을 해보도록 하겠다.

1912년부터 나는 뉴욕의 직장인과 사업가들을 상대로 강좌를 개설해왔다. 처음에는 대중 연설에 관해서만 강연을 했다. 그 교육 과정은 성인들이 순발력을 길러 직업 활동 시 또는 여러 사람들 앞에서 자기 생각을 더 명확하고, 효율적이고 침착하게 표현할 수 있도록 하기 위해 만들어진 것이었다.

하지만 강연을 이어갈수록 나는 그 사람들에게 효율적으로 말하는 방법이 절실히 필요하다는 사실을 깨닫게 되었다. 그들은 일과 일상에서 모두에서 사람들과 어울리는 기술에 대한 연습이 필요해 보였다. 예를 들어 공학, 회계, 건축이나 다른 어떤 직업을 가진 사람도 적정한 임금을 지불하면 고용하는 것이 가능하다. 하지만 전문적 지식은 물론 생각을 표현하고, 사람들을 이끌고, 열정을 끌어내는 기술을 가진 사람이라면 더 많은 임금을 받을 수 있을 것이다.

전성기를 누리던 시절의 존 D. 록펠러는 "사람을 다루는 능력이 설탕이나 커피처럼 돈을 주고 구매할 수 있는 것이라면, 나는 어떤 값이라도 치를 것이다."라고 말한 적 있다.

하지만 이미 모든 대학에서 이 지상에 존재하는 능력 중 최고로 값진 능력을 계발하는 교육과정을 개설하고 있지 않을까? 그러나 지금 이 글을 쓰는 시점에 미국의 어느 한 대학에서라도 그런 현실적이고 상식적인 교육 과정을 제공하고 있는지 모르겠다.

시카고 대학과 YMCA 연합학교는 성인들이 무엇을 공부하고 싶어 하는지를 알아내기 위한 조사를 진행했다.

조사에는 2만 5천 달러가 들었으며, 2년이라는 시간이 걸렸다. 마지막 설문은 전형적인 미국 도시인 코네티컷주의 메리덴에서 이루어졌다. 메리덴의 모든 성인들을 면담했고 156개의 질문이 던져졌다.

"무슨 일을 하십니까?", "어떤 공부를 하셨나요?", "여가시간에 하는 일은 무엇입니까?", "수입은?", "취미는?", "꿈은?", "겪고 있는 문제는?", "관심 있는 공부는?" 등과 같은 것들이었다.

설문을 통해 성인들의 주요 관심사가 건강이라는 사실이 밝혀졌다. 그리고 두 번째로 중요한 관심사는, 다름 아닌 사람이었다. 그들은 어떻게 하면 사람을 이해하고 잘 지낼 수 있는지, 타인이 자신을 좋아하게 만들 수 있는지 그리고 다른 사람을 설득할 수 있는지를 배우고 싶어 했다.

설문을 진행한 위원회는 메리덴에 거주하는 사람들을 대상으로 강연을 개설하기로 했지만, 그 주제에 관한 실용적인 교재를 단 한 권도 발견하지 못했다.

성인 교육의 세계 최고 권위자까지 찾아가보았지만 소용없는 일이었다.

"성인들이 무엇을 원하는지는 압니다. 하지만 그런 책은 나온 적이 없어요."

나는 경험으로 그것이 사실임을 알고 있었다. 나 역시 인간관계를 다루는 실용서를 몇 년째 찾고 있었기 때문이었다. 그런 책이 존재하지 않는다고 하니, 나는 내가 개설한 강좌를 위해 직접 책을 한 권 쓰게 되었다.

이 책이 바로 그 책이다. 여러분의 마음에 들었으면 좋겠다.

이 책을 준비하면서 나는 관련 주제를 다루는 모든 것을 읽었다. 신문 칼럼, 잡지 기사, 가정법원의 기록, 고대 철학자와 현대 심리학자의 책과 같은 것들이었다. 그에 더해 전문 연구원을 고용해 반년 동안 서점을 돌며 놓친 자료들을 수집하였다. 여러 박식한 심리학 서적으로 시작해, 수백 개의 잡지 기사, 셀 수 없이 많은 전기를 읽으며 어떻게 모든 시대의 위대한 지도자들이 사람들을 다뤄왔는지 알아내려 했다.

우리는 율리우스 카이사르에서 토머스 에디슨에 이르기까지 위대한 지도자들의 전기를 읽었다. 시어도어 루스벨트의 전기만 백 권 이상을 읽었을 정도다. 우리는 시간과 비용을 아끼지 않고 모든 시대에 걸쳐 '친구를 얻고 사람을 변화시킬 수 있는' 누군가가 사용한 실용적인 방법을 알아내고자 했다.

나는 개인적으로 많은 성공한 사람을 면담했다. 그중에는 세계적으로 유명한 발명인 마르코니와 에디슨, 정치 지도자인 프랭클린 D. 루스벨트와 제임스 팔리, 일류 기업가인 오언 D. 영, 영화배우인 클라크 게이블과 메리 픽포드,

탐험가인 마틴 존슨과 같은 사람들도 있었다. 나는 그들이 인간관계에 사용한 기술을 알아내기 위해 노력했다.

이 모든 자료에 기반하여 나는 짧은 강연을 준비했다. 그리고 그 강연을 '친구를 얻고 사람을 변화시킬 수 있는 방법(인간관계론)'이라고 불렀다.

'짧은 강연'.

초기에는 실제로 짧은 시간을 할애했으나, 머지않아 그것은 1시간 30분짜리가 되었다. 그리고 수년째 나는 시즌마다 뉴욕의 카네기 연구소에서 성인들을 상대로 수업을 진행했다.

강연을 열 때면 참석한 사람들에게 업무나 사교 모임에서 배운 내용을 적용해보고 다음 강의 시간에 그 경험담과 성취한 결과물을 얘기해달라고 말했다.

그렇게 흥미로운 과제라니!

자기 계발에 목말라 있던 수강생들은 새로운 종류의 실험실에서 일한다는 아이디어에 매료되었다. 그것은 전에 없던 성인을 위한 인간관계 실험실이었던 것이다.

이 책은 일반적인 책이 아니다. 이 책은 아이가 성장하듯 성장했다. 수천 명 성인들의 경험을 통해 우리의 실험실에서 계속해서 성장과 발전을 겪은 것이다.

수년 전, 우리는 엽서보다 크지 않은 크기의 카드 위에 규칙들을 써넣었다. 다음 시즌에 우리는 더 큰 카드를 사용했고, 그다음엔 전단지를, 그리고 일련의 소책자를 만들게 되었다. 우리의 작업물은 매번 더 커지고, 내용은 더 풍부해졌다. 그리고 15년간의 실험과 연구 끝에, 이 책이 탄생했다.

우리가 여기서 정하는 규칙들은 단순한 이론이나 추측이 아니다. 그 규칙들은 마법 같은 결과를 가져다준다. 듣기만 해도 놀라운 이 규칙들을 적용한 많은 사람들은 삶이 송두리째 바뀌는 경험을 하게 되었다.

예를 들어보자.

314명의 직원을 보유하고 있는 한 남자가 강의에 참석했다. 그는 수년째 경솔하게 직원들을 몰아붙이고, 비판하고 비난해왔다. 그에게서 친절한 말, 칭찬이나 격려는 들을 수 없는 것이었다. 하지만 이 책에 나오는 규칙들을 학습한 그는 인생관을 완전히 바꾸게 되었다. 그의 회사는 이제 새로운 충성심, 새로운 열정, 새로운 협업 정신으로 가득 차게 되었다. 314명의 적은 이제 314명의 친구로 바뀌었다. 그는 강연 당시 수강생들 앞에서 자랑스러운 듯 말했다.

"예전에는 회사를 돌아다닐 때 그 누구도 나에게 인사를 하지 않았습니다. 직원들은 내가 다가오는 모습을 보면 다른 곳을 쳐다보았어요. 이제 그 사람들은 모두 제 친구가 되었고, 경비원마저도 제 이름을 친근하게 부른답니다."

그 고용주는 더 많은 수입, 여유 그리고 가장 중요한 행복을 찾았다. 일터에서든 집에서든 마찬가지였다.

셀 수 없이 많은 영업사원들이 이 기술을 이용하면서 매출이 올랐다. 그리고 많은 사람들이 새로운 고객을 끌어들였다. 과거에 설득을 실패한 사람들이었는데도 말이다. 기업의 임원들은 더 많은 권한을 얻게 되었고, 더 높은 임금을 받게 되었다. 한 임원은 이 책의 규칙들을 적용하여 연봉 인상에 성공했다고 말해주었다. 필라델피아 가스 회사의 한 임원은 적대적인 태도와 사람들을 능숙하게 다룰 줄 모른다는 이유로 65세의 나이에 좌천을 당할 상황에 처해 있었다. 이 훈련은 그를 좌천으로부터 구했을 뿐 아니라 승진과 임금 상승까지 안겨주었다.

강좌가 끝날 때 열리는 파티에 참석한 수강생의 배우자들은 나에게 수업 덕분에 가정이 훨씬 행복해졌다고 수없이 말해주었다.

사람들은 자신들이 일군 새로운 성취에 적지 않게 놀란다. 어떤 경우에 그들은 일요일에 나에게 전화를 걸어 이뤄낸 일들을 들려주기도 한다. 다음 수업까지 48시간을 기다릴 수 없다는 이유로 말이다.

한 남성은 이 규칙들에 너무도 큰 자극을 받은 나머지 밤새 다른 수강생들과 이야기를 나누기도 했다. 새벽 3시가 되었을 때, 다른 사람들은 집으로 돌아갔다. 하지만 그는 자신의 실수를 깨닫고 너무도 충격을 받은 데다 앞으로 펼쳐질 더욱 풍요로운 새로운 세상을 발견한 나머지 그날 밤은 물론 그다음 날도, 다음 날의 다음 날에도 잠을 이룰 수 없었다.

그는 누구였을까? 세상 물정 모르고, 교육을 받지 못해 우연히 알게 된 새로운 이론에 신이 나서 떠드는 그런 사람이었을까? 전혀 아니다. 그는 지적인 신사이자 미술품 매매업자로, 3개 국어를 유창하게 쓰고 두 곳의 유럽 대학을 졸업한 사람이었다.

이 서문을 쓰는 동안, 나는 독일의 한 가족으로부터 편지를 받았다. 그의 가문은 몇 세대에 거쳐 호엔촐레른 왕가를 위해 장교직을 맡아왔다. 그는 대서양을 횡단하는 중 자신이 이 규칙들을 적용한 일을 적은 편지를 보냈다. 마치 종교적 열정에 찬 사람처럼 보였다.

또 다른 뉴욕에 살고 하버드를 졸업한 부호이자 대형 카펫 공장을 소유한 한 남성은 대학에서 보낸 4년보다 지난 2주의 교육 과정 동안 사람들에게 영향을 미치는 기술에 관해 더 많은 것을 배웠다고 선언했다. 터무니없는, 기상천외한 농담 같은가? 당연히 당신은 내 말을 얼마든 무시할 수 있다. 그러나 이것은 그 어떤 것도 덧붙이지 않은, 한 보수적이고 저명한 하버드 졸업생이 1933년 2월 23일 목요일 저녁, 뉴욕의 예일 클럽에서 약 6백 명의 사람들을 대상으로 한 이야기를 그대로 옮겨적은 것이다.

저명한 하버드대 교수 윌리엄 제임스는 이렇게 말했다.

"우리는 가진 역량에 비해 반 정도만 깨어있습니다. 우리는 신체적, 정신적 자원의 극소량만 사용하고 있습니다. 간단히 말하자면, 인간은 자신의 한계에 한참 미치지 못하는 삶을 삽니다. 그리고 가진 능력을 사용하는 데 실패하는 것이 익숙해진 나머지 다양한 힘을 지녔음에도 그것을 활용하지 못합니다."

'습관적으로 사용하지 않고 있는' 능력!

이 책의 유일한 목적은 여러분의, 잠들어 있어 사용한 적 없는 자산을 발견하고 개발하고 활용할 수 있도록 돕는 것이다.

과거에 프린스턴 대학 학장을 지낸 존 G. 히븐은 말했다.

"교육이란 인생에서 마주치는 다양한 사건들에 대처할 수 있는 능력을 길러주는 것이다."

만일 제3장까지 읽은 뒤에도 삶에서 마주치는 상황들을 두고 더 나은 대비를 하지 못했다면, 이 책은 당신에게만큼은 완벽한 실패작이라고 생각해야 할 것이다. 허버트 스펜서는 말했다.

"교육의 위대한 목적은 지식이 아닌 행동이다."

이 책은 행동을 위한 지침서다.

−데일 카네기, 1936년.

1. 이 책을 최대한 활용하고자 한다면, 한 가지 필수적인 조건이 있다. 이 조건은 다른 규칙이나 기술보다 훨씬 더 중요한 요소이다. 이 가장 본질적인 조건을 충족하지 못한다면, 아무리 많은 다른 원리를 갖고 있다 해도 쓸모가 없을 것이다. 이 특별한 조건을 충족한다면, 다른 도움을 받지 않고도 경이로운 일들이 펼쳐질 것이다.

   그 마법의 조건이란 무엇일까? 바로 배움에 대한 깊고도 절실한 욕망, 사람들을 다루는 능력을 향상시키고야 말겠다는 단호한 결단이다.

   그런 열망을 어떻게 키울 수 있을까? 이 규칙들이 얼마나 중요한지 꾸준히 상기함으로써 그렇게 할 수 있다. 그 능력을 키움으로써 더 풍요롭고, 충만하고, 행복하고 만족스러운 삶을 누리게 될지 상상해보라. 자신에게 계속해서 이렇게 속삭여라.

   "나의 인기, 나의 행복과 자존감은 사람을 다루는 능력의 크기에 따라 크게 달라진다."

2. 처음에는 전체적인 내용을 인지하겠다는 생각으로 각 장을 빠르게 읽어라. 그러면 아마 대충 다음으로 넘어가고 싶은 마음이 들기도 할 것이다. 재밌는 독서거리가 아니라 인간관계의 기술을 향상시키기 위해 이 책을 집어 들었다면, 처음으로 돌아가 각 장을 꼼꼼하게 다시 읽어라. 결국은 이런 방식이 시간도 절약해주고 원하는 결과를 얻게 될 것이다.

3. 지금 읽고 있는 것이 무엇인가를 지속적으로 반추하기 위해 독서 중간에 틈틈이 멈추어라. 이 책이 제안하는 것들을 언제 적용할 수 있을지 생각해보라.

4. 색연필, 연필, 펜, 마커 또는 형광펜을 손에 쥐고 읽어라. 사용할 수 있을 것 같은 원리를 발견하게 된다면, 그 아래 밑줄을 그어라. 그리고 만일 정말 필요하다 싶은 제안을 마주하게 된다면, 그 문장에 밑줄을 긋거나 형광펜으로 칠하거나 괄호 표시를 하라. 책에 표시하거나 밑줄을 그으면 훨씬 흥미로워 보이는 효과도 있고, 다시 읽을 때 매우 빠르고 간단하다.

5. 나는 15년 동안 대형 보험사의 사무장으로 일해온 여성을 한 명 알고 있다. 그녀는 한 달에 한 번씩 회사가 새로 맺은 보험 계약의 전문을 읽었다. 그리고 몇 해 동안이나 그 일을 반복했다. 왜 그랬을까? 계약 조항을 확실하게 기억하는 유일한 방법이었다는 것을 경험으로 깨달았기 때문이었다.

한번은 2년 동안 대중연설에 관한 책을 쓴 적이 있다. 당시 나는 책에 쓴 내용을 기억하기 위해 계속해서 첫 장부터 책을 다시 읽어야만 했다. 우리는 놀라울 정도로 빠른 속도로 습득한 것을 잊어버리곤 한다. 그러니 이 책을 오래도록 효율적으로 사용하고 싶다면, 한 번 스치듯 읽는 것으로 충분할 것이라는 생각은 접어라. 이 책을 꼼꼼히 읽은 뒤에는 매달 몇 시간을 투자해 다시 읽고, 매일 일하는 책상 위에 올려두어라. 자주 훑어보아야 한다. 눈앞에 널린 풍부한 자기 계발 가능성을 두고 자신을 계속해서 자극하라. 이 규칙들을 일상의 습관으로 만드는 유일한 방법은 이 책을 꾸준하게 열심히 읽으며 적용하는 것이다. 다른 방법은 없다.

6. 버나드 쇼는 언젠가 이런 말을 한 적 있다.

"어떤 사람에게 무언가를 가르친다면, 그는 결코 스스로 배우지 못할 것이다."

쇼는 옳았다. 배움은 활동적인 과정이다. 우리는 행동을 통해 배운다. 그러니 이 책에서 배우고 있는 규칙들을 완전히 습득하고자 한다면, 그에 맞는 행동을 취하라. 기회가 있을 때마다 이 규칙들을 적용하라. 그러지 않는다면 순식간에 잊어버리고 말 것이다. 사용해본 적 있는 지식만이 마음에 새겨진다.

당신은 아마 이 책이 제안하는 모든 바를 한 번에 적용하는 것이 어렵다고 생각할 것이다. 나 역시 이 책을 직접 썼음에도 내가 지지하는 모든 것에 적용하는 것이 어렵다고 느꼈다. 예를 들어 당신이 불쾌함을 느꼈다면 다른 사람의 관점에서 이해해보려고 노력하는 것보다는 비판하고 비난하는 것이 훨씬 쉬울 것이다. 다른 사람을 칭찬하는 것보다는 잘못을 찾아내는 것이 일반적으로 더 쉽다. 다른 사람이 원하는 것에 관해 이야기하는 것보다는 당신이 원하는 것에 관해 이야기하는 것이 훨씬 자연스럽다. 그렇기에 이 책을 읽을 때는 단순히 정보를 얻으려는 것에 그쳐서는 안 됨을 상기하라. 당신은 새로운 습관을 들이려고 시도하고 있다. 맞다. 당신은 새로운 삶의 방식을 시도하는 것이다. 그 일에는 시간과 꾸준함 그리고 매일의 연습이 필요하다.

그러니 이 책을 자주 들여다보라. 인간관계에 관한 안내서라고 여기고 어떤 특정한 문제에 직면할 때면—아이를 다루거나, 배우자를 설득하거나, 화가 난 고객을 만족시켜야 할 때—당연하게 생각되는, 충동적인 행동을 저지르지 않도록 고민하라. 왜냐하면 그런 행동은 대체로 잘못되었기 때문이다. 대신, 책장을 넘기며 밑줄 친 문장들을 되짚어보라. 이 책이 제안하는 새로운 방식을 시도한다면 마법이 일어나는 것을 목격하게 될 것이다.

7. 당신의 배우자, 아이 또는 직장 동료가 당신이 특정 규칙을 위반했다는 사실을 알아차릴 때마다 일정한 벌금을 내라. 이 규칙들을 습득하는 게임을 만들어 의욕을 불어넣는 것이다.

8. 월가의 한 중요한 은행의 은행장을 강연에 초청했을 때, 그는 자기 계발을 위해 사용한 대단히 효율적인 시스템을 소개해주었다. 이 남자는 제대로 된 교육을 받지는 못했지만, 미국에서 가장 유명한 금융인 중 한 명이 되었다. 그는 자신의 성공이 직접 만든 이 시스템 덕분이라고 고백했다. 다음은 기억나는 대로 그의 말을 옮긴 것이다.

"오랫동안 나는 그날 잡힌 모든 약속을 보여주는 약속 메모용 수첩을 지니고 다녔습니다. 가족들은, 토요일 밤에는 그 어떤 계획도 잡지 않았습니다. 내가 토요일 저녁마다 스스로 반성하고 평가하는, 되새김의 시간을 갖는다는 것을 알고 있었기 때문입니다.

저녁 식사 후 나는 혼자 방에서 약속 수첩을 열고 한 주 동안 일어난 면담, 토론과 회의를 되짚어 봅니다. 그리고 이런 질문을 던지는 것입니다.

'그때는 어떤 실수를 저질렀지?'

'잘 처리한 일에는 어떤 것이 있지? 어떻게 하면 더 많은 성과를 낼 수 있을까?'

'그 경험으로는 어떤 부분을 배울 수 있나?'

대체로 이 주간 평가는 매우 불쾌한 과정처럼 느껴졌습니다. 스스로 저지른 실수에 놀라는 일도 잦았습니다. 당연히 시간이 흐르면서 실수의 빈도가 줄어갔습니다. 때로는 평가 후 스스로 격려하고 싶은 순간도 찾아왔습니다.

이 자기 분석, 자기 교육 시간은 수년간 이어졌고, 내가 시도했던 그 어떤 일보다 더 많은 것을 이루도록 해주었습니다.

결정을 내리는 능력을 개선시킬 수 있었으며, 사람들과의 관계에서도 엄청난 도움을 얻었습니다. 그래서 적극적으로 권유할 수밖에 없습니다."

이 책에서 다루는 규칙들을 당신의 삶 속에 얼마나 잘 적용하고 있는지 점검해보는 건 어떨까? 그렇게 한다면 두 가지 결과가 따를 것이다.

첫째, 스스로 재미있고도 값을 매길 수 없는 교육 과정에 참여하고 있다는 것을 느낄 수 있다.

둘째, 사람들을 만나고 다루는 능력이 엄청나게 증가할 것이다.

9. 이 책의 마지막 장에는 여러 빈 페이지가 있을 것이다. 책의 규칙들을 성공적으로 적용한 일을 기록하라. 이때 이름, 날짜, 성과를 구체적으로 기록해야 한다. 이 같은 기록을 통해 더 많은 노력을 기울이고 싶어질 것이다. 지금부터 몇 년이 지난 어느 날 저녁에 이러한 기록을 펼쳐보았을 때, 얼마나 흥미로울지 생각해보라!

1. 인간관계의 법칙을 완전히 익히겠다는 깊고도 절실한 욕구를 끌어올려라.

2. 다음 장으로 넘어가기 전에 앞 장을 두 번 더 읽어라.

3. 책을 읽는 동안 책이 제시하는 규칙을 어떻게 적용할 수 있을지 틈틈이 고려해보라.

4. 중요한 이야기에 밑줄을 그어라.

5. 매달 이 책을 다시 읽어라.

6. 기회가 있을 때마다 이 책의 규칙들을 적용하라. 일상의 문제들을 해결하는 실전용 교재처럼 이 책을 활용하라.

7. 친구들과 당신이 규칙을 위반할 때마다 10센트 또는 1달러씩 벌금을 내는 내기를 하라.

8. 매주 당신이 이룬 발전을 확인하라. 저지른 실수, 개선한 점, 미래를 위해 배운 교훈이 있었는지 뒤돌아보아라.

9. 책의 마지막 장을 이용해 당신이 언제, 어떻게 규칙들을 적용했는지 기록하라.

차례 ● ● ● ●

제4부 상대방의 감정을 상하게 하거나 원한을 사지 않고 사람을 변화시키는 방법

> "
>
> 내가 가진 능력 중 가장 위대한 능력은 사람들에게 열정을 불어넣는 것이라 생각합니다.
>
> 누군가에게서 최고의 능력을 끌어내는 방법은 칭찬과 격려를 건네는 것입니다.
>
> 상사의 비판만큼 누군가의 야심을 꺾는 것도 없습니다.
>
> 나는 그 누구도 비판하지 않습니다. 나는 일하는 데 필요한 장려책을 마련해주는 것을 중시합니다.
>
> 그렇기에 나는 칭찬을 하지 못해 안달하기는 해도 결점을 찾는 것은 꺼립니다.
>
> 나는 진심으로 남을 인정하고 칭찬하는 것을 좋아합니다.
>
> "

제1부
사람을 다루는 기본적인 방법

제1장

꿀을 얻고자 한다면, 벌집을 걷어차지 마라

▶─────── 1931년 5월 7일, 뉴욕에서는 가장 큰 화제를 일으켰던 검거 작전이 절정을 향해 치닫고 있었다. 수 주간의 추적 끝에 웨스트 엔드가에 있는 애인의 아파트에 숨어있던 살인자 일명 '쌍권총' 크로울리가 결국 포위된 것이었다. 그는 음주도 흡연도 하지 않는 사람이었다.

150여 명의 경찰과 형사들이 옥상에 잠복하여 지붕에 구멍을 뚫은 뒤 최루 가스를 살포해 범인을 집 밖으로 꺼내려고 시도했다. 인근 건물에서도 그 아파트를 향해 총구를 겨누는 중이었다. 한 시간이 넘도록 뉴욕의 고급스러운 주택가에 온갖 총소리가 울려 퍼졌다. 커다란 의자 뒤에 몸을 감춘 크로울리는 쉬지 않고 경찰에게 총을 쏴댔다. 흥분한 채로 그 교전을 지켜보는 사람만 만여 명이었다. 뉴욕의 길거리에서 그런 광경이 벌어진 건 처음 있는 일이었다. 크로울리가 체포되었을 때, 경찰청장 E. P. 멀루니는 이렇게 말했다.

"뉴욕 역사상 이렇게 위험한 범죄자는 없었습니다. 그는 일말의 고민도 없이 사람을 죽입니다."

하지만 정작 크로울리 자신도 그렇게 생각했을까? 사방으로 총알이 쏟아지는 그 당시 그는 유언장을 쓰고 있었다. 그의 상처에서 흘러나온 피가 종이 위에 붉은 자국을 남겼다. 그의 유언은 이런 것이었다.

'내 옷 안에는 피곤하고 지친 심장이 있다. 그러나 그 심장은 따뜻하다.'

이 일이 있기 얼마 전, 크로울리는 롱 아일랜드 인근의 한 시골에서 애정행각을 벌이고 있었다. 갑자기 한 경찰관이 주차되어 있던 그의 차로 다가와 '운전면허증 좀 확인합시다.'라고 말했다.

크로울리는 한마디 말도 없이 리볼버를 꺼내 경찰을 쐈다. 경찰이 쓰러지자 차에서 내린 크로울리는 그가 가지고 있던 총을 빼앗아 시신에 또다시 한 발을 겨누었다. 그랬던 살인자가 이렇게 말했다는 것이다.

"내 외투 속에는 지쳤지만 선량한 심장이 있다. 그 심장은 누굴 해칠 심장이 아니다.'

크로울리는 전기의자형을 선고받았다. 그가 싱싱 교도소의 사형장에 들어섰을 때 "살인의 대가가 이런 것이군."이라고 했을 것 같은가? 아니다. 그는 이렇게 외쳤다.

"나 자신을 지킨 대가가 이런 것이군."

이 이야기가 주는 교훈은, '쌍권총' 크로울리는 결코 자신에게 죄가 있다고 생각하지 않았다는 것이다.

과연 다른 범죄자들은 어떨까? 만일 크로울리의 태도가 유별나다고 생각한다면, 다음의 이야기를 들어보시라.

"나는 내 삶의 가장 좋은 시절을 사람들에게 기쁨과 즐거움을 주며 보냈는데, 내가 얻은 보상은 무엇이었나? 욕설과 경찰에게 쫓기는 삶이라니!"

바로 알 카포네가 한 말이다. 한때 공공의 적이었으며, 시카고의 암흑가를 주름잡던 험악한 조직의 우두머리였지만 그 또한 자신의 죄를 인정하지 않았다. 실제로 그는 자신을 공공의 은인이라고 여기며, 이해받지 못하고 천대받은 인물이라고 생각했다.

뉴어크 갱단의 총에 맞아 쓰러져가는 도중, 더치 슐츠 역시 이와 같은 말을 남겼다. 뉴욕에서 가장 악명을 떨친 악인 중 한 명이었던 그는, 한 기자와의 면담 중 자신이 자선사업가라고 주장했고, 실제로도 그렇게 믿었다.

악명 높은 싱싱 교도소에서 오래도록 교도소장을 지낸 루이스 로스는 나에게 편지를 보내 그의 교도소에 있는 범죄자 중 자신이 죄인이라고 생각하는 사람이 그리 많지 않다고 설명했다. 범죄자들은 자신들이 평범한 사람들과 다를 것이 없다고 생각하며, 금고를 털고 방아쇠를 당길 수밖에 없었던 이유에 대해 사람들을 설득하며 스스로를 대변한다는 것이었다. 그들은 논리적이거나 그럴싸한 말로 자신들이 보기에도 반사회적이었던 지난 행동을 변명하기 위해 애를 쓴다. 그리고 수감된 것이 완전히 불공정한 일이었다고 주장한다.

감옥에 수감된 알 카포네, '쌍권총' 크로울리, 더치 슐츠를 비롯한 모든 악당들마저 자신들이 결백하다고 생각하는 마당에, 우리가 일상에서 마주치는 사람들은 어떻겠는가?

자신의 이름을 딴 백화점을 소유하고 있는 존 워너메이커는 이런 말을 한 적이 있다.

"지난 삼십 년 동안, 나는 비판이 무익한 일이라는 것을 깨닫게 되었습니다. 내가 가진 결점을 고치는 것만으로도 충분히 힘들었기에, 인간의 불완전함이나 신이 모두에게 지능을 골고루 나누어주지 않으셨다는 사실까지 걱정할 겨를이 없었습니다."

워너메이커는 이 사실을 일찌감치 깨달았다. 하지만 나는 30년을 넘게 실수를 거듭하고 나서야 99%의 인간은, 잘못의 크기와 상관없이 자신에게 죄가 없다고 생각한다는 것을 깨달을 수 있었다.

비판은 상대에게 방어적 태도를 취하게 하고 변명하도록 만든다는 점에서 무의미하다. 그리고 자존심에 상처를 입히고 앙심을 품게 만든다는 점에서 위험하기도 하다.

국제적으로 저명한 심리학자인 B.F. 스키너는 올바른 행동을 했을 때 보상을 받은 동물이 잘못된 행동을 했을 때 벌을 받은 동물보다 더 빨리 학습하며, 학습한 것을 오래 기억한다는 사실을 증명했다. 보다 최근의 연구들은 이 같은 규칙이 사람에게도 적용된다는 사실을 밝혀냈다. 비판은 지속적인 변화를 끌어내지 못한다. 오히려 앙심과 고통을 안겨줄 뿐이다.

또 다른 유명한 심리학자인 한스 셀리에는 이렇게 말했다.

"우리는 칭찬을 갈망하는 만큼 비난을 꺼린다."

이토록 악감정을 불러일으키는 비난은 상황을 개선하기는커녕 직원, 친구, 가족들의 의욕을 꺾을 수 있다는 것이다.

오클라호마주 이너드의 엔지니어링 회사에서 보안을 담당하고 있는 조지 B.존스턴의 임무는 직원들이 안전모를 착용하는지 감시하는 것이었다. 과거에 그는 안전모를 착용하지 않은 일꾼들을 마주칠 때면 변명이 통하지 않는 강압적인 말투로 규칙을 지킬 것을 명령하곤 했다. 직원들은 마지못해 그의 명령을 따랐으나, 그가 자리를 비우기 무섭게 안전모를 벗어버렸다.

그는 방식을 바꾸기로 했다. 복장을 준수하지 않은 사람을 만나면 혹시 안전모가 맞지 않느냐고 물어보았다. 그리고 상냥한 말투로 안전모가 사고를 방지하기 위해 제작된 것이기 때문에 작업 중에는 착용이 권장된다는 사실을 상기시켜주었다. 그 뒤로 일꾼들은 군소리 없이 규칙을 따르게 되었다.

지난 역사를 들여다보면 비판이 부질없다는 예시가 수두룩함을 알 수 있다. 예를 들면 그 유명한 시어도어 루스벨트와 태프트 대통령 사이에 벌어진 싸움이 있다. 이 싸움으로 인해 공화당은 분열되었고, 우드로 윌슨이 백악관에 입성하였으며, 제1차 세계대전에 관한 이야기가 헤드라인을 장식하였고, 역사의 흐름이 뒤바뀌게 되었다.

일어난 일을 간단히 요약하자면 이렇다.

1908년 시어도어 루스벨트가 백악관에서 물러났을 당시 그는 태프트를 지지했고, 태프트는 결국 대통령에 당선되었다. 그러자 시어도어 루스벨트는 한가하게 사자 사냥을 하러 아프리카로 떠났다. 하지만 다시 미국으로 돌아온 그는 심경에 큰 변화를 겪게 되었다. 그는 태프트의 보수성을 규탄하면서 본인의 세 번째 재임을 위해 공화당의 후보지명을 받으려 했다. 그는 불 무스당이라는 새로운 당을 창당하기도 했으나 이 모든 것은 공화당의 궤멸로 이어졌을 뿐이었다. 실제로 선거가 이루어졌을 때, 윌리엄 하워드 태프트와 공화당은 버몬트와 유타에서만 승리했다. 이는 공화당 역사에서 가장 참혹한 패배였다.

시어도어 루스벨트는 태프트를 비난했다. 하지만 태프트는 어땠을까? 그는 눈물을 글썽이며 이렇게 말했다.

"내가 할 수 있는 것을 했을 뿐입니다."

누구를 원망해야 할까? 루스벨트일까 아니면 태프트일까? 알 수 없을뿐더러 알고 싶지도 않다. 내가 하고 싶은 말은 시어도어 루스벨트의 비판이 태프트에게 닿지 않았다는 것이다. 그의 비판은 태프트가 눈물을 흘리며 억지로 변명을 하도록 만들었을 뿐이다.

"내가 할 수 있는 것을 했을 뿐입니다."

티포트 돔 유전 스캔들의 예도 있다.

1920년대 초, 이 사건으로 인해 일간지들이 격분을 금치 못했다. 미국 전역을 강타한 스캔들이었다. 현존하는 그 어떤 미국인도 그와 유사한 일을 겪은 적이 없었다. 그 내막은 이러했다.

하딩 내각의 내무장관을 지내던 앨버트 B. 폴은 엘크 힐과 티포트 돔에 있는 정부의 석유 매장량에 대한 임대권을 위임받았다. 해당 매장량은 훗날 해군이 사용할 수 있도록 따로 확보되어 있던 것이었다. 폴 장관이 경쟁입찰을 허락했을까? 그럴 리가 없었다. 그는 그 먹음직스러운 계약 건을 지인이었던 에드워드 L. 도헤니에게 전격 양도했다. 도헤니는 어떻게 했을까? 그는 폴 장관에게 '임대료'라는 명목으로 10만 달러를 주었다. 게다가 폴 장관은 고압적인 태도로 미 해병대에게 엘크 힐 인근에서 석유를 채취하고 있는 군소 유전업자들을 쫓아내라고 명령했다.

해병대가 휘두른 총칼에 의해 자신들의 땅에서 쫓겨난 경쟁자들은 법정으로 달려갔다. 티포트 돔 스캔들은 그렇게 세상에 드러나게 되었다. 스캔들의 지독한 악취로 인해 하딩 행정부는 붕괴되었고, 미국 전역은 충격에 휩싸였으며, 공화당은 엉망이 된 데다, 앨버트 B. 폴은 감옥에 갇혔다.

폴은 그 어떤 공인보다 맹렬한 비난을 받았다. 하지만 그가 자신이 한 일을 후회했을까? 절대 아니다! 몇 년 후, 허버트 후버는 한 대중연설에서 하딩 대통령을 죽음으로 몰고 간 것은 친구의 배신으로 인해 생긴 정신적 불안과 걱정이었다고 밝혔다. 그 이야기를 들은 폴의 아내는 의자에서 벌떡 일어나 눈물을 쏟고 운명을 탓하며 이렇게 외쳤다.

"뭐! 폴이 하딩을 배신했다고? 말도 안 돼! 내 남편은 그 누구도 배신한 적이 없어. 이렇게 금으로 가득 찬 집에서 살면서 그가 나쁜 짓을 저지를 이유가 없잖아. 정작 배신을 당한 건 폴이야. 사람들이 그를 십자가에 못 박은 거라고."

인간의 본성을 보여주는 예시다. 범죄자들은 자신들을 제외한 모든 사람을 비난한다. 그리고 우리 또한 다르지 않다. 그렇기 때문에 당신이나 나나 앞으로 누군가 비난하려 할 때면 알 카포네, '쌍권총' 크로울리, 그리고 앨버트 폴을 떠올려보는 게 좋겠다. 비판은 전서구傳書鳩 같은 것이어서, 반드시 원점으로 돌아온다. 우리가 바꾸려고 하거나 비난하려고 하는 사람이 변명을 늘어 놓으며 우리에게 비난의 화살을 돌릴 수 있다는 사실을 받아들이자. 그들은 태프트처럼 이렇게 말할 수도 있다.

"내가 할 수 있는 것을 했을 뿐입니다."

1865년 4월 15일 아침, 에이브러햄 링컨은 포드 극장 바로 건너편에 있는 싸구려 숙박시설의 문간방에 누워 죽음을 맞이하고 있었다. 존 윌크스 부스가 그를 저격한 후의 일이었다. 링컨의 몸은 그의 키에 비해 너무 짧고 축 늘어진 침대 위에 뉘어있었다. 로자 보네르의 작품 '말 시장'의 어설픈 복제본이 머리 맡에 걸려있었고, 조악한 가스등에서는 노란 불빛이 깜박였다.

죽어가는 링컨을 두고, 육군장관 스탠튼은 이렇게 말했다.

"여기 인류 역사상 가장 완벽하게 인간을 다스렸던 사람이 누워 있다."

사람들을 성공적으로 다루는 링컨의 비밀이 무엇이었을까? 나는 에이브러햄 링컨의 생애를 십 년에 걸쳐 연구했으며, '미지의 링컨'이라는 제목의 저서를 쓰고 또 고쳐 쓰는 데 무려 삼 년을 할애했다. 나는 그 누구보다 링컨의 인성과 가정생활에 관해 철저한 연구를 했으며, 그중에서도 링컨의 사람을 다루는 방식에는 더 많은 열정을 쏟았다. 링컨도 타인을 비판하는 데서 만족감을 얻었을까? 당연히 그랬다. 인디애나주 피전 크릭 밸리에 살던 젊은 청년이었던 당시, 그는 단순히 사람들을 비판하는 데 그치지 않았다. 그는 사람들을 조롱하는 편지와 시를 쓴 다음, 사람들이 지나다니는 시골길에 떨어뜨리곤 했다. 그리고 그 편지 중 한 장은 한 사람의 인생에서 평생 동안 기억될 분노를 낳게 되었다.

링컨이 일리노이주 스프링필드에서 변호사로 활동한 뒤에도, 그는 일간지에 편지를 기고하며 그의 반대자들을 대놓고 공격했다. 그리고 딱 한 번, 그는 넘어선 안 되는 선을 넘게 된다.

1842년 가을 그가 제임스 쉴스라는 자만심에 차 있고, 호전적인 정치가를 조롱하는 일이 벌어졌다. 링컨은 '스프링필드 저널'에 익명으로 편지를 기고하여 마을 사람들이 그를 비웃도록 만들었다. 예민하고 오만한 성격의 쉴스는 격분하여 편지의 주인을 찾아낸 뒤, 말을 타고 링컨을 찾아가 그에게 결투를 신청했다. 싸움을 원하지 않았던 링컨은 결투에 반대했지만, 명예를 지키기 위해서는 어쩔 수 없이 결투를 승낙해야 했다. 링컨에게 무기 선택권이 주어졌다. 그는 매우 긴 팔을 가지고 있었기에, 기병들이 사용하는 날이 넓은 칼을 선택했다. 그는 웨스트 포인트 졸업생에게 칼싸움 기술을 배웠다. 결전의 날, 그와 쉴스는 미시시피강의 모래톱에서 만나 목숨을 건 결투를 준비했다. 하지만 마지막 순간에 입회인들이 나서서 결투를 중단시켰다.

그 사건은 링컨에게 일생일대의 충격으로 남게 되었으며, 그에게 사람들을 다루는 데 필요한 귀중한 가르침을 안겨주었다. 그는 그 뒤로 단 한 번도 남을 모욕하는 편지를 쓰지 않았다. 그리고 다시는 그 누구도 조롱하지 않았다. 그 날부터, 그는 그 누구도 비난하지 않는 사람이 되었다.

시간이 흐른 뒤, 남북전쟁이 한창이던 때, 링컨은 포토맥 지구 사령관으로 매클렐런, 포프, 번사이드, 후커, 미드를 차례로 임명했으나, 모두 비극적인 실책을 저지른 뒤 링컨을 절망에 빠트렸다. 미국인의 절반이 무능한 장군들을 맹렬히 비판하는 와중에도, 링컨은 '그 누구에게도 악감정을 가지지 않고 너그럽게 대하며' 평정을 유지했다. 그가 가장 좋아하는 말은 "비판을 받고 싶지 않다면 비판하지 말라."였다.

그리고 링컨 부인과 다른 사람들이 남부 사람들을 두고 혹독한 평을 할 때도, 링컨은 이렇게 말했다.

"그들을 비난하지 마라. 우리도 같은 상황이었다면, 그들처럼 행동했을 것이다."

그렇다고 링컨에게 타인을 비난할 일이 없었던 것은 아니다. 한 가지 예시를 살펴보자.

1863년 7월에 접어들 당시, 나흘째 게티즈버그 전투가 이어지고 있었다. 7월 4일 저녁, 먹구름이 몰려와 폭우를 쏟는 동안, 리 장군은 남쪽으로 퇴각하기 시작했다. 리 장군이 패잔병들과 포토맥강에 도착했을 때, 그의 앞에는 건널 수 없을 정도로 불어 난 강물이 흐르고 있었고 그 뒤에는 승리한 북부군이 그들의 뒤를 쫓는 중이었다. 진퇴양난의 상황이었고, 벗어날 길이 없었다. 그 사실을 확인한 링컨은 리 장군의 군대를 생포하고 즉시 전쟁을 끝낼 하늘이 준 절호의 기회가 왔다고 생각했다. 링컨은 부푼 희망을 안은 채, 미드 장군에게 전략 회의 없이 즉시 리 장군을 공격하라고 명령했다. 링컨은 전보를 보냈을 뿐 아니라 특별 전령을 파견해 미드 장군에게 즉시 행동을 취할 것을 요청했다.

미드 장군이 어떻게 했을까? 그는 명령을 정반대로 이행했다. 그는 전략 회의를 소집하고 망설이고 주저하며 링컨의 명령을 거역했다. 장군은 전보를 통해 온갖 종류의 변명을 늘어놓았다. 그는 리 장군을 직접적으로 공격하는 것을 거부했다. 결국 리 장군은 물살이 약해진 틈을 타 포토맥강을 건너 병사들을 데리고 탈출했다.

링컨은 격노하며, 아들 로버트에게 소리쳤다.

"이게 대체 무슨 소리지? 세상에나! 손만 뻗으면 잡을 수 있는 거리에 있었는데, 군대는 내 명령에도 움직일 생각을 않더군. 그 상황에서는 누구든 리 장군을 무찌를 수 있었을 거야. 나라도 그를 잡을 수 있었을 거란 말이야."

크게 낙심한 링컨은 자리에 앉아 미드 장군에게 다음과 같은 편지를 썼다.

그 당시 링컨은 보수적이고 절제된 언어를 사용하고 있었다. 따라서 1863년 링컨이 쓴 이 편지는 가장 가혹한 질책과 버금가는 것이라 할 수 있다.

친애하는 미드 장군 귀하

당신은 리 장군의 탈출이 가져올 불행의 크기를 제대로 인식하고 있을 것 같다고 생각되지 않습니다. 그를 손쉽게 잡을 기회였습니다. 최근에 이룬 여러 승리와 더불어 그를 잡기만 했다면, 전쟁을 끝낼 수도 있는 일이었습니다. 하지만 그를 붙잡지 못했기 때문에 전쟁이 무기한 연장될 것입니다. 지난 월요일 리 장군을 눈앞에서 놓친 당신이 어떻게 겨우 기존 병력의 3분의 2만 가지고 강의 남쪽으로 내려가 그를 잡을 수 있겠습니까? 그걸 기대하는 것은 어불성설입니다. 당신은 절호의 기회를 놓쳤고, 헤아릴 수 없을 정도로 마음이 괴롭습니다.

그 편지를 읽은 미드 장군은 어떻게 했을까?

미드 장군은 그 편지를 읽은 적이 없다. 링컨이 편지를 부치지 않았기 때문이다. 그 편지는 링컨이 작고한 뒤 남은 서류들 가운데 발견되었다.

지금부터는 내 추측일 뿐이다. 그 편지를 쓴 뒤, 링컨은 창밖을 쳐다보며 이렇게 생각했을 것이다.

'잠깐만. 어쩌면 내가 너무 경솔한지도 몰라. 여기 고요한 백악관에 앉아 미드에게 공격을 명령하는 것은 쉬운 일이지. 하지만 게티즈버그에 있던 게 나였다면, 그리고 지난주에 미드가 본 피를 보고 부상당하거나 죽어가는 병사들이 내지르는 비명과 고함을 들었다면, 나 역시 공격을 두려워했을지도 모르지. 나역시 미드의 소심한 성격을 가졌다면, 그와 같은 결정을 내렸을 거야. 게다가이미 지나간 일이야. 이 편지를 보내면 내 기분은 조금 나아지게 되겠지만, 미드는 자신을 해명하려 하겠지. 그는 나를 비난할 것이고, 악감정을 품게 될 것이야. 그리고 그는 끝장난 지휘관이 되어 강제로 사임하게 될지도 몰라.'

앞서 말했듯 그렇게 링컨은 편지를 한쪽으로 치워버렸다. 쓰라린 경험을 통해 날카로운 비판과 질책이 거의 예외 없이 아무 부질없는 결과를 가져오는 것을 배운 바 있기 때문이었다.

시어도어 루스벨트는 그가 대통령을 지내는 동안 당황스러운 문제에 직면할 때면 몸을 젖히고 앉아 그의 백악관 책상 위에 달려 있는 커다란 링컨의 초상화를 올려다보며 이렇게 자문했다고 한다.

"링컨이 내 상황에 놓였다면 어떻게 행동했을까? 이 문제를 어떻게 해결했을까?"

앞으로 누군가 충고하고 싶은 마음이 들면, 지갑에서 5달러 지폐를 꺼내 링컨의 얼굴을 보며 이렇게 물어보자.

"링컨이었다면 이 문제를 어떻게 다루었을까?"

누군가를 변화시키거나, 규제하거나, 개선하고 싶은가? 좋다! 그 자체는 괜찮다. 나도 찬성이다. 하지만 당신부터 시작해보는 건 어떨까? 순전히 이기적인 관점에서, 다른 사람을 개선하는 것보다 훨씬 더 유익할뿐더러, 훨씬 덜 위험하다.

공자는 말했다.

"자신의 문 앞을 치우기 전에 이웃집 지붕에 쌓인 눈을 나무라지 말라."

내가 젊었을 적 사람들에게 깊은 인상을 남기려고 안간힘을 썼을 때, 나는 리처드 하딩 데이비스에게 어리석은 편지를 보내고 말았다. 그는 한때 미국 문학계에서 한 획을 그은 사람이었다. 나는 작가들에 관한 잡지 기고글을 준비 중이었고, 데이비스에게 그의 작업 방식을 물었다. 그에 앞서 몇 주 전, 나는 다른 사람에게서 편지 한 통을 받은 적이 있는데 그 편지 말단에 이런 표시가 되어있었다. '구술을 받아 적은 글로 교정은 보지 않음'

나는 제법 감명을 받았다. 그 편지를 받아쓰게 한 사람이 바쁘고 중요한 거물인 것처럼 느껴졌다. 나는 조금도 바쁘지 않았지만, 리처드 하딩 데이비스에게 깊은 인상을 남기고 싶은 나머지, 짧은 편지 끝에 그 말을 사용했다.

'구술을 받아 적은 글로 교정은 보지 않음'

그는 애써 답장하려는 수고를 하지 않았다. 그는 단지 내 편지 끝머리에 다음과 같은 말을 적은 뒤 돌려보냈다.

"당신같이 무례한 사람은 또 없을 거요."

사실이다. 나는 실수를 범했다. 그리고 질책을 들어도 마땅했을지 모른다. 하지만 사람이기에 나는 그 일을 분하게 여겼다. 너무도 분했던 나머지 그로부터 10년 뒤 리처드 하딩 데이비스의 부고를 접했을 때도 그때 받은 상처가 떠오를 정도였다. 인정하기 부끄러운 일이었다.

당신과 내가 내일 누군가에게 억울함을 느끼도록 한다면, 그 감정은 수십 년이 지나 죽는 순간까지 남게 될 것이다. 원하는 것이 그것이라면 신랄한 비판을 해도 된다.

사람들과 관계할 때는 논리적이지 않은 존재들과 관계한다는 것을 기억하자. 우리는 감정적이며, 편견에 발끈하고 오만과 허영심에서 동기를 찾는 존재들을 상대하는 것이기 때문이다.

비판은 위험한 불꽃을 튀게 해 자존심이라는 화약고를 폭파시킬 수 있다. 그 폭발은 종종 죽음을 앞당기기도 한다. 예를 들어 레너드 우드 장군은 질책을 받고 프랑스의 출정을 허가받지 못했는데, 그의 자존심에 상처를 입은 나머지 얼마 가지 않아 죽고 말았다.

영문학을 풍요롭게 한 가장 뛰어난 소설가 중 한 명인 토머스 하디는 예민한 성격을 지녔었는데, 쓰라린 비판으로 인해 소설 집필을 영원히 그만두게 되었다. 비판은 영국의 시인 토머스 채터턴을 자살로 이끌기도 했다.

젊었을 적 요령이 없던 벤저민 프랭클린은 훗날 몹시 사교적이고 사람들을 다루는 데 너무도 노련해진 나머지 프랑스에 미국 대사로 파견되기도 했다. 그가 성공한 비결은 무엇이었을까? 그는 이렇게 말했다.

"나는 누군가의 단점은 말하지 않되, 좋은 점은 모두 말할 것이다."

어떤 어리석은 사람도 비판과 비난, 불평을 할 수 있다. 그리고 대부분의 어리석은 사람들은 실제로 그렇게 한다.

하지만 이해하고 용서하기 위해서는 인성과 자제력을 갖추어야 한다.

칼라일은 이렇게 말했다.

"위인의 위대함은 아랫사람을 대하는 방식에서 나타난다."

사람들을 비난하는 대신 이해하려고 해보자. 그들이 그렇게 행동한 동기를 찾아보자. 그건 비판보다 훨씬 유익하며 흥미롭다. 그리고 동정, 관용 그리고 친절함을 낳는다.

"모두 안다는 것은 모두 용서하게 됨을 의미한다."

존슨 박사는 이렇게 말했다.

"신께서도 마지막 날까지 인간을 판단하지 않겠다고 하셨다."

하물며 당신과 내가 감히 그래서야 되겠는가?

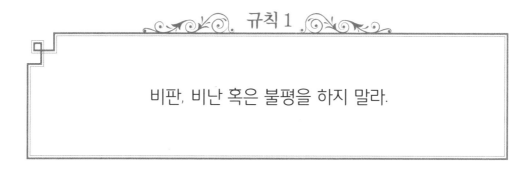

규칙 1

비판, 비난 혹은 불평을 하지 말라.

제2장

인간관계의 중요한 비밀

▶──────── **세상에서** 누군가를 행동에 옮기도록 만드는 방법은 단 하나뿐이다. 그 방법이 무엇인지 생각해본 적 있는가? 그 단 하나의 방법은 바로 다른 사람이 그 일을 하고 싶도록 만드는 것이다.

기억하라. 다른 방법은 없다.

당연히, 옆구리에 총구를 바짝 가져다 대며 원하는 걸 얻어내는 방법도 있다. 직원들을 해고하겠다고 협박하며 협조를 얻어낼 수도 있다. 물론 당신이 등을 돌리는 순간 상황은 바뀔 것이다. 아이를 때리거나 협박하면서 뭔가 하게 만들 수도 있다. 하지만 이런 세련되지 못한 방법은 원치 않는 결과를 낳기만 한다.

내가 당신이 어떤 일을 하게 만드는 유일한 방법은 당신이 원하는 것을 주는 것이다. 당신은 무엇을 원하는가?

지그문트 프로이트는 당신과 내가 하는 모든 일은 두 가지 동기에서 벌어진다고 말했다. 바로 성적 충동과 위대한 사람이 되고자 하는 열망이다.

미국의 가장 심오한 철학자 중 한 명인 존 듀이는 이를 조금 다른 식으로 표현했다. 듀이 박사는 인간 본성의 가장 깊은 욕구는 '중요한 사람이 되고자 하는 열망'이라고 말했다. 그의 말을 기억하자. '중요한 사람이 되고자 하는 열망'은 의미심장한 뜻을 품고 있다. 이 책에서 당신은 이 표현을 계속해서 보게 될 것이다.

당신이 원하는 게 무엇인가? 많은 것은 아니겠지만, 당신이 원하는 몇몇 가지는 간절한 열망을 불러일으킨다는 것을 부정할 수 없을 것이다. 대다수의 사람들이 원하는 것 중엔 다음과 같은 것들이 있다.

1. 건강과 장수
2. 음식
3. 잠
4. 돈과 돈으로 살 수 있는 것들
5. 내세의 삶
6. 성적 만족
7. 아이들의 행복
8. 중요한 사람이라는 느낌

이러한 욕구들은 보통 충족되지만, 하나만은 예외다. 하나의 열망은, 음식과 잠에 대한 욕구만큼이나 간절하고, 필수적이다. 그리고 좀처럼 충족되지 않는다. 듀이는 이를 '중요한 사람이 되고자 하는 열망'이라고 불렀다.

링컨은 이렇게 시작하는 편지를 쓴 적이 있다.

"모든 사람은 칭찬을 좋아한다."

윌리엄 제임스는 말했다.

"인간 본성의 가장 깊은 곳에 있는 원리는 인정받고자 하는 갈망이다."

그는 '소망'이나 '바람' 또는 '욕구'라고 말하지 않았다. 그는 인정받고자 하는 '갈망'이라고 했다.

이는 인간이 가진 고통스러우면서도 변함없는 결핍이다. 드물게 이러한 마음의 굶주림을 정직한 방법으로 해결할 줄 아는 사람은 사람들을 자유자재로 다룰 것이며, '장의사마저 그의 죽음에 슬퍼할 것이다.'

자신이 중요한 사람이라는 느낌은 인간과 동물을 구분 짓는 가장 큰 차이점이다. 예를 들어보자.

내가 미주리주의 농가에서 자라던 동안, 내 아버지는 두록저지종 돼지와 혈통 있는 흰머리 소들을 사육했다. 우리는 돼지와 소를 중서부 지역 축제나 가축 품평회에 선보였고, 1등 상을 타기도 했다. 아버지는 상을 흰 모슬린 천에 고정한 뒤 친구들이나 방문객이 찾아오면 꺼내오곤 했다. 아버지가 상을 자랑하는 동안 나는 모슬린 천의 한쪽 끝을 붙들고 서 있었다.

돼지들은 상에 관심이 없었다. 하지만 아버지는 달랐다. 그 상으로 중요한 사람이 되었다는 기분을 얻었기 때문이다.

우리의 선조들이 이토록 격렬하게 중요한 사람이 되고자 하는 욕구가 없었다면, 문명은 생겨나지도 않았을 것이다. 그 욕구가 없이는 우리 또한 짐승과 다르지 않다.

중요한 사람이 되고자 하는 욕구는 어느 교육을 받지 못한, 가난에 시달리던 식료품점 점원이 50센트에 산, 통 밑에 우연히 들어있던 법 서적을 탐독하게 만들기도 했다. 당신도 그 식료품점 점원의 이름을 들어본 적 있을 것이다. 그가 바로 링컨이기 때문이다.

디킨스가 불멸의 작품들을 쓰도록 만든 것도 중요한 사람이 되고자 하는 감정이었다. 그리고 크리스토퍼 렌 경이 아름다운 석조 건축물들을 짓도록 했다. 이 욕구는 록펠러가 다 쓰지도 못할 수많은 재산을 축적하도록 하기도 했다! 그리고 당신이 사는 마을에서 가장 부유한 집안이 필요 이상으로 지나치게 큰 집을 짓도록 하는 것 역시 같은 욕구다.

이 욕구는 당신이 최신 스타일의 옷을 입고, 최신형 차를 타고, 똑똑한 자식에 관해 이야기하도록 만든다.

이 욕구는 많은 아이들이 갱단에 들어가 범죄 활동을 하도록 유혹하기도 한다. 한때 뉴욕시 경찰국장을 지낸 E. P. 멀루니에 따르면, 일반적인 청소년 범죄자는 자기애로 가득 차 있으며, 검거되었을 때 가장 먼저 요구하는 것이 다름 아닌 충격 속에서 그를 영웅처럼 그려놓은 신문기사라고 한다. 전기의자에 앉게 될 유쾌하지 못한 미래를 걱정하기보다 베이브 루스, 라 과디어, 아인슈

타인, 린드버그, 토스카니니 또는 루스벨트와 일간지에 함께 실린다는 사실에 사실에 즐거움을 느낄 뿐이다.

당신이 언제 중요한 사람이라는 기분을 받는지 알려준다면, 당신이 어떤 사람인지 말해줄 수 있다. 그것이 당신의 성격을 결정하기 때문이다. 그것이야말로 당신에게 가장 중요한 것이다.

예를 들어 존 D. 록펠러는 중국 베이징에 현대식 병원을 지어 만난 적도, 만날 일도 없는 수백만의 가난한 사람들을 치료함으로써 자신이 중요한 사람이 된 것처럼 느꼈다. 반면 딜린저는 노상강도, 은행 털이범 그리고 살인자가 됨으로써 그 같은 기분을 느꼈다. FBI 요원들이 그를 체포하려 했을 때, 그는 미네소타주에 있는 한 농가로 뛰어들어 이렇게 외쳤다.

"나는 딜린저다!"

그는 공공의 적이라는 사실을 자랑스럽게 여겼다. 그는 이렇게 말했다.

"나는 당신들을 해칠 생각이 없다. 하지만 나는 딜린저다!"

맞다. 딜린저와 록펠러의 가장 큰 차이점은 그들이 중요한 사람이라는 감각을 찾는 방식이었다.

지난 인류사를 돌아보면 유명 인사들이 이러한 감정을 느끼기 위해 애써온 재미난 일화가 가득하다. 조지 워싱턴마저 '위대한 미합중국의 대통령 각하'라고 불리기 원했다. 콜럼버스는 '해군 제독이자 인도의 총독'이라는 명칭을 요구했다. 예카테리나 2세는 '황후 폐하'로 운을 띄우지 않는 편지는 열어보기를 거부했다. 그리고 링컨 부인은 그랜트 여사에게 이렇게 호통을 친 적이 있다.

"어떻게 내가 앉으라고 하기도 전에 자리에 앉을 수 있죠?"

백만장자들은 1928년 버드 제독이 남극으로 탐험을 떠날 당시 눈 덮힌 산맥에 자신들의 이름을 붙이겠다는 협의하에 그의 탐험 비용을 댔다. 빅토르 위고에게는 다름 아닌 파리시의 이름을 자신의 이름으로 바꾸려는 열망이 있었다. 그 위대한 셰익스피어마저 가문의 문장紋章을 확보함으로써 그의 이름이 빛나도록 했다.

사람들은 동정과 관심을 얻고 중요한 사람이라는 느낌을 받기 위해 병자가 되기도 한다. 예를 들어 매킨리 여사는 미국 대통령을 지내던 남편이 중요한 국가 업무를 보는 대신 침대에 비스듬히 기대어 누워 자신을 안고 잠들 때까지 지켜보게 했다. 그녀는 치과 치료를 받는 동안 그가 곁을 지켜야 한다고 고집을 피우는 것으로 끝없이 관심을 받으려는 욕구를 충족시켰다. 한번은 그가 국무장관 존 헤이와의 약속을 지키기 위해 그녀를 치과의사와 홀로 남겨둔 적이 있었는데, 그녀는 불같이 화를 냈다고 한다.

언젠가 작가 메리 로버츠 라인하트는 자신이 중요한 사람이라는 걸 확인하기 위해 병을 얻게 된 한 젊은 여성의 생생한 일화를 나에게 들려준 적 있다.

"어느 날 이 여성은 무언가에 직면해야만 하는 상황에 처했습니다. 어쩌면 자신의 나이 문제였을지도 모릅니다. 이제 결혼하기 힘들 거라는 사실일 수도 있고요. 외로운 날들이 계속해서 이어지고 있었고, 기대할 만한 것도 점점 사라지고 있었으니까요. 그녀는 앓아눕게 되었고, 10년 동안 그녀의 나이 든 어머니가 찾아와 병상이 마련된 3층까지 음식을 나르며 그녀를 간호했습니다. 그러던 어느 날 간병 생활에 지친 어머니가 세상을 떠나게 되었습니다. 몇 주 동안 그녀의 병세는 악화되는 듯 보였으나 그녀는 자리에서 일어나 외출복을 입고 다시 인생을 살아가기 시작했습니다."

일부 권위자들은 사람들이 정신 이상이 만들어낸 꿈의 나라에서 자신이 중요한 사람이라는 느낌을 갖기 위해 미쳐버릴 수 있다고 한다. 그 느낌이 혹독한 현실 세계에서 부정되었기 때문이다. 미국 전역에서 그 어떤 질병보다 정신 장애로 고통받는 사람이 더 많다.

정신 이상의 원인은 무엇일까?

이렇게 광범위한 질문에 대답할 수 있는 사람은 없다. 하지만 우리는 매독과 같은 일부 질병이 신경 쇠약을 일으키고 뇌세포를 파괴하여 정신 이상을 야기할 수 있다는 걸 알고 있다. 사실 모든 정신 이상의 절반은 뇌병변, 술, 독소 그리고 상처와 같은 물리적인 요인으로 인해 발생한다. 하지만 나머지 절반은 아무런 문제가 없는 뇌세포를 가지고도 정신 이상을 호소한다. 하지만 부검 과정에서 뇌조직을 고성능의 현미경으로 관찰해본 결과, 그들의 뇌조직들은 보통 사람들만큼이나 건강한 상태였다.

사람들은 왜 미칠까?

나는 가장 유명한 정신병원의 병원장에게 이 질문을 던졌다. 이 분야에 있어 가장 많은 존경을 받고 사람들이 탐내는 상을 받은 그 의사는 나에게 솔직히 그 역시도 왜 사람들이 미치는지 모르겠다고 털어놓았다. 아무도 확신할 수는 없으나, 정신 질환을 앓는 사람 중 많은 사람들이 정신 착란의 상태에서 현실에서는 경험하지 못했던 자신이 중요한 사람이라는 느낌을 가진다고 말했다. 그는 이런 이야기를 들려주었다.

"결혼이 비극으로 끝난 한 환자가 있습니다. 그녀는 사랑, 성적 만족, 아이들과 사회적 명성을 원했습니다. 하지만 현실은 그녀의 모든 희망을 날려버렸어요. 그녀의 남편은 그녀를 사랑하지 않았습니다. 그는 그녀와 식사를 하기조차 거부했고, 그의 방이 있는 위층에 음식을 가져오도록 강요했어요. 그녀에겐 아이도, 사회적 입지도 없었습니다. 그녀는 미쳐버렸습니다. 그리고 그녀는 상상 속에서 남편과 이혼하여 결혼 전 성을 되찾았습니다. 지금 그녀는 자신이 영국의 귀족과 결혼하여, 스미스 부인이 되었다고 주장합니다.

그리고 자식의 경우, 그녀는 매일 밤새 아이를 낳는 상상을 하고 있습니다. 그녀를 만날 때마다 이렇게 말합니다. '선생님, 어젯밤에 아이를 낳았어요.'"

그녀의 꿈이라는 배는 현실이라는 잔인한 암초에 부딪혀 산산조각이 나도록 했다. 하지만 정신 이상이 만들어낸, 따뜻한 햇살이 내리쬐는 환상의 섬에서 그녀의 배는 돛대를 스치는 바람의 노래를 들으며 항구에 들어오는 중이다.

그녀의 의사는 나에게 이렇게 말했다.

"비극이 아니냐고요? 잘 모르겠습니다. 만일 그녀가 다시 제정신을 찾을 수 있도록 할 수 있대도, 나는 그러지 않을 겁니다. 그녀는 그 세상에서 더 행복하니까요."

일반적으로 볼 때, 정신 이상을 앓는 사람들은 당신이나 나보다 행복함을 느낀다. 그 병적 상태를 즐기는 것이다. 그러지 말라는 법이 있을까? 그들은 자신들이 가진 문제를 해결했다. 그들은 당신에게 백만 달러짜리 수표를 써주거나, 이슬람교주인 아가 칸에게 내밀 수 있는 소개서를 줄 수도 있다. 그들은 직접 만들어낸 꿈의 세계에서 그토록 열렬히 열망했던 자신이 중요한 사람이라는 느낌을 발견했다. 만일 누군가가 그 느낌을 갖기 위해 미쳐버릴 수도 있다면, 우리가 그 사람에게 진심이 담긴 칭찬을 했을 때 만들어 낼 기적을 생각해보라.

내가 아는 한, 인류사에 연봉이 1백만 달러 이상이었던 사람은 월터 크라이슬러와 찰스 슈와브, 이 두 사람뿐이다. 어째서 앤드류 카네기는 찰스 슈와브에게 연간 1백만 달러, 즉 하루에 3천 달러나 되는 돈을 주었을까? 어째서? 슈와브가 천재였기 때문일까? 아니다.

슈와브가 다른 사람들보다 제철에 관해 많은 것을 알았기 때문일까? 말이 되지 않는 소리다. 찰스 슈와브는 나에게 본인의 입으로 자신의 밑에서 일하는 사람 중에 자신보다 제철에 관해 잘 아는 사람들이 많이 있다고 말한 적 있다.

슈와브는 자신이 그토록 많은 임금을 받는 것은 사람을 대하는 능력 덕분이라고 말했다. 나는 그에게 비결을 물었다. 그가 공유한 비밀은 동판에 새겨 모든 가정과 학교, 상점과 사무실에 걸어야 마땅하다. 아이들은 라틴어 동사변형이나 브라질의 연간 강수량 따위를 외우느라 시간을 낭비하는 대신 그의 말을 외워야 할 것이다. 그의 말을 실천한다면, 우리 모두의 삶이 바뀔 것이다.

슈와브는 말했다.

"내가 가진 능력 중 가장 위대한 능력은 사람들에게 열정을 불어넣는 것이라 생각합니다. 누군가에게서 최고의 능력을 끌어내는 방법은 칭찬과 격려를 건네는 것입니다.

상사의 비판만큼 누군가의 야심을 꺾는 것도 없습니다. 나는 그 누구도 비판하지 않습니다. 나는 일하는 데 필요한 장려책을 마련해주는 것을 중시합니다. 그렇기에 나는 칭찬을 하지 못해 안달하기는 해도 결점을 찾는 것은 꺼립니다. 나는 진심으로 남을 인정하고 칭찬하는 것을 좋아합니다."

슈와브는 그의 말대로 행동했다. 하지만 보통 사람들은 어떻게 할까? 정반대로 행동한다. 만일 마음에 들지 않은 것이 있었다면, 그들은 아랫사람에게 호통을 칠 것이다. 마음에 드는 일이 생기면, 아무 말도 하지 않을 것이다.

슈와브는 이렇게도 말했다.

"나는 이 일을 하며 세계 각국에서 온 다양한 훌륭한 사람들을 많이 만났습니다. 하지만 그들의 지위가 얼마나 대단하고 높은지 간에, 비판을 받았을 때보다 인정을 받았을 때 더 나은 성과를 내고 더 많은 노력을 기울이지 않는 사람을 본 적이 없습니다."

그의 철칙은 앤드류 카네기가 그토록 놀라운 성공을 이룬 주된 이유 가운데 하나이기도 했다. 카네기는 공적인 자리에서나 사적인 자리에서나 주변인들을 칭찬했다.

카네기는 자신의 묘지 비석에서도 그의 주변인들을 칭찬하고자 했다. 그는 직접 묘비명을 이렇게 적었다.

"여기에 자신보다 더 훌륭한 사람들을 사귈 줄 알았던 사람이 잠들다."

진심 어린 칭찬은 존 D. 록펠러의 사람을 다루는 훌륭한 비결 중 하나이기도 했다. 예를 들어 그의 파트너 중 한 명인 에드워드 T. 베드포드가 남아프리카에서 사기를 당해 회사의 재산을 백만 달러나 날리게 되었을 때, 록펠러는 그를 비난할 수 있었다. 하지만 그는 베드포드가 최선을 다했다는 것을 알고 있었다. 사건은 이미 종료되었다. 록펠러는 뭔가 칭찬할 거리를 찾았다. 그는 베드포드가 투자금의 60%를 회수한 것을 축하하였다.

록펠러는 이렇게 말했다.

"훌륭하네. 우리는 그만큼 잘하지 못했는데 말이야."

브로드웨이를 사로잡은 공연 제작자 중 가장 유명한 사람인 플로렌즈 지그필드는 '평범한 소녀들을 스타로 바꾸는' 탁월한 능력으로 명성을 얻었다. 그는 매번 사람들이 단 한 번도 눈길을 주지 않은 신인들을 데려다가 무대 위에서 신비하고 관능적인 매력을 터뜨리는 배우들로 바꾸어 놓았다. 칭찬과 믿음의 가치를 알았던 그는 관심과 배려의 순수한 힘만으로 여성이 스스로 아름답다고 느낄 수 있도록 만들었다. 그의 방식은 실용적이었다. 그는 합창단원에 속해 있는 여성들의 주급을 30달러에서 175달러까지 인상해주었다. 게다가 그는 정중하기까지 했다. 공연이 열리는 날 밤, 그는 공연에 참여하는 배우들에게 전보를 보내며 합창단원 모두에게는 붉은 장미를 선물했다.

나는 언젠가 금식 유행을 좇아 6일 동안 밤낮을 가리지 않고 음식을 먹지 않은 적이 있다. 그건 어렵지 않았다. 이틀째 되는 날보다 엿새째 되는 날에 허기짐을 덜 느꼈기 때문이었다. 하지만 가족이나 직원들을 6일 동안 굶겼다고 한다면, 그 사람은 자신이 범죄라도 저질렀다고 생각할 것이다. 그럼에도 그들은 음식만큼이나 간절히 바라는 진심 어린 칭찬을 6일, 6주, 심지어는 60년이 지나도록 해주지 않으면서도 죄책감을 느끼지 않는다.

당대의 가장 위대한 배우 중 한 명이었던 알프레드 런트는 작품 '비엔나에서의 재회'에서 주연을 맡을 당시 이렇게 말했다.

"자존심을 채워주는 것만큼 나에게 필요한 것은 없다."

우리는 자식, 친구, 직원들의 고픈 배를 채워준다. 하지만 어째서 그들의 자부심은 거의 채워주지 않을까? 그들에게 힘을 내라며 소고기와 감자를 구워주면서, 아침에 뜨는 별들의 음악 소리처럼 수년 동안 기억 속에 남을 다정한 칭찬의 말은 해주지 않는 것이다.

이 글을 읽는 독자 중엔 이렇게 생각하는 사람도 있을 것이다.

'쳇! 아첨이라니! 똑똑한 사람들에겐 안 먹히는 소리지. 나도 다 시도해

봤다고.'

　당연히 현명한 사람에게 아첨을 하면 먹히지 않는다. 아첨은 피상적이며, 이기적이고, 진심에서 우러나오지 않았다. 아첨이 먹히는 경우는 거의 없다. 물론 칭찬에 너무 굶주린 사람들은 그런 아첨이라도 닥치는 대로 주워 먹는다. 굶주린 사람이 풀과 지렁이를 먹을 수 있는 것처럼 말이다.

　예를 들어 여러 번씩 결혼을 한 므디바니 형제가 결혼 시장에서 그토록 많은 인기를 누린 건 어떤 이유에서일까? 왜 두 명의 아름답고 유명한 영화 스타와 세계적인 프리마돈나 그리고 백만장자 바바라 허튼을 배우자로 삼을 수 있었을까? 어째서? 어떻게 그랬을까?

　아델라 로저스 세인트 존은 잡지 '리버티'를 통해 이렇게 말했다.

　"여성을 유혹하는 므디바니 형제의 마법은 오랜 시간 동안 많은 사람들에게 미스터리로 남아왔다.

　세상일에 밝고 사람을 잘 알았으며 위대한 예술가이기도 했던 폴라 네그리가 이렇게 설명해주었다.

　'그들은 내가 만나본 그 어떤 사람들보다 아첨하는 방법을 제대로 알고 있었어요. 그 방법은 지금처럼 현실적이고 유머러스한 세상에서는 잊힌 것이랍니다. 확신하건대, 므디바니 형제가 여성들에게 매력이 있었던 비결은 다름 아닌 아첨하는 방법이에요."

　빅토리아 여왕마저도 아첨을 좋아했다. 당시 총리를 지낸 벤저민 디즈레일리는 여왕을 대할 때 아첨을 범벅했다고 고백했다. 그는 정확히 '삽으로 퍼부었다.'라는 표현을 썼다. 하지만 디즈레일리는 대영 제국 전체를 통틀어 가장 세련되었으며, 능숙하고 노련한 사람이었다. 그가 정치에 사용한 방식은 가히 천재적이었다. 그의 방식이 꼭 당신과 나에게도 맞으라는 법은 없다. 결국 아첨은 득보다 실을 많이 가져온다. 아첨은 위조된 것이다. 그리고 위조지폐처럼, 당신을 골치 아픈 상황으로 몰고 갈 수 있다.

칭찬과 아첨의 차이는 무엇일까? 답은 단순하다. 전자는 진심이고, 후자는 진심이 아니다. 전자는 마음에서 우러나는 것이고, 후자는 가벼운 입놀림에 불과하다. 칭찬은 이기적이지 않지만 아첨은 이기적이다. 칭찬은 누구에게나 존경을 받지만, 아첨은 모두에게 비판을 받을 뿐이다.

최근에 나는 멕시코 시티의 차풀테펙 궁전에서 멕시코의 영웅 알바로 오브레곤 장군의 흉상을 보았다. 장군의 흉상 아래에는 그의 철학이 새겨져 있었다.

"너를 공격하는 적들을 두려워하지 말라. 너에게 아첨하는 친구들을 두려워하라."

아니, 아니, 아니다! 나는 아첨을 하라고 말하는 것이 아니다. 오히려 그 반대다. 나는 새로운 삶의 방식에 관해 이야기하고 있다. 다시 한번 말하겠다. 나는 새로운 삶의 방식에 관해 이야기하고 있다.

국왕 조지 5세는 버킹엄 궁전에 있는 자신의 서재 벽에 여섯 개의 격언을 걸어두었다. 그중 하나에는 이런 말이 적혀 있다.

'값싼 칭찬은 하지도 받지도 않게 가르쳐주소서.'

아첨이 바로 그 값싼 칭찬이다. 한때 이런 아첨의 정의를 읽은 적이 있다.

"아첨은 다른 사람이 스스로 가지고 있는 평가를 정확히 짚어주는 것이다."

랠프 월도 에머슨은 말했다.

"어떤 언어를 쓰든 당신의 말은 곧 당신이 어떤 사람인지 드러내기 마련이다."

만일 아첨만으로 모든 것이 해결되었다면, 모두가 사람들의 관심을 끌 수 있을 것이고, 우리는 모두 인간관계의 전문가가 될 것이다.

특정 문제를 생각하지 않을 때, 우리는 95%의 확률로 우리 자신에 관해 생각한다. 우리가 자신에 관한 생각을 잠시 멈추고 다른 사람의 장점을 생각한다면, 값싸고 거짓된 아첨에 기대지 않아도 된다. 그런 말은 입 밖으로 꺼내기도 전에 정체가 탄로 나는 법이다.

에머슨은 이렇게 말했다.

"내가 만나는 모든 사람은 어떤 면에서 배울 점이 있는, 나보다 나은 사람이다."

에머슨이 그에 관해 옳았다면, 당신과 나에게는 훨씬 더 당연한 이야기가 아니겠는가? 우리의 성과와 열망에 대해 생각하는 것을 멈추자. 다른 사람의 장점을 찾아내도록 해보자. 그리고 아첨은 잊어버리고, 정직하고 진심이 담긴 칭찬을 하자.

"진심으로 또 마음껏 칭찬하라."

사람들은 당신의 말을 소중히 간직하며 귀하게 여길 것이다. 그리고 평생 그 말을 되새길 것이다. 당신이 그들의 존재를 잊어버린 뒤에도 말이다.

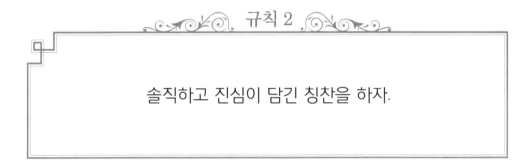

규칙 2

솔직하고 진심이 담긴 칭찬을 하자.

제3장

상대방에게 욕구를 불러일으켜라

▶──────── 나는 종종 여름이면 낚시를 하기 위해 메인주를 찾는다. 개인적으로 나는 크림을 얹은 딸기를 매우 좋아한다. 하지만 어떤 이유에선지는 몰라도, 물고기들은 지렁이를 선호한다. 그렇기에 낚시를 나설 때 나는 내가 원하는 것을 생각하지 않는다. 나는 물고기들이 원하는 것만 생각한다. 낚시 미끼로 크림을 얹은 딸기를 사용하는 대신 지렁이나 메뚜기를 끼운 뒤 물고기 앞에 던지며 이렇게 말하는 것이다.

"이것 좀 먹어볼래?"

왜 사람들을 낚을 때는 똑같은 방식을 사용하지 않을까?

제1차 세계대전 동안 영국의 총리를 지낸 로이드 조지는 그렇게 했다. 누군가 그에게 윌슨, 올란도와 클레망소와 같은 전쟁 지도자들이 잊히는 동안, 어떻게 계속해서 권력을 유지할 수 있었는지 묻자 그는 미끼를 던져 물고기를 낚는 법을 배운 덕분이라고 대답했다.

왜 우리는 자신이 원하는 것에 대해 이야기하는가? 그건 유치하고 터무니없는 행동이다. 물론 자신이 원하는 것에 관심을 갖는 것이 당연하긴 하다. 당신은 아마 영원히 원하는 것에 관심을 가질 것이다. 하지만 다른 사람은 그렇지 않다. 다른 사람들 또한 우리와 다르지 않기 때문이다. 우리는 오직 우리가 원하는 것에만 관심을 가진다.

그렇기에 다른 사람에게 영향을 미치는 유일한 방법은, 그들이 원하는 것에 관해 이야기하고, 그것을 얻는 방법을 보여주는 것이다.

앞으로 누군가가 어떤 일을 하도록 시켜야 하는 상황이 생긴다면 기억해두는 것이 좋을 것이다. 만일 자녀가 담배를 피우는 것을 원하지 않는다면, 설교하거나 부모가 원하는 것에 관해 이야기하지 말라. 대신 담배를 피웠다간 농구부에서 좋은 성적을 얻을 수 없게 되거나 100m 경주에서 이길 수 없게 된다는 걸 보여줘라.

당신이 상대하는 것이 아이든 송아지든 침팬지든 분명 도움이 될 것이다. 예를 들어보자.

어느 날 랠프 월도 에머슨과 그의 아들은 송아지를 외양간 안으로 집어넣으려고 하고 있었다.

하지만 그들은 자신들이 원하는 것만 생각하는 일반적인 실수를 저질렀다. 에머슨이 송아지를 미는 동안, 그의 아들은 앞에서 송아지를 당겼던 것이다. 하지만 송아지 역시 별반 다르지 않았다. 송아지 또한 자신이 원하는 것만 생각하고 있었기 때문이다. 송아지는 다리를 뻣뻣하게 버티고 서서 목초지를 떠나기를 완강히 거부했다. 아일랜드 출신의 가정부가 그 난감한 상황을 목격했다. 그녀는 수필이나 책을 쓸 줄 몰랐지만, 이 상황에서는 에머슨보다 더 많은 상식을 가지고 있었다. 그녀는 송아지가 원하는 것을 생각했다. 그녀는 송아지의 입에 손가락을 집어넣고, 송아지가 손가락을 핥는 동안 문제없이 외양간에 집어넣을 수 있었다.

태어난 이래로 당신이 취한 모든 행동은 당신이 무언가를 원했기 때문에 발생한 일이다. 당신이 십자군에 통 큰 기부를 했다고 치자. 그 또한 마찬가지다. 당신은 누군가를 돕고 싶었기 때문에 기부를 했다. 당신이 그 아름답고, 이타적이며, 신성한 행동을 원했기 때문이다.

'너희가 여기 내 형제 중에 지극히 작은 자 하나에게 한 것이 곧 나에게 한 것이니라.'(마태복음 25:40)

만일 당신이 기부를 통해 느끼게 될 감정보다 돈을 더 소중하게 여겼다면, 당신은 똑같은 행동을 취하지 않았을 것이다. 물론 당신은 거절하기 창피하거나 고객의 요청으로 인해 기부를 했을 수도 있다. 하지만 한 가지 분명한 것은, 당신이 기부를 한 것은 무언가 원했기 때문이다.

해리 A. 오버스트리트는 그의 계몽적인 저서 '인간 행동에 영향을 미치다'에서 이렇게 썼다.

"행동은 우리가 근본적으로 원하는 것에서부터 발생한다. 누군가를 설득하려는 사람에게 주어질 수 있는 최고의 충고는 그가 사업을 하고 있든, 집 또는 학교에 있든 정치를 하고 있든 다음과 같다. 우선 타인의 욕구를 자극하라. 이 일을 할 수 있는 자는 천하를 손에 얻을 것이다. 그렇지 못한 자는 외로운 길을 걷게 될 것이다."

지독히도 가난했던 스코틀랜드 출신 청년 앤드류 카네기는 처음 일을 시작했던 당시 시급 2센트를 받았으나, 훗날 그는 3억6천5백만 달러를 기부했다. 그는 일찌감치 사람들에게 영향을 미치는 유일한 방법이 그들이 원하는 것에 대해 이야기하는 것이라는 걸 깨달은 사람이었다. 그가 학교에서 교육을 받은 것은 오직 4년이 전부였지만, 그는 사람을 다루는 법을 알았다.

그의 이야기는 이렇다. 그의 형수가 두 아들 때문에 골머리를 썩이고 있었다. 그들은 예일대를 다니고 있었는데, 대학 생활에 열중한 나머지 집에 안부를 전하는 걸 잊고 어머니의 걱정 가득한 편지에는 관심도 두지 않았다.

카네기는 답장을 요구하지 않고서도 답장을 받아낼 수 있다는 데 1백 달러를 걸었다. 누군가 그의 내기를 승낙하자, 그는 조카들에게 격 없는 편지를 쓰며, 추신에 그가 각각 5달러의 용돈을 동봉한다고 말했다. 하지만 정작 그는 돈을 동봉하지 않았다.

조카들은 '친애하는 앤드류 삼촌께'로 시작하는, 그의 친절에 감사한 마음을 전하는 편지를 보내왔다. 이어지는 문장이 어떤 내용인지는 말하지 않아도 알 것이다.

당신은 누군가에게 어떤 일을 하도록 설득해야 하는 상황을 맞이할 수 있다. 말을 꺼내기 전에 잠시 멈춰 이 질문을 던져보라. '어떻게 이 사람이 이 일을 하고 싶게 만들 수 있을까?' 이 질문은 우리의 욕구에 관한 쓸모없는 이야기로 경솔하게 행동하는 것을 막아줄 것이다.

한번은 강연을 위해 뉴욕에 있는 한 호텔에서 20일 동안 대연회장의 저녁 시간을 대관한 적이 있다.

강연이 시작되려는 때, 나는 갑작스럽게 예전에 비해 거의 세 배나 되는 대관료를 내라는 통보를 받았다. 그 통보를 받은 것은 강연 티켓을 인쇄해 배포하고, 모든 공고가 끝난 뒤였다.

당연히 나는 인상된 요금을 내고 싶지 않았다. 하지만 내가 원하는 게 무엇인지 호텔에 이야기해서 얻을 수 있는 게 있었을까? 그들은 자신들이 원하는 것에만 관심이 있었다. 그렇기에 나는 며칠 후 지배인을 만나러 갔다.

나는 이렇게 말했다.

"보내주신 우편물을 받고 조금 놀랐습니다. 하지만 지배인님을 비난하는 것은 절대 아닙니다. 제가 지배인님의 자리에 있었다면, 비슷한 편지를 썼을 수도 있으니까요. 지배인님은 호텔의 지배인으로 가능한 최대의 수익을 내야 하는 임무가 있습니다. 그렇지 않다면 해고를 당할 것이고, 해고를 당하는 것이 맞기도 합니다. 자, 이제 종이에다 지배인님이 대관료를 올렸을 때 생길 수 있는 장점과 단점을 한번 써 봅시다."

그리고 나는 편지지 위에 정중앙을 나누는 줄을 긋고 나서 한 칸은 '장점' 그리고 다른 한 칸은 '단점'이라고 썼다.

나는 '장점' 칸에는 '자유롭게 사용할 수 있는 대연회장'이라고 썼다. 그리고 이렇게 말했다.

"호텔은 무도회나 회의 등의 용도로 대연회장을 마음대로 임대할 수 있게 됩니다. 그건 큰 장점입니다. 일련의 강연으로 벌 수 있는 돈보다 훨씬 많은 돈을 벌 수 있으니까요. 제가 강연을 하는 동안 대연회장을 스무 밤이나 묶어 둔다면, 지배인님은 사업적으로 큰 손해를 볼 수 있습니다.

자, 이제 단점에 대해 말씀드리겠습니다. 우선 저에게 더 많은 사용료를 물려 수입이 늘어나는 것이 아니라 오히려 줄어들 것입니다. 사실은 전혀 수익을 내지 못할 수도 있습니다. 왜냐하면 저에게는 지배인님이 요구하는 사용료를 낼 수 있는 능력이 없기 때문입니다. 저는 그러면 다른 장소에서 강연을 열어야만 하겠지요.

여기에는 또 다른 단점도 있습니다. 제 강연은 높은 교육을 받고 교양이 있는 사람들을 호텔로 불러들입니다. 그건 훌륭한 광고가 되지 않을까요? 사실상 신문 광고에 5천 달러를 쓴다고 해도, 제 강연에 참석하는 사람만큼 많은 사람의 이목을 끌지는 못할 것입니다. 호텔로서는 큰 이득이 아닌가요?"

앞서 말했듯, 나는 이 두 개의 '단점'을 나머지 칸에 채워 넣었다. 그리고 지배인에게 종이를 건네며 이렇게 말했다.

"장단점을 모두 신중하게 고려하여 무엇이 지배인님께 더 이득인지 살펴본 다음 최종 결정을 내려주세요."

다음 날 나는 편지를 한 통 받았다. 사용료를 300% 대신 50%만 인상하겠다는 내용이었다.

그러니까 나는 내가 원하는 것에 대해 한 마디도 하지 않은 채 비용 축소에 성공했다. 나는 계속해서 다른 사람이 원하는 바와, 어떻게 하면 그것을 가질 수 있는지에 관해 이야기했다. 내가 인간 본성을 따라 그의 사무실에 들이닥쳐 "강연 티켓을 이미 인쇄하고 공고를 내보냈다는 걸 알면서도 대관료를 3배나 올리는 건 무슨 심보입니까? 3배라니요! 터무니없고 말도 안 되는 소립니다! 그 돈을 낼 수 없습니다!"라고 했다고 생각해보자.

그랬다면 무슨 일이 일어났을까? 불같은 논쟁이 일어나 잔뜩 열을 내고 씩씩댔을 것이다. 그리고 당신은 논쟁이 어떤 식으로 끝나는지 알고 있다. 그가 잘못되었다는 사실을 증명했다고 해도, 그의 자존심이 양보와 포기를 허락하지 않을 것이다.

헨리 포드는 인간관계의 기술에 있어 최고의 충고를 했다.

"성공으로 가는 유일한 비법은 다른 사람의 입장을 헤아리고 다른 사람의 관점을 마치 자신의 관점인 것처럼 생각하는 것이다."

너무도 좋은 말인 나머지 한 번 더 반복하겠다.

"성공으로 가는 유일한 비법은 다른 사람의 입장을 헤아리고 다른 사람의 관점을 마치 자신의 관점인 것처럼 생각하는 것이다."

이것은 너무도 단순하고 확실한 진리로 누구나 그 진가를 알아볼 수 있다. 그러나 지구에 사는 10명 중 9명의 사람은 그 사실을 10번 중 9번 무시한다.

예를 들어볼까? 당장 내일 아침 사무실 책상에 올려져 있는 편지들을 확인해보라. 대다수가 이 중요한 상식을 지키지 않고 있다는 걸 알 수 있을 것이다. 다음의 편지는 한 광고사의 라디오 전담 부서 책임자가 보낸 것으로, 그 회사는 미국 전역에 사무실을 두고 있었다. 이 편지는 각 지역 라디오 방송국 담당자들 앞으로 보내졌다. (괄호 속에는 각 문단에 대한 나의 반응을 적어보았다.)

친애하는 블랭크 씨

저희 ○○사는 라디오 방송계의 대표 광고사라는 지위를 유지하고자 합니다.

(당신 회사가 원하는 걸 누가 신경이나 쓰지? 나는 내 문제로도 골머리가 아파. 은행은 집에 대한 담보권을 실행했고, 벌레들은 접시꽃을 뜯어먹고 있고, 어제는 주식 시장이 폭락했어. 오늘 아침엔 8시 15분 알람을 놓쳤고, 지난밤엔 존의 댄스파티에 초대받지 못한데다, 의사가 전화해서 나에게 고혈압, 신경염 그리고 피부염이 있다고 하더군. 그리고 또 무슨 일이 있었는지 알아? 아침에 수심에 차서는 사무실로 나서는데, 우편함을 열어보니 뉴욕의 웬 애송이 하나가 자신의 회사가 원하는 바에 대해 시끄럽게 떠들어대지 뭐야. 하! 이 편지가 어떤 인상을 남기는지 안다면, 당장 광고 사업을 때려치우고 다른 일을 찾아보게 될 거야.)

그간 당사의 국내 광고 고객들은 네트워크를 구축하도록 해주었습니다. 방송 시간에 대한 상세한 정보를 지님으로써, 자사는 해가 바뀌어도 최고의 광고사 자리를 지킬 수 있었습니다.

(그쪽 회사가 그렇게 크고 돈도 많고 일류라는 말이지? 그래서 뭐? 당신네 회사가 제너럴 모터스나 제너럴 일렉트릭 그리고 미군 참모를 모두 합친 것보다 크다고 해도 내가 신경이나 쓸 것 같아? 얼빠진 벌새만큼이라도 지각이 있다면 당신네 회사가 얼마나 큰지 내가 관심이 없다는 걸 알았겠지. 나는 내 회사의 크기에만 관심이 있다고. 당신네들의 대단한 성공 이야기를 들려줘봤자, 나는 더 위축되고 스스로 하찮은 사람처럼 느낄 뿐이란 말이야.)

우리는 고객들에게 라디오 방송국의 가장 최신 정보를 제공하고 싶습니다.

(그건 당신이 원하는 거겠지! 내가 아닌 당신! 정말 제대로 멍청하군. 나는 당신이 뭘 원하든, 미국 대통령이 뭘 원하든 관심이 없어. 한 번 더 말하지만, 나는 내가 원하는 것에만 관심이 있다는 말이야. 그리고 당신은 이 시답잖은 편지에서 아직도 내가 원하는 것에 대해서는 한마디도 하고 있지 않아.)

그러므로 매주 방송국의 정보를 얻을 수 있도록 당사를 귀사의 선호 목록에 올려주실 수 있겠습니까? 사소한 정보라도 광고사에게는 예약 시간을 현명하게 선택하는 데 도움이 됩니다.

('선호 목록'. 뻔뻔하기도 하지! 당신네 회사 규모를 들먹이며 나를 하찮게 만들어 놓고는, '선호 목록'에 넣어달라는 부탁을 해? 아니, 당신은 '부탁'이라는 말은 쓰지도 않았어.)

이 편지에 이른 시일 안에 답하여 귀사의 최신 '활동 내역'을 알려주실 수 있다면, 상호 간에 도움이 될 것입니다.

(멍청이 같으니라고! 온갖 회사에 낙엽 뿌리듯 흩뿌린 편지를 한 장 보내놓고 그런 뻔뻔한 부탁을 해? 은행 담보, 접시꽃 그리고 혈압 때문에 애를 먹고 있는 사람한테 자리에 앉아 말도 안 되는 편지에 대한 답장을, 그것도 '이른 시

일 안에' 쓰라고 하다니. '이른 시일 안에'는 또 무슨 소리야? 나도 당신만큼 바쁘다는 것을 모르나? 바쁘지 않아도 바쁘다고. 게다가 도대체 무슨 권리로 나한테 이래라저래라 하는 거지? '상호 간에 도움'이라고 했는데, 그래, 드디어 내 입장도 고려해주는군. 하지만 그 표현은 너무 모호해서 난 뭐가 나에게 도움이 될지도 잘 모르겠어.)

그럼 안녕히 계십시오.
라디오 부서 책임자 드림

추신. 동봉한 인쇄물은 '블랭크빌 저널'에 담긴 내용으로 선생님께서 이를 흥미롭게 여겨 방송에 알리고 싶어 하실지도 모르겠습니다.
(드디어 편지 끝에 와서야 내가 가진 문제 중 하나쯤 해결할 수 있는 방안을 언급하는군. 왜 이 말로 편지를 시작하지 않았지? 무슨 생각인 거야? 이렇게 쓸데없는 소리를 늘어놓는 광고쟁이라면 뭔가 머리에 문제가 있을 거야. 당신에게 필요한 건 우리 회사의 '최신 활동 내역'이 아니야. 당신에게 필요한 건 갑상선을 치료할 요오드야.)

자, 만일 광고계에 몸을 담고 있으면서 사람들로부터 구매 욕구를 불러일으키는 기술에 관한 전문가들이 쓴 편지가 이 정도라면, 정육점 주인, 제빵사 또는 자동차 정비공의 경우 어떻겠는가?
여기 다른 편지 한 통이 있다. 내 강의를 듣고 있는 에드워드 버밀렌이 어느 대형 화물 터미널의 관리자로부터 받은 편지다. 이 편지는 과연 수신자에게 어떤 영향을 미쳤을까? 우선 편지를 읽어보자.

'주식회사 A. 제레가스 선스의 에드워드 버밀렌 귀하
터미널에서 발송화물 수취작업이 지체되고 있습니다. 대다수의 화물이 늦은 오후에 도착하고 있기 때문입니다. 이러한 상황은 작업이 지체되어, 직원들의 초과 근무와 하차 지연을 비롯해 때로는 배송 지연으로 이어질 수 있습니다. 지난 11월 10일, 귀사로부터 510개 부품을 전달받은 시각은 오후 4시 20분 경이었습니다.

화물이 늦게 도착함에 따라 발생할 수 있는 바람직하지 못한 결과를 막기 위해, 귀사의 협조를 요청합니다. 앞서 말한 날짜에 우리가 수령한 물량과 동일한 물량을 운송하고자 한다면, 보다 이른 시간에 트럭이 도착할 수 있도록 하거나 화물 일부라도 오전 중에 받을 수 있도록 해주실 수 있겠습니까?

그렇게 해주실 수 있다면 귀사의 트럭에서 짐을 내리고, 화물을 받은 당일 발송이 가능하도록 보장할 수 있는 장점이 있습니다.

그럼 안녕히 계십시오.'

이 편지를 읽은 주식회사 A. 제레가스 선스의 버밀렌은 이렇게 지적했다.

'이 편지는 의도한 바의 정반대의 효과를 가져왔습니다. 이 편지는 터미널에서 발생한 어려움을 설명하는 것으로 시작합니다. 우리는 그것에 관심이 없습니다. 그리고 그들에게 협력할 경우 우리가 겪게 될 불편에 대해서는 아무런 언급이 없습니다. 마지막 문장에 가서야 화물을 더 신속하게 하차할 수 있으며, 당일 발송이 가능하다는 명시가 있습니다.

달리 말하자면, 우리가 관심을 가질만한 내용은 마지막에 언급되었고, 최종적으로는 결국 협조가 아닌 적대감만 키웠습니다.'

이 편지를 다시 써서 개선할 수 있는 게 있는지 확인해보자. 문제에 관해 이야기하느라 시간을 낭비해서는 안 된다. 핸리 포드가 충고한 대로, '다른 사람의 입장을 고려하고, 그 사람의 관점이 마치 우리의 관점인 것처럼 일어나는 일들을 보자'.

여기 편지를 고쳐 쓴 것이 있다. 완벽하지는 않을지언정, 훨씬 나아 보이지 않은가?

'주식회사 A. 제레가스 선스의 에드워드 버밀렌 귀하

귀사는 14년 동안이나 당사의 귀한 고객이 되어주셨습니다. 귀사의 후원을 매우 감사하게 생각하고 있으며, 그에 보답하고자 빠르고 효율적인 서비스를 제공하고자 노력하고 있습니다. 하지만 송구하게도 지난 11월 10일에 있었던 일처럼 귀사의 화물 트럭이 많은 물량을 오후 늦게 싣고 올 경우, 좋은 품질의 서비스를 제공하는 것에 지장이 간다는 말씀을 드려야 할 것 같습니다. 왜일까요? 다른 많은 고객들도 오후 늦은 시각에 화물을 가져오기 때문입니다.

그리고 당연히, 그 결과 혼잡이 발생합니다. 그 말인즉슨 귀사의 트럭들이 어쩔 수 없이 부두에 묶여있는 상황이 생기며 때로는 운송을 지연시킬 수 있다는 것입니다. 이 같은 안 좋은 상황을 피할 방법이 있습니다. 가능한 경우 오전 중에 부두에 화물이 도착할 수 있도록 해주시면 트럭이 대기할 필요도 없어지고, 화물을 즉시 취급하는 것도 가능해지며, 당사의 직원들은 일찍 귀가해 귀사가 제조하는 맛있는 마카로니와 스파게티로 차린 저녁을 먹을 수 있게 됩니다.

그러나 화물이 언제 도착하든, 저희는 언제나 최대한 신속하게 운송을 책임지겠습니다. 바쁘신 것을 알기에 따로 답장을 보내실 필요는 없습니다.

그럼 안녕히 계십시오.'

오늘날 수많은 판매원들은 피로를 호소하며 용기를 잃고 낮은 임금을 받으며 길거리를 헤매고 있다. 왜일까? 그들은 언제나 자신들이 원하는 것만 생각하기 때문이다. 그들은 당신이나 내가 아무것도 사고 싶지 않다는 것을 깨닫지 못한다. 우리에게 무언가 구매하고 싶은 욕구가 있었다면, 우리는 아마 밖으로 나가 그것을 직접 사 왔을 것이다. 하지만 우리 모두 자신의 문제를 해결하는 것에만 관심을 둔다. 그건 영원히 변하지 않는다. 만일 판매원이 자신이 판매하는 서비스 또는 상품이 우리의 문제를 해결해준다는 것을 보여줄 수 있다면, 그는 아무것도 팔 필요가 없다. 우리가 알아서 그 제품을 살 것이기 때문이다. 게다가 고객은 누군가 자신에게 무엇을 파는 걸 좋아하지 않는다. 고객이 좋아하는 것은 자신이 무언가를 사는 것이다.

하지만 많은 판매원들은 고객의 관점에서 상황을 바라보지 않은 채로 물건을 팔며 일생을 보낸다.

예를 들어 나는 오랫동안 포레스트 힐스에 살았다. 그 동네는 뉴욕시 한복판에 형성된 작은 주택가였다. 하루는 바쁘게 역으로 향하다가 우연히 롱 아일랜드에서 오랫동안 건물을 사고판 부동산 중개업자를 마주치게 되었다. 그는 포레스트 힐스에 관해 잘 알았기에, 나는 그에게 서둘러 내가 사는 집이 철망을 넣어 지어졌는지 아니면 속이 빈 타일로 지어졌는지 물었다. 그는 잘 모르겠다며 '포레스트 힐스 가든 협회'에 전화를 걸면 알 수 있을 것이라는, 내가 이미 알고 있는 내용을 말해주었다.

다음 날 아침, 나는 그로부터 편지 한 통을 받았다. 그는 내가 원한 정보를 주었을까? 전화 한 통이면 60초 만에 내가 원하던 정보를 얻을 수 있었을 것이다. 하지만 그는 그러지 않았다. 그는 어제 했던 말을 똑같이 되풀이하며, 자신에게 보험을 맡겨줄 수 있겠냐고 물었다.

나는 그에게 배쉬 영의 훌륭한 책들인 '베푸는 기쁨'과 '나눌 재산'을 보내주어야만 했다. 그가 그 책들을 읽고 그 속에 담긴 철학을 실천했다면, 그는 내 보험을 관리했을 때보다 천 배는 더 많은 수익을 얻을 수 있었을 것이다.

전문적인 사람들 또한 똑같은 실수를 저지른다.

몇 년 전, 나는 필라델피아에서 한 유명한 이비인후과를 찾았다. 내 편도선을 들여다보기도 전에 의사는 나에게 하는 일이 무엇인지 물었다. 그는 내 편도선이 얼마나 부었는지에는 관심도 없었다.

그가 관심을 가진 것은 내 통장 잔고였다. 그의 주요 관심사는 어떻게 나를 도울 수 있을까가 아닌, 나에게서 얼마나 많은 돈을 뜯어낼 수 있는지였던 것이다. 그 결과 그는 아무것도 얻지 못했다. 그의 몰인격을 경멸한 나에게 그의 병원을 나와버렸기 때문이다.

세상은 탐욕스럽고 이기적인 사람들로 가득하다. 그렇기에 이기적인 마음

없이 타인에게 봉사하고자 하는 사람들은 경쟁자가 많지 않다는 점에서 엄청나게 유리하다. 유명한 변호사이자 미국의 가장 위대한 기업가 중 한 명인 오웬 D. 영은 이런 말을 한 적 있다.

"다른 사람의 처지에서 생각할 수 있는 사람, 다른 사람들의 마음이 어떻게 움직이는지 이해할 수 있는 사람은 절대 미래에 어떤 일이 일어나도 걱정할 필요가 없을 것이다."

만일 이 책을 읽으며 타인의 처지에서 생각하려는 경향을 키우게 된다면, 그것 하나만으로도 당신은 경력을 쌓아감에 있어 가장 기본적인 요소를 구축하는 셈이다.

대다수의 사람들은 대학에 다니며 베르길리우스를 읽는 법을 배우고, 미적분의 비밀을 익힌다. 하지만 자신들의 마음이 어떻게 기능하는지는 발견하지 못한다. 예를 들어보자.

나는 갓 대학을 졸업하여 대형 에어컨 제조업체인 캐리어사에서 근무를 시작하려는 사람들을 상대로 효과적인 말하기에 대한 강연을 한 적이 있다. 수강생 중 한 명이 쉬는 시간에 다른 사람들에게 농구를 하자고 설득하고 있었다. 그는 이렇게 말했다.

"나와서 농구를 하자. 나는 농구를 좋아하지만 체육관에 갈 때마다 사람이 충분하지 않아서 경기를 할 수 없었어. 밤에 두세 명이 공을 던지며 놀다가 눈에 멍만 들어서 왔지. 내일 밤에 모두 이곳에 오면 좋겠어. 농구를 하고 싶으니까."

그는 자신이 원하는 바를 말했다. 하지만 다른 사람이 가고 싶지 않은 체육관에 가고 싶은 사람은 없을 것이다. 당신은 그가 원하는 것에 관심이 없다. 그리고 눈에 시퍼런 멍이 들고 싶지도 않을 것이다.

체육관을 이용하면서 당신이 원하는 걸 얻을 수 있다는 사실을 알려주었다면 어땠을까? 혈액순환이나 식욕 증진, 두뇌 회전과 즐거움, 게임, 농구 등……

오버스트릿 교수의 현명한 충고를 다시 되새겨보자.

"우선 타인의 욕구를 자극하라. 이 기술을 사용할 줄 아는 사람은 온 세상을 가진 것이다. 이 기술을 이해하지 못한 사람은 외로운 길을 걷게 될 것이다."

강의에 참석한 학생 중 한 명은 아들 때문에 걱정이 이만저만이 아니었다. 아이는 저체중이었고 음식을 먹기 싫어했다. 부모는 야단을 치고 잔소리를 하는 일반적인 방식을 사용했다.

"엄마는 네가 이것을 먹길 원한단다.", "아빠는 네가 쑥쑥 자랐으면 좋겠단다."

아이가 그 같은 이유에 조금이라도 관심을 가졌을까? 그랬다. 당신이 모래사장에 있는 모래 한 알에 가지는 관심만큼이었다.

상식이 있는 사람이라면, 3살짜리 아이가 30살 된 아버지의 관점에 따라 행동을 취하길 바랄 수 없다. 그러나 아이의 아버지는 정확히 그렇게 했다. 어리석은 짓이었다는 걸 결국 깨달은 그는 이렇게 생각했다.

'아이가 원하는 게 무엇일까? 아이가 원하는 것과 내가 원하는 것이 같을 수는 없을까?'

그렇게 생각하자 일이 쉬워 보였다. 그의 아들은 브루클린에 있는 집 앞 인도에서 세발자전거를 타는 것을 좋아했다. 같은 골목의 몇 채 떨어지지 않은 집에는 아들보다 덩치가 크며 아들을 괴롭히는 아이가 살고 있었다. 그 아이는 아들의 세발자전거를 빼앗아 타곤 했다.

아이는 당연히 소리를 지르며 어머니에게로 달려갔고, 어머니는 집 밖으로 나와 아들을 괴롭히는 아이를 세발자전거에서 내려오도록 한 뒤, 아들을 다시 태웠다. 그 일은 매일 같이 반복되었다.

아이가 원하는 게 무엇이었을까? 이 질문에 답하기 위해 셜록 홈스가 될 필요는 없다. 그의 자존심, 화, 그리고 그중에서 가장 강력한 감정인 중요한 사람이 되고자 하는 욕구가 복수를 부추겼다. 그 '악당'의 콧대를 납작하게 만들어주기를 원했던 것이다. 아버지가 아이에게 어머니가 주는 음식을 먹는다면 그 덩치 큰 아이를 흠씬 두들겨 패주는 날이 올 거라고 설명해주고 약속했을 때, 모든 편식 문제는 사라졌다. 아이는 시금치든 양배추절임이든 간고등어든 가리지 않고 먹었다. 그토록 자주 자신을 괴롭혔던 아이를 때려줄 수 있을 정도로 키가 클 수 있다면, 뭐든 먹었다.

그 문제를 해결하자, 다른 문제가 떠올랐다. 아이에게는 침대에 소변을 보는 끔찍한 버릇이 있었기 때문이었다.

아이는 할머니와 함께 잠을 잤다. 아침이면 할머니가 일어나 침대 시트를 확인하며 이렇게 말했다.

"이것 봐 조니, 또 밤새 오줌을 쌌구나."

그러면 아이는 이렇게 말했다.

"내가 그런 게 아니야. 할머니가 그랬잖아."

잔소리하고, 엉덩이를 때리고, 창피를 주고, 부모가 원하지 않는 바를 반복해서 말해 보았지만, 어떤 것도 침대를 지킬 수 없었다. 부모는 고민했다. '어떻게 하면 이 아이가 침대를 적시는 걸 멈추게 할 수 있을까?'

아이가 원하는 게 무엇이었을까? 우선 아이는 할머니가 입는 나이트가운이 아닌 아버지가 입는 잠옷을 원했다. 밤마다 일어나는 사고가 지긋지긋했던 할머니는 흔쾌히 아이에게 잠옷을 한 벌 사주었다. 또한 아이는 자신만의 침대를 원했고, 할머니는 반대하지 않았다.

아이의 어머니는 브루클린의 백화점으로 아이를 데려갔다. 그리고 판매원에게 한쪽 눈을 찡긋하며 이렇게 말했다.

"여기 이 신사분이 사고 싶은 게 있다고 하시네요."

판매원은 이렇게 말을 함으로써 아이가 자신이 중요한 사람이라는 생각이 들도록 했다.

"꼬마 손님, 무엇을 원하시나요?"

아이는 뒤꿈치를 들고 이렇게 말했다.

"제 침대를 사고 싶어요."

마음에 드는 침대를 본 어머니는 판매원에게 다시 윙크를 했다. 그러자 판매원은 꼬마 손님을 설득해 그 침대를 구매하도록 했다.

다음 날 침대가 배송되었다. 그날 밤 아버지가 집에 돌아왔을 때, 아이는 문으로 달려가 소리쳤다.

"아빠! 아빠! 위층에 와서 제가 산 침대를 보세요!"

침대를 본 아버지는 찰스 슈와브의 조언에 따라 '진심으로 인정하고 칭찬했다'.

아버지가 물었다.

"이 침대에도 오줌을 싸진 않겠지?"

"오, 그럼요! 이 침대를 이 침대를 적시는 일은 없을 거예요."

아이는 약속을 지켰다. 자존심이 걸린 문제였고, 그건 직접 구매한 자신의 침대였기 때문이다. 게다가 이제는 어른처럼 잠옷을 입고 잤다. 아이는 어른처럼 행동하길 원했고, 결국 그렇게 했다.

같은 강의를 듣는 또 한 명의 아버지이자 전화 기사인 K. T. 더치먼은 3살짜리 딸아이가 아침밥을 먹도록 하는 데 애를 먹고 있었다.

평상시대로 야단을 치고, 애원하고, 구슬려도 보았지만 소용없는 일이었다. 부모는 고민했다.

"어떻게 하면 아침밥을 먹게 만들 수 있을까?"

작은 소녀는 어머니를 따라 하며 어른이 된 것처럼 느끼는 것을 아주 좋아했다. 그들은 그녀를 의자 위에 올리고 어머니와 함께 아침을 만들도록 했다. 기회를 엿보던 아버지는 아이가 시리얼을 휘젓기 시작하던 찰나에 부엌에 들어갔다. 아이는 말했다.

"아빠! 이것 봐요! 오늘 아침에 먹을 시리얼을 만들고 있어요."

아이는 누가 달랠 필요도 없이 알아서 시리얼을 두 그릇이나 먹었다. 아이의 흥미를 끄는 데 성공했기 때문이었다. 아이는 자신이 중요한 사람이라는 기분을 얻는 데 성공했다. 시리얼을 만드는 과정에서 자기표현의 길을 찾은 것이었다.

윌리엄 윈터가 이런 말을 한 적이 있다.

"자기표현은 인간 본성의 지배적인 필수요소다. 왜 같은 심리를 사업에서 사용하지 않는가? 우리에게 뛰어난 아이디어가 있을 때, 다른 사람들이 그 아이디어를 우리의 것이라고 생각하게 만드는 대신, 그 아이디어를 직접 주무르도록 하지 않느냐는 것이다. 그렇게 하면 그들은 그 아이디어가 자신의 것이라고 생각하게 될 것이고, 애정을 품게 될 것이고, 어쩌면 몇 그릇이고 먹으려 할지도 모른다."

기억하라.

"우선 타인의 욕구를 자극하라. 이 일을 할 수 있는 자는 천하를 손에 얻을 것이다. 그렇지 못한 자는 외로운 길을 걷게 될 것이다."

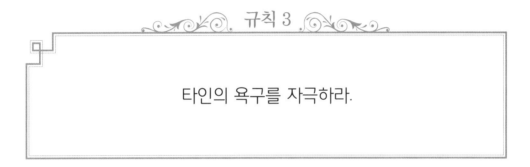

규칙 3

타인의 욕구를 자극하라.

제1부 요약

사람을 다루는 기본적인 방법

규칙 1. 비판, 비난 혹은 불평을 하지 말라.

규칙 2. 솔직하고 진심이 담긴 칭찬을 하자.

규칙 3. 타인의 욕구를 자극하라.

제2부
사람들의 호감을 사는 방법

제1장

어디서나 환영받는 사람이 되는 방법

▶──────── **친구를 얻고** 싶다면 왜 이런 책을 읽고 있는가? 세상에서 친구를 가장 잘 사귀는 사람의 기술을 연구하는 게 낫지 않겠는가? 그가 누구인지 알고 싶은가? 당신은 어쩌면 내일 아침 길을 걷다 그를 만날 수도 있다. 멀리서 걸어오는 당신을 목격한 그 존재는, 당신을 향해 꼬리를 흔들기 시작할 것이다. 그리고 당신이 멈춰 서서 그를 쓰다듬으면, 당신을 좋아한다는 걸 보여주기 위해 펄쩍 뛰어오를 것이다. 당신은 그가 보여주는 애정에 그 어떤 숨은 동기도 없다는 것을 알고 있다. 그는 당신에게 부동산을 팔거나, 당신과 결혼하고 싶어서 그렇게 행동하는 것이 아니다.

평생 일하지 않아도 되는 유일한 동물이 개라는 것을 생각해 본 적이 있는가? 암탉은 알을 낳아야 하고, 젖소는 우유를 나눠줘야 하고, 카나리아는 노래를 불러야 한다. 하지만 개는 당신에게 사랑을 주는 것만으로도 먹고 살 수 있다.

내가 5살 소년일 적, 아버지는 50센트를 주고 작은 노란 강아지를 사 오셨다. 그 강아지는 내 유년 시절의 빛이자 기쁨이었다. 매일 오후 4시 30분경, 강아지는 앞마당에 꼼짝도 하지 않고 앉아서 예쁜 눈으로 길만 바라보고 있었다. 그러다가 내 목소리를 듣고, 내가 저녁 도시락통을 흔들며 덤불 사이로 모습을 드러내면 숨도 쉬지 않고 총알처럼 언덕 위를 달려와 기쁨으로 펄쩍 뛰고 순수한 환희로 짖어대며 나를 반겨주었다.

티피는 5년 동안 나의 든든한 친구가 되어주었다. 그리고 잊지 못할 어느 비극적인 밤, 내게서 몇 발자국 떨어지지 않은 곳에서 벼락을 맞아 죽었다. 그렇게 티피의 죽음은 내 유년 시절의 비극이 되었다.

티피, 너는 심리학에 관한 책을 읽은 적이 없어. 그럴 필요가 없었기 때문이지. 너는 타고난 본능으로 다른 사람에게 관심을 가졌지. 그렇게 네게는 남들의 관심을 받고 싶어하는 사람이 2년 동안 얻을 수 있는 친구보다 더 많은 친구를 단 2개월 만에 사귈 수 있는 능력이 있었던 거야. 다시 한번 말하지만 당신이 다른 사람에게 관심을 가지면, 다른 사람들이 당신에게 관심을 갖도록 노력하며 2년 동안 얻을 수 있는 친구보다 더 많은 친구를, 단 2개월 만에 얻을 수 있다.

그러나 우리는 평생에 걸쳐 다른 사람들의 관심을 사려고 허둥대는 실수를 범하는 사람들을 알고 있다. 당연히 그 방법은 틀려먹었다. 사람들은 당신에게 관심이 없다. 그리고 나에게도 관심이 없다. 사람들은 자신에게 관심이 있다. 아침이든, 정오든, 저녁을 먹은 뒤든 마찬가지다.

뉴욕전화국은 통화 내용을 상세히 연구한 뒤, 가장 자주 사용된 낱말을 찾아냈다. 짐작할 수 있겠지만, 바로 인칭대명사인 '나'라는 표현이었다. '나', '나', '나'라는 표현은 500통의 전화 통화에서 3천9백 번이나 언급되었다.

당신이 포함된 단체 사진을 볼 때, 가장 먼저 누구를 확인하는가? 사람들이 당신에게 관심을 가진다고 생각한다면, 이 질문에 대답해보라. 오늘 밤 당신이 죽는다면, 얼마나 많은 사람들이 당신의 장례식에 참석할 것 같은가?

당신이 사람들에게 관심을 가지지 않는 이상, 사람들이 당신에게 관심을 가질 이유가 뭘까? 연필을 들고 이 질문에 대한 답을 써보라.

_____

_____

_____

_____

만일 우리가 누군가에게 좋은 인상을 심어주거나 사람들의 관심을 사려는 노력만 한다면, 진정한 친구, 진심으로 대해주는 친구를 많이 사귀는 건 불가능할 것이다. 진짜 진정한 친구는 그런 식으로 사귈 수 없다.

나폴레옹은 마지막으로 조세핀을 만나는 자리에서 이렇게 말했다.

"조세핀, 나는 이 세상의 그 어떤 남자보다도 운이 좋았어. 그런데도 이 세상에서 믿을 수 있는 사람이라곤 당신이 유일했어."

역사학자들은 그가 조세핀에게도 진정으로 기댈 수 있었는지 의문을 품고 있다.

비엔나 출신의 저명한 심리학자인 알프레드 아들러는 '삶의 의미'라는 책을 썼다. 그 책에서 그는 이렇게 말한다.

"다른 사람에게 관심을 가지지 않는 사람은 삶에서 가장 큰 어려움을 겪게 되며, 다른 이들에겐 가장 큰 상처를 남긴다. 인간의 모든 실패는 그런 사람들로부터 나온다."

당신이 학식을 자랑하는 심리학 서적을 무수히 읽었다고 한들 이토록 중요한 말을 찾기는 힘들 것이다. 아들러의 귀한 충고를 한 번 더 되새기도록 하겠다.

"다른 사람에게 관심을 가지지 않는 사람은 삶에서 가장 큰 어려움을 겪게 되며, 다른 이들에겐 가장 큰 상처를 남긴다. 인간의 모든 실패는 그런 사람들로부터 나온다."

한번은 뉴욕대에서 단편소설 집필 강의를 들은 적이 있는데 인기 있는 잡지사의 편집장이 수업을 진행하러 왔다. 그는 매일같이 자신의 책상 위에 쌓여 있는 소설 중 아무 책이나 하나를 집어 들어 몇 문단을 읽어보면 작가가 사람을 좋아하는지 아닌지 알 수 있다고 말했다.

"작가가 사람을 좋아하지 않는다면 사람들은 그 이야기를 좋아하지 않을 겁니다."

그 매정한 편집자는 소설 집필에 대한 자신의 수업을 두 번이나 중단시키며

설교를 늘어놓는 점에 대해 사과했다.

"설교사가 할 법한 소리지만, 성공한 소설가가 되려면 사람에게 관심을 가져야 한다는 점을 기억하십시오."

소설을 쓸 때 적용할 수 있는 말이라면 직접 사람을 마주해야 할 때는 어떻겠는가?

나는 하워드 서스턴의 분장실에서 저녁을 같이 한 적이 있다. 그가 브로드웨이에 마지막으로 모습을 드러낸 날이었다. 서스턴은 정평이 난 마술의 대가였다.

지난 40년 동안 그는 세계를 여행하며 환상을 만들어내고, 관객을 어리둥절하게 하여, 숨 쉬는 것마저 잊을 정도로 사람들을 놀라게 하였다. 그의 공연을 관람한 사람만 6천만 명이 넘었고, 그는 거의 2백만 달러에 달하는 수익을 냈다.

나는 서스턴에게 그의 성공 비결을 물었다. 그는 학교는 아무런 도움이 되지 않았다고 했다. 어릴 때 집을 나온 그는 길을 떠돌며 화물열차를 타고 건초 더미에서 잠을 잤으며, 문을 두드리며 구걸을 했다. 화물열차 너머로 철로에 새겨진 표시를 읽으며 글을 배웠다.

그가 마술에 대해 특출난 지식을 가지고 있었기 때문일까? 아니다. 그는 마술을 다루는 책만 수백 권이 존재하며, 자신만큼 마술하는 사람은 많이 있다고 했다. 그러나 그에게는 다른 사람에게는 없는 두 가지를 가지고 있었다. 우선 그는 무대에서 뛰어난 기량을 펼칠 수 있는 사람이었다. 그는 뛰어난 쇼맨이었다. 그는 인간의 본성을 이해하고 있었다. 그가 하는 모든 몸짓, 목소리의 억양, 눈썹의 움직임은 사전에 신중히 연습된 것이었으며, 그의 행동은 초 단위로 계획된 것이었다.

그뿐만 아니라 서스턴은 사람에게 진심 어린 관심을 둘 줄 알았다. 그는 다른 마술사들이 관객을 보며 이렇게 생각한다고 했다.

'저기 속이기 좋은 사람들이 잔뜩 앉아있군. 촌놈들 같으니. 내가 하는 속임수를 잘 보라지.'

하지만 서스턴의 방식은 완전히 달랐다. 그는 나에게 무대에 오를 때마다 이런 생각을 한다고 말해주었다.

"이 사람들이 나를 보러 와주다니 정말 감사한 일이야. 내가 이렇게 좋은 삶을 누리는 것도 다 저 사람들 덕분에 가능한 일이었지. 내가 할 수 있는 최선을 다해야겠어."

그는 혼자 이렇게 되뇌기 전에는 절대 무대 위에 서지 않았다고 말했다.

"나는 관객을 사랑한다. 나는 관객을 사랑한다."

우스꽝스러운가? 터무니없는 짓 같은가? 무엇을 생각하든 그건 당신 마음이다. 하지만 당신이 보고 있는 것은 역사상 가장 유명했던 마술사가 사용한 방법이다.

슈만 하인크 부인도 내게 똑같은 이야기를 했다. 배고픔과 상심에도, 비극이 덮친 삶과 아이들과 함께 스스로 목숨을 끊을 시도가 있었음에도, 그녀는 관객을 열광시키는 가장 유명한 바그너 가수가 되는 날까지 노래를 멈추지 않았다. 그리고 그녀 역시도 자신의 성공 비결 중 하나가 사람들에 대한 관심이라고 고백했다.

이것은 시어도어 루스벨트가 얻었던 놀라운 인기의 비결이기도 하다. 그의 하인들마저도 그를 사랑했다. 그의 하인 제임스 E. 아모스는 '하인의 영웅, 시어도어 루스벨트'라는 책을 썼다. 그의 저서에서 아모스는 다음과 같은 빛나는 일화를 들려주고 있다.

'내 아내는 언젠가 대통령께 메추라기에 관해 물어본 적이 있다. 아내는 살면서 한 번도 메추라기를 본 적이 없었기에, 대통령은 그녀에게 메추라기가 어떻게 생겼는지 상세히 설명해주었다. 그로부터 얼마 후, 집에 전화가 울렸다. (아모스와 그의 아내는 오이스터 베이에 위치한 루스벨트의 관저에 있는 작은 집에서 살고 있었다.) 아내가 전화를 받았는데, 다름 아닌 루스벨트가 직접 전화를 건 것이었다. 그는 그녀에게 우리 집 창밖에 메추라기가 있으니 보고 싶으면 밖으로 나오라고 말했다. 그는 그렇게 사소한 것을 놓치지 않던 사람이었다. 그가 우리가 사는 작은 집을 지날 때면, 우리의 모습이 보이지 않을 때도 우리를 부르는 것을 들을 수 있었다. "안녕, 애니! 안녕 제임스!" 그는 집 앞을 지날 때마다 친근하게 인사를 건넸다.'

어떻게 그의 밑에서 일하는 사람들이 그를 좋아하지 않을 수 있었을까? 누구든 그를 좋아하지 않을 수 없었다. 언젠가 루스벨트가 백악관을 방문했을 때, 태프트 대통령 내외가 자리를 비운 적이 있었다. 그는 한때 그를 섬겼던 부엌에서 식기를 닦는 시녀들을 포함한 백악관의 오래된 하인들의 이름을 부르며 인사를 건넸다. 그가 모든 사람들을 얼마나 진심으로 좋아했는지 보여주는 예시였다.

아치 버트는 이렇게 썼다.

'부엌에서 일하는 앨리스를 보았을 때, 그는 그녀에게 여전히 옥수수빵을 만드는지 물었다. 앨리스는 종종 하인들을 위해 만드는 일은 있어도, 주인분들이 드시는 일은 없다고 말했다.'

루스벨트는 소리쳤다.

"음식을 먹을 줄 모르는 사람들이군. 대통령을 만나면 한소리 해야겠어."

앨리스가 접시에 빵 한 조각을 담아 그에게 가져왔더니, 그는 빵을 먹으며 사무실을 돌아다녔고, 지나가는 정원사와 일꾼들에게 인사를 건넸다.

그는 모든 사람을 만난 적 있는 사람처럼 대했다.

백악관에서 40년 동안 경비로 근무했던 아이크 후버는 눈물을 글썽이며 이렇게 말했다.

"거의 2년 만에 가장 행복했던 날이었습니다. 누가 백 달러 지폐를 준다고 해도 바꾸지 않을 경험이었어요."

찰스 W. 엘리엇 박사를 가장 성공한 대학 학장으로 만든 것도 다른 사람들의 문제에 깊은 관심을 가지는 그의 태도 덕분이었다. 그는 운명을 거슬러 내전이 끝난 4년 뒤부터 세계대전이 시작되기 5년 전까지 하버드 대학 학장을 지내기도 했다.

엘리엇 박사가 일한 방식의 한 예시를 들어보자.

어느 날 신입생이었던 L. R. G. 크랜던은 학자금대출기금으로부터 50달러를 빌리기 위해 학장의 사무실을 방문했고, 대출은 승인되었다. 크랜던은 직접 이렇게 말했다.

"내가 진심으로 감사를 전한 뒤 떠나려고 했을 때, 엘리엇 학장은 '자리에 앉아보게.'라고 했습니다. 그리고 그는 이런 말을 해 나를 놀라게 했습니다.

'방에서 요리해 먹는다고 들었네. 좋은 음식을 충분히 차려 먹는다면 나쁘지 않은 일이지. 나도 학생이었을 때 그렇게 했으니까. 송아지 고기를 요리해본 적 있나? 잘 자란 송아지 고기를 제대로만 요리하면 버릴 게 없기 때문에 그보다 나은 식사도 없을 걸세. 내 요리법을 알려주지.' 그는 고기를 고르는 법, 스프가 젤리로 변할 때까지 천천히 익히는 법, 자르는 법, 프라이팬을 이용해 고기를 냄비 안에서 누르는 법, 그리고 식혀서 먹는 법을 알려주었습니다."

나는 개인적인 경험을 통해 타인에게 진심으로 관심을 가진다면, 아무리 인기 있고 바쁜 사람이라 할지라도 그의 관심을 사고 시간과 협조를 얻을 수 있다는 사실을 발견했다.

수년 전, 나는 브루클린 예술 과학 학교에서 소설 집필 강좌를 연 적이 있다. 우리는 캐슬린 노리스, 패니 허스트, 아이다 타벨, 앨버트 페이슨 터훈 그리고 루퍼트 휴즈와 같은 저명하고 바쁜 작가들을 초청해 그들의 경험을 듣고 싶었다. 편지에는 우리가 얼마나 그들의 작품을 존경하고, 그들의 조언을 구하고 그들의 성공 비결을 배우는 데 깊은 관심이 있는지 적었다.

150명의 학생들은 각 편지에 서명했다. 우리는 그 작가들이 강연을 해주기에는 너무도 바쁘다는 것을 알고 있다고 밝히며, 그들의 삶과 일하는 방식에 관하여 묻고 싶은 일련의 질문들을 동봉했다. 작가들은 그 편지를 좋아했다. 누가 그러지 않을 수 있을까? 그들은 그렇게 브루클린을 찾아와 우리에게 도움의 손길을 내밀어주었다.

같은 방법을 이용해, 나는 시어도어 루스벨트 내각에서 재무장관을 지낸 레슬리 M. 쇼, 태프트 내각에서 법무장관을 지낸 조지 W. 워커샴, 윌리엄 제닝스 브라이어언, 프랭클린 D. 루스벨트를 비롯한 많은 인사들이 내 대중연설 수강생들을 대상으로 강연을 펼치도록 설득한 적이 있다.

우리는 모두, 공장에서 일하든, 사무실에 앉아있든, 왕관을 쓴 황제라고 하든 사람들의 존경을 사고 싶어 한다. 독일의 황제를 예로 들어보자.

제1차 세계대전이 끝나던 당시 그는 지구에 있는 사람 중 가장 많은 경멸을 받은 사람이었다. 그에 대한 맹렬한 비난은 전 세계에서 쏟아졌다. 그가 목숨을 건지기 위해 네덜란드로 도망쳤을 때는 그의 조국마저 그에게 등을 돌렸다. 그를 향한 증오가 너무도 심했던 나머지 수백만 명의 사람들이 그를 갈기갈기 찢고 불태워 버리고 싶어 했다. 독일이 분노로 들끓던 그때, 한 어린 소년이 황제에게 짧고 진심이 담긴 편지를 썼다. 그 편지에는 다정함과 존경심이 담겨있었다. 어린 소년은 다른 사람이 어떻게 생각하든, 자신은 언제나 빌헬름을 자신의 황제로서 사랑할 것이라고 적었다. 그 편지에 깊은 감동을 받은 황제는 어린 소년을 초대했고, 소년은 어머니와 함께 황제를 방문했다. 황제는 훗날 그의 어머니와 결혼하였다.

그 어린 소년은 '친구를 얻고 사람을 변화시킬 수 있는 방법'에 관한 책을 읽을 필요가 없었다. 이미 본능적으로 그 방법을 알고 있었기 때문이다.

친구를 사귀고 싶다면, 다른 사람을 위해 무언가 해보자. 그것은 시간, 에너지, 이타심과 배려를 요하는 일이다.

윈저 공이 영국의 왕세자였을 때, 그는 남미를 순방한 적이 있다. 방문에 앞서 그는 몇 달 동안이나 스페인어를 배워 공적인 자리에서 스페인어를 사용했다. 남미의 사람들은 그렇게 그를 사랑하게 되었다.

오래전부터 나는 지인들의 생일을 외우기 위해 노력해왔다. 어떻게 했을까? 나는 점성술은 크게 믿는 편은 아니지만, 상대방에게 자신이 태어난 날이 성격이나 기질과 관련이 있다고 믿는지 질문을 던진다. 그리고 그 사람에게 태어난 날을 묻는다. 예를 들어 11월 24일이 생일이라고 하면 나는 계속해서 머릿속으로 '11월 24일', '11월 24일'을 되된다. 그리고 그 사람이 자리를 뜨자마자 이름과 생일을 수첩에 옮겨적는다. 새해가 밝을 때마다 나는 그렇게 수집한 생일들을 달력에 옮겨적어 힘을 들이지 않고 그것을 떠올릴 수 있도록 한다. 그리고 생일이 찾아오면, 편지나 전보를 보낸다. 사람들은 정말 좋아했다! 어떤 때는 내가 생일을 축하해준 유일한 사람일 때도 있었다.

친구를 만들고 싶다면, 활발하고 열정적인 태도로 사람을 맞이하자. 누군가 당신에게 전화를 건다면 같은 심리를 이용해보자. 그 사람이 전화를 걸어 당신이 얼마나 기쁜지 보여주는 목소리로 "안녕하세요."라고 해보자.

많은 기업들이 전화 상담사에게 모든 전화에 관심과 열정이 뿜어져 나오는 말투로 응대할 것을 교육하고 있다. 전화를 건 사람은 회사가 고객을 배려하고 있다고 느끼기 때문이다. 내일 전화를 받을 일이 있다면 이 기술을 기억하자.

이 철학이 사업에도 적용될까? 과연 그럴 수 있을까? 수많은 예시가 존재하지만, 두 가지 이야기만 들려주도록 하겠다.

뉴욕시의 가장 큰 은행 중 한 곳에서 근무하던 찰스 R. 월터스는 어느 한 기업의 비밀 보고서를 작성하라는 업무를 맡게 되었다. 그는 급하게 얻어내야 하는 정보를 가진 사람이 딱 한 명 떠올랐다. 월터스가 회장 사무실로 안내를 받았을 때, 젊은 여성이 문 사이로 고개를 집어넣으며 회장에게 오늘은 드릴 수 있는 우표가 없다고 말했다.

회장이 월터스에게 설명했다.

"12살짜리 아들을 위해 우표를 모으고 있거든요."

월터스는 보고서를 작성하며 질문을 던지기 시작했다. 회장은 모호하고, 일반적이고, 애매한 태도를 취했다. 그는 이야기하고 싶지 않은 것처럼 보였고, 그 무엇도 그가 입을 열도록 설득할 수 없을 것처럼 보였다. 짧은 면담은 수확 없이 끝났다.

월터스는 강의에서 자신의 이야기를 들려주었다.

"솔직히 말해서, 나는 뭘 해야 하는지 몰랐습니다. 그때 나는 비서가 그에게 했던 말이 떠올랐습니다. 우표와 12살짜리 아들……. 그리고 나는 우리 은행의 외화 부서에서 우표를 모으고 있다는 걸 기억해 냈습니다. 세계 각지에서 날아온 우편물에서 떼어낸 우표들 말입니다.

다음 날 나는 그에게 전화를 걸어 그의 아들을 위한 우표 몇 장이 있다고 말했습니다. 그가 나를 열렬히 맞이했을까요? 오, 맞습니다. 그는 마치 국회의원 선거에 출마하는 사람이라도 되는 것처럼 내 손을 잡고 흔들었습니다. 그의 얼굴엔 환한 미소와 선의가 가득했습니다. 그는 우표를 만지며 계속해서 말했습니다. '아들 조지가 정말 좋아할 겁니다. 이것 좀 보세요! 이건 보물이에요.'

우리는 한 시간 반 동안 우표에 대해 이야기하고 그의 아들 사진을 보았습니다. 그리고 그는 나에게 한 시간 동안이나 내가 원하던 정보를 세세히 전달해 주는 것이었습니다. 내가 부탁하지도 않았는데 말입니다. 그는 나에게 자신이 알고 있는 모든 것을 알려주고, 직원을 불러 대신 질문을 해주기도 했습니다. 동료들에게 전화도 걸어주었습니다. 그는 나에게 사실, 수치, 보고서와 편지를 가득 안겨주었습니다. 신문 기자들의 표현을 빌리자면, 특종을 잡은 것이었지요."

여기 또다른 예시가 있다.

필라델피아에 사는 C. M. 크나플 주니어는 수년간 체인점을 운영하는 대기업에 연료를 팔기 위해 애를 쓰고 있었다. 하지만 그 대기업은 계속해서 다른 도시의 판매업자로부터 연료를 공급받았다. 크나플은 사무실 앞에서 벌어지는 그 광경을 지켜보아야만 했다. 어느 저녁, 강연에 참석한 크나플은 수강생들 앞에 서서 체인점에 대한 분노를 잔뜩 쏟아냈다. 체인점이 국가적 차원의 골칫거리라고 말이다. 그리고도 그는 왜 연료를 판매할 수 없었는지 이해하지 못했다.

나는 그에게 여러 가지 다른 전략을 시도해보라고 제안했다. 간단히 요약하자면 이렇다. 우리는 수강생들을 반으로 나누어 체인점 시스템이 국가에 도움이 되는지 해가 되는지에 대해 찬반 토론을 벌였다.

내 제안에 따라 크나플은 대기업의 편에 섰다. 그는 그토록 싫어하던 문제의 기업에서 근무하는 임원을 찾아가 이렇게 말했다.

"저는 연료를 팔러 온 것이 아닙니다. 부탁을 드릴 것이 있어 찾아왔습니다."

그는 강좌에서 열린 토론에 관해 이야기한 뒤, 이렇게 말했다.

"이렇게 도움을 요청하는 것은 지금 제게 필요한 사실들을 잘 알려주실 분이 선생님밖에 없다고 생각했기 때문입니다. 저는 그 토론을 꼭 이기고 싶습니다. 어떤 도움이든 주시면 감사히 받겠습니다."

다음은 크나플이 직접 들려준 이야기다.

"나는 그 사람에게 정확히 1분만 시간을 내달라고 요청했습니다. 그건 그가 방문을 허락한 조건이기도 했습니다. 입장을 이야기하자, 그는 나에게 의자에 앉을 것을 권하며, 정확히 1시간 하고 47분 동안 말을 이어갔습니다. 그는 체인 시스템에 관해 책을 쓴 다른 임원을 불러주기도 했습니다. 그는 미국체인점협회에 편지를 써 과거에 같은 주제를 두고 벌어졌던 토론 기록을 받아볼 수 있도록 해주었습니다. 그는 체인점이 인류에 진정한 봉사를 하고 있다고 생각하고 있었습니다. 그는 자신이 수백 곳의 지역사회를 위해 하는 일을 자랑스럽게 여겼습니다. 그는 내가 살면서 상상해보지도 못한 것들에 눈을 뜨도록 해주었습니다. 그리고 나의 마음가짐을 완전히 바꾸어 놓았습니다. 내가 사무실을 나설 때, 그는 나를 문 앞까지 데려다주며, 내 어깨 위에 손을 올리고서 토론을 응원해주었습니다. 그리고 다음에 들러 결과가 어땠는지 알려달라고 했습니다. 그의 마지막 말은 이러했습니다. '봄쯤 다시 찾아와주세요. 연료를 주문하고 싶으니까요.'

나에게 그것은 기적과도 같은 일이었습니다. 그는 내가 제안하기도 전에 먼저 연료를 구매하겠다고 나섰습니다. 나는 그에게 진심으로 관심을 가짐으로써 단 2시간 만에 그런 성과를 냈습니다. 만일 그가 나와 제품에 관심을 갖도록 만들고자 했다면, 10년은 걸릴 일이었습니다."

크나플은 새로운 진리를 발견한 것이 아니다. 아주 오래전, 예수가 태어나기 100년도 더 전에 로마에 살던 유명한 시인인 퍼블릴리어스 사이러스는 이렇게 말했다.

"우리가 누군가에게 관심을 가지는 것은 그 사람이 우리에게 관심을 가질 때다."

만일 당신이 더 유쾌한 성격을 가지고, 인간관계에 더 효율적인 기술을 익히고자 한다면, 헨리 링크 박사의 '종교로의 회귀'를 읽기 바란다. 제목에 지레 겁먹을 필요는 없다. 정말 굉장한 책이니까 말이다. 그 책은 저명한 심리학자에 의해 쓰였다. 그는 개인적인 문제로 자신을 찾아오는 3천 명도 넘는 사람들을 따로 면담하고 조언했던 사람이었다. 링크 박사는 나에게 자신의 책을 '인간 성격 개선법'이라고 부를 수도 있었을 것이라고 말해주었다. 다름 아닌 그 주제를 다루고 있기 때문이다. 이 책은 흥미로우며, 계몽적이다. 그 책을 읽고 박사가 제안하는 것들을 적용하면 실패 없이 사람을 상대하는 기술을 개선할 수 있을 것이다.

사람들이 당신을 좋아해 주길 원한다면 다음의 규칙을 따르라.

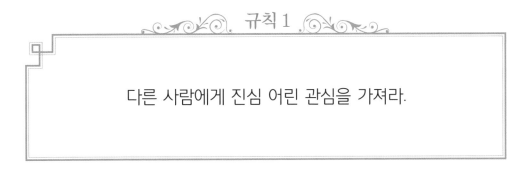

규칙 1

다른 사람에게 진심 어린 관심을 가져라.

좋은 첫인상을 남기는 간단한 방법

▶──────── 뉴욕에서 열린 한 저녁 모임에서 일어난 일이다. 그곳에 초대된 손님 중 한 명은 최근에 재산을 상속받은 여성으로, 모두에게 좋은 인상을 남기고 싶어 했다. 그녀는 흑단비 모피, 다이아몬드와 진주를 사는 데 부모의 유산을 아낌없이 썼다. 하지만 그녀는 정작 자신의 얼굴에는 전혀 신경을 쓰지 않은 것 같았다. 얼굴에는 심술과 이기심이 가득했다. 그녀는 모든 사람들이 아는 사실을 깨닫지 못하고 있었다. 다시 말해, 사람의 인상은 옷보다 훨씬 더 중요한 역할을 한다.

찰스 슈와브는 미소의 값어치는 백만 달러에 달한다고 나에게 말해주었다. 그는 아마 앞서 말한 진실을 알고 있었을 것이다. 슈와브의 인격, 매력, 사람들을 좋아하게 만드는 힘이야말로 그의 놀라운 성공의 비밀이었다. 그리고 그의 인격 가운데 가장 기분 좋은 요소는 다름 아닌 매혹적인 미소였다.

한번은 모리스 슈발리에와 오후를 함께 보낸 적이 있다. 그리고 솔직히 말하자면, 나는 실망하지 않을 수 없었다. 침울하고 뚱한 표정의 그는 내가 기대한 것과 다른 사람이었기 때문이었다. 하지만 그건 그가 미소를 짓기 전이었다. 그의 미소는 마치 구름을 걷고 나온 햇살 같았다. 그 미소가 아니었다면, 모리스 슈발리에는 여전히 파리 한구석에서 아버지와 형제들을 따라 가구공으로 일하고 있었을 것이다.

말보다는 행동이 더 중요하다. 그리고 미소는 곧 '당신을 좋아합니다. 당신은 저를 행복하게 만들어요. 당신을 볼 수 있어 기뻐요.'라고 말하는 것이나 다름없다.

개들이 인기가 많은 것도 그런 이유에서다. 그들은 사람을 보면 너무도 기쁜 나머지 자리에서 펄쩍 뛰어오른다. 그렇기에 우리도 개들을 보면 당연히 기분이 좋아진다.

나는 여기서 가짜 웃음을 말하는 것이 아니다. 그런 것에 속을 사람은 없다. 가짜 웃음은 기계적이고, 우리를 화나게 만든다. 내가 말하는 것은 진짜 웃음이다. 마음을 따뜻하게 데워주는, 진심에서부터 우러나오는 그런 웃음은 큰 값어치를 한다.

뉴욕의 한 대형 백화점에서 근무하는 인사 담당자는 심각한 표정의 철학박사를 고용하느니, 차라리 초등학교를 졸업하지 못했더라도 사랑스러운 미소를 지을 줄 아는 판매원을 고용하겠다고 말했다.

미국에서 제일가는 한 고무 제조사 이사회의 회장은 직접 관찰한 결과, 사람들이 자신이 좋아하는 일이 아닌 일로 성공하는 것은 드문 일이라고 말해주었다. 그 산업지도자는 오직 열심히 일하는 것만이 우리가 가진 욕망의 문을 열어주는 마법의 열쇠라고 믿는 오래된 격언을 그다지 신뢰하지 않는 것 같았다. 그는 말했다.

"나는 좋아하는 일로 사업을 일구어 성공한 사람들을 알고 있습니다. 하지만 그토록 좋아하는 일도 일이 되니까 사람이 변하더군요. 사업은 쇠퇴하고, 모든 재미를 잃은 사람들은 결국 실패하고 맙니다."

만일 당신이 누군가 당신을 만나 즐겁게 지내기를 원한다면, 당신이야말로 즐겁게 지내게 될 것이다.

나는 수천 명의 사업가들에게 1주일 동안 매시간 미소를 지으라고 시킨 뒤, 강의 시간에 그 결과를 말해달라고 한 적이 있다. 어떻게 되었을까. 어디 보자. 여기 뉴욕의 증권중개인 윌리엄 B. 스타인하트가 보내온 편지가 있다. 그의 일화는 모두가 겪을 수 있는 그런 일이다.

스타인하트는 편지에 이렇게 적었다.

"결혼한 지 벌써 18년이 되었습니다. 저는 아내에게 거의 웃어주는 일이 없었고 아침에 일을 나서기 전까지 열 마디도 건네지 않았습니다. 저는 브로드웨이가를 투덜거리며 걷는 형편없는 사람 중 한 명이었습니다.

선생님이 미소를 지었을 때 일어난 일을 알려달라고 했을 때, 저는 1주일만 시도해보기로 마음먹었습니다. 그래서 다음 날 아침 머리를 빗는 동안 저는 거울 속에 비친 침울한 얼굴에 대고 이렇게 말했습니다. '빌, 오늘부로 얼굴에 가득한 짜증을 닦아내자. 한번 웃어보는 거야. 그것도 지금 당장.' 아침을 먹으러 내려간 저는 아내에게 '여보, 좋은 아침이야.'라고 웃으며 인사했습니다.

선생님은 아내가 놀랄 수 있다고 경고했었죠. 글쎄요, 그녀의 반응은 그 이상이었습니다. 아내는 당황하고 충격을 받았습니다. 저는 그녀에게 앞으로는 매일 아침 이런 모습을 계속해서 보게 될 것이라고 말했습니다.

태도의 변화는 저희 가정에 단 2개월 만에 지난 한 해보다도 더 많은 행복을 가져다주었습니다.

아침에 출근할 때면 저는 아파트의 승강기 직원에게 웃으며 '좋은 아침입니다.'라고 인사를 건넵니다. 도어맨에게도 똑같이 합니다. 저는 지하철창구의 직원에게 잔돈을 바꾸면서도 미소를 짓습니다. 증권거래소 복도에 서 있을 때는, 단 한 번도 제가 웃는 모습을 본 적이 없는 사람들에게 미소를 짓습니다.

저는 얼마 지나지 않아 모두가 저에게 미소로 답한다는 것을 알게 되었습니다. 불평이나 불만으로 저를 찾아오는 사람이 있으면 저는 유쾌한 태도로 웃으며 그들의 이야기를 듣습니다. 그러면 더욱 쉽게 화해할 수 있다는 것을 알게 되었습니다. 미소는 돈을, 그것도 많은 돈을 가져다주기도 했습니다.

저는 다른 중개인과 사무실을 같이 사용하고 있습니다. 그중 평소에 호감을 가지고 있었던 한 친구에게 최근 인간관계에 관한 새로운 인생관을 가지게 되었다는 이야기를 했습니다. 그렇게 얻은 결과에 너무 신이 나 있었기 때문입니다. 그는 저와 처음 사무실을 나누어 쓰게 되었을 때, 저를 끔찍한 불평꾼이라고 생각했었다고 고백했습니다. 그는 최근 들어서야 마음을 바꿨다고 했습니다. 제가 미소를 지을 때 정말 인간적이라고요.

또한 저는 절대 비판하지 않는 사람이 되기로 했습니다. 저는 비판 대신 감사와 칭찬의 말을 합니다. 그리고 제가 원하는 것에 관해 이야기하는 걸 그만뒀습니다. 이제는 다른 사람의 관점에서 상황을 보려고 합니다. 그리고 이런 노력들은 제 인생을 송두리째 바꿔놓았습니다. 저는 완전히 다른 사람, 더 행복하고, 인간관계와 행복에 있어 더 풍요로운 그런 사람이 되었습니다. 그리고 그보다 더 중요한 것은 없습니다."

이 편지를 쓴 사람이 교양이 있으며, 세상일에 밝은, 현명한 증권중개인이며, 그가 뉴욕 증권 거래소에서 직접 주식을 사고파는 것으로 생계를 이어가고 있다는 사실을 기억하라. 그 일은 너무도 까다로워 100명 중 99명이 실패하곤 하는 그런 종류의 일이다.

미소짓는 것이 내키지 않는가? 그러면 어떻게 할 수 있을까? 방법은 두 가지다. 첫째, 억지로라도 웃어라. 혼자 있다면 휘파람이나 콧노래를 불러라. 이미 행복한 것처럼 행동한다면, 실제로 행복해질 것이다. 심리학자이자 철학자인 윌리엄 제임스는 이렇게 말했다.

"행동이 감정을 따라가는 것 같지만, 행동과 감정은 함께 가는 것이다. 의지대로 직접 통제하는 것이 더 쉬운 행동을 규제함으로써, 우리는 간접적으로 감정을 통제할 수도 있다. 감정을 통제하는 것은 쉽지 않기 때문이다. 그러므로 기분이 좋지 않을 때는 명랑하게 앉아 기분이 좋은 것처럼 행동하고 떠드는 것이 가장 확실하다."

이 세상의 모든 사람들은 행복을 찾고 있다. 행복을 찾는 방법은 딱 하나다. 생각을 통제해야 한다. 행복은 외부의 조건에 의해 좌우되지 않는다. 내적 조건에 따라 변화한다.

당신이 소유한 것, 지위, 사는 곳 또는 하는 일이 당신을 행복하게 하거나 불행하게 하는 것이 아니다. 당신의 생각이 행복을 결정한다. 예를 들어 두 사람이 한 공간에서 같은 일을 하고 있다고 가정해보자. 두 사람에게는 똑같은 돈과 지위가 주어졌다. 하지만 한 명은 불행했고 다른 한 명은 행복했다. 왜였을까? 바로 마음가짐 때문이었다.

셰익스피어는 말했다.

"좋고 나쁜 것은 없다. 그렇게 생각할 뿐이다."

링컨은 이렇게 말한 적이 있다.

"대부분의 사람들은 자신이 행복하고자 하는 만큼 행복해진다."

그가 옳았다.

나는 뉴욕의 롱 아일랜드 기차역의 계단을 올라가던 중 그 진실의 생생한 예시를 목격한 적이 있다. 내 앞에는 장애를 지닌 아이들이 지팡이와 목발에 의존해 힘겹게 계단을 오르고 있었다. 한 아이는 누군가의 등에 업힌 채 올라가는 중이었다. 나는 그들의 웃음과 유쾌함에 매우 놀랐다. 나는 아이들을 돌보고 있던 한 남성에게 물었다. 그는 말했다.

"평생 장애를 얻게 되었다는 사실을 깨달은 아이는 처음에는 충격을 받지만, 결국 그 충격을 극복해냅니다. 하지만 충격을 극복한 뒤에는 운명을 받아들이고 다시 평범한 아이와 똑같이 행복해집니다."

나는 모자를 벗어 그 아이들에게 존경을 표하고 싶었다. 그 아이들은 나에게 결코 잊지 못할 교훈을 남겨주었다.

나는 메리 픽포드가 더글러스 페어뱅크스와 이혼을 준비할 당시, 그녀와 오후를 함께 보낸 적이 있다. 세상 사람들은 당시 그녀가 제정신이 아니며 불행할 것으로 생각했을 것이다. 하지만 내가 만난 그녀는 그 어떤 사람보다 평화로워 보였고 자신감이 넘쳤다. 그녀에게서는 행복함이 뿜어져 나오고 있었다. 무엇이 비결이었을까? 그녀는 35쪽짜리 작은 책에서 그 이야기를 들려주고 있다. 당신도 그 책을 좋아할지 모르니 공공도서관에 가서 메리 픽포드의 '신을 믿어보자'를 열람해보는 것을 추천한다.

한때 세인트 루이스 카디널스의 3루수였던 프랭클린 배트거는 지금 미국에서 가장 성공한 보험 판매원이 되었다. 그는 나에게 수년 전 얼굴에 미소를 짓고 있는 사람은 언제나 환영받는다는 것을 알게 되었다고 말해주었다. 그리하여 그는 누군가의 사무실에 들어가기 전, 잠시 멈추어 감사할 수많은 일들을 떠올린 다음, 진심 어린 미소를 짓는다. 그리고 그 미소가 얼굴에서 사라지기 전에 문을 열고 들어간다.

그는 이 단순한 기술이 그를 성공한 보험 판매원으로 만들어주었다고 믿고 있다.

수필가이자 출판인이었던 엘버트 허버드의 현명한 충고를 읽어보자. 그러나 적용하지 않고 읽는 것만으로는 아무런 도움이 되지 않는다는 것을 기억해야 할 것이다.

문밖으로 나갈 때면, 턱을 당기고, 머리의 왕관을 똑바로 쓰고, 폐에 숨을 최대로 채워 넣고, 햇살을 들이키고, 친구에게 웃으며 인사하고, 맞잡은 모든 손에 영혼을 실어라. 오해를 사는 것을 두려워하지 말고, 적들을 생각하느라 일 분 일 초의 시간도 허비하지 마라. 하고 싶은 일에 마음을 확고히 정하라. 그리고 방향을 바꾸지 않고 목표를 향해 곧장 나아가라. 당신이 이루고 싶은 위대하고 훌륭한 일에 정신을 모아라. 시간이 흐른 뒤 알아채지도 못하는 사이에 당신의 열망을 성취하는 데 필요한 기회들을 잡고 있는 당신을 발견하게 될 것이다. 마치 흐르는 물속에서 산호가 필요한 성분을 골라내는 것처럼 말이다. 당신이 되고자 하는 유능하고, 진실하고 유용한 사람을 떠올려라. 그렇게 당신은 마음속에 그린 그 특정한 존재로 매시간 변해갈 것이다. 생각은 지고하다. 올바른 마음가짐, 용기, 솔직함 그리고 명랑한 기분을 유지해라. 올바른 생각은 창조로 이어진다. 모든 것은 열망을 통해 이루어지며, 모든 진실한 기도는 응답을 받게 되어있다. 우리는 우리의 마음이 간절히 바라는 그런 사람이 된다. 턱을 당기고 머리의 왕관을 똑바로 써라. 우리는 부화를 앞둔 신이다.

고대 중국인들은 현명하게 세상을 볼 줄 알았다. 중국에는 이런 속담이 있다.
"얼굴에 미소를 짓고 있지 않은 사람은 장사를 해선 안 된다."

우리는 이 속담을 종이에 적어 모자 속에 붙이고 다녀야 할 것이다.

당신의 미소는 당신의 선의를 전달하는 배달원이다. 당신의 미소는 그것을 보는 모든 사람들의 삶을 밝게 만든다. 얼굴을 찡그리고, 쏘아보고, 고개를 돌리는 사람들을 계속 마주하다가 보게 된 당신의 미소는 먹구름을 뚫고 나온 햇살이다. 특히 상사, 고객, 선생님, 부모님, 자녀들로부터 압박감을 느끼고 있는 사람에게 짓는 미소는 희망이 완전히 사라지지 않았음을, 세상에 즐거움이 있다는 사실을 깨우치게 해준다.

지금으로부터 몇 년 전, 뉴욕의 한 백화점에는 크리스마스 성수기를 맞이한 판매사원들의 노고를 인정하며, 다음과 같은 글귀를 광고란에 소개하였다.

크리스마스 시즌의 미소가 지니는 가치

미소는 돈은 한 푼도 들지 않지만, 많은 일을 합니다.

받는 사람은 마음이 풍요로워지지만, 그걸 준다고 해서 주는 사람을 가난하게 하지 않습니다.

잠깐 벌어지는 일이지만, 그 기억은 영원히 남습니다.

미소 없이 부자가 될 수 있는 사람은 없고, 이것을 누리지 못할 정도로 가난한 사람도 없습니다.

집에서는 행복을, 일터에서는 선의를 가져오고 친구들 사이를 돈독하게 만듭니다.

지친 사람에게는 휴식, 용기를 잃은 사람에게는 빛, 슬픈 사람에게는 햇살, 문제에 처한 사람에게는 최고의 해독제입니다.

그렇지만 이것은 살 수도, 팔 수도, 빌리거나 훔칠 수도 없습니다.

누군가가 보여주기 전까지는 아무런 의미가 없기 때문입니다.

크리스마스 선물을 사시다가 막바지에 저희 직원이 너무 지쳐 미소를 짓지 못한다면, 혹시 먼저 미소를 지어줄 수 있으시겠습니까?

더는 미소를 짓지 못하는 사람이야말로 더 미소가 필요할 테니까요!

따라서 사람들의 호감을 사고 싶다면, 다음의 규칙을 따르라.

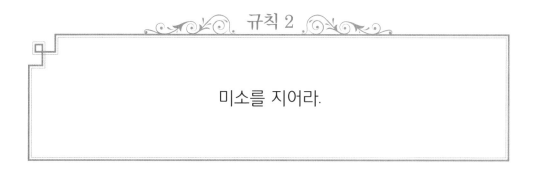

규칙 2

미소를 지어라.

제3장

문제를 피하는 방법

▶──────── 때는 1898년, 뉴욕주 로클랜드에서 비극이 일어났다. 마을에서 한 아이가 죽어, 이웃들이 장례식에 갈 준비를 하고 있었다.

짐 팔리는 말을 수레에 매기 위해 마굿간으로 갔다. 땅은 눈으로 덮여있었고, 공기는 차가웠다. 말이 꼼짝하지 못한 지도 벌써 며칠째였다. 말은 구유통으로 향하던 중 신이 난 나머지 홱 돌아서더니, 두 앞발을 하늘로 쳐들었다가 짐 팔리를 밟아 죽이고 말았다. 그래서 스토니포인트라는 작은 마을에는 그 주에만 한 번도 아닌 두 번의 장례를 치르게 되었다.

짐 팔리는 아내와 세 명의 아들에게 몇백 달러의 생명보험만을 남긴 채 떠났다.

10살이었던 그의 장남 짐은 벽돌 공장에 취직했다. 그는 모래를 나르고, 거푸집에 붓고, 햇볕에 말리도록 벽돌을 뒤집는 일을 했다. 이 짐이라는 소년은 교육을 받을 기회가 거의 없었다. 그러나 타고난 상냥함 덕에 소년에게는 사람들의 호감을 사는 능력이 있었다. 소년은 정치에 입문했고, 시간이 흐른 뒤 사람들의 이름을 기억하는 신비한 능력을 기르게 되었다.

그는 학교의 내부가 어떻게 생겼는지 한 번도 보지 못했다. 하지만 그가 46살이 되었을 때, 네 개의 대학에서 그에게 학위를 수여하였고, 그는 민주당 전국위원회의 위원장과 미국의 우정 공사 총재가 되었다.

한번은 짐 팔리를 인터뷰하며 그의 성공 비결을 물어본 적이 있다. 그는 "열심히 일하는 것"이라고 대답했다. 내가 말했다.

"농담하시지 말고요."

그러자 그는 내가 생각하는 자신의 성공 비결이 무엇인지 물었다. 내가 말했다.

"무려 만 명의 이름을 기억한다고 들었습니다."

그가 말했다.

"아닙니다. 틀렸어요. 나는 5만 명의 이름을 외우고 있습니다."

기억하라. 짐 팔리의 능력은 프랭클린 D. 루스벨트의 유세 당시 그를 백악관에 입성하도록 도왔다. 짐 팔리는 석고 판매원으로 미국을 여행하는 동안, 그리고 스토니 포인트에서 서기관 사무실을 운영하는 동안, 이름을 기억하는 방법을 익혔다.

처음에는 아주 단순했다. 그는 새로운 사람을 사귈 때마다 그 사람의 이름과 성, 가족 관계, 하는 일 그리고 정치적 성향을 물었다. 그리고 그 정보들을 잘 기억해두었다가, 다음에 그 사람을 만났을 때 1년이 지났다고 하더라도 악수를 청하며 가족의 안부를 살피고 뒷마당의 접시꽃에 관해 이야기하는 것이었다. 그에게 추종자가 생긴 건 놀라운 일이 아니었다!

루스벨트의 대통령 선거를 위한 유세 활동이 시작되기 몇 달 전, 짐 팔리는 매일 수백 통의 편지를 써서 서부와 북서부 지역의 사람들에게 보냈다. 그는 기차에 올라타 19일 동안 2만 마일을 달려 20개 주를 방문했다. 마차, 기차, 자동차와 배를 타야 했다. 마을에 도착하면 점심이나 아침 식사를 하고, 차를 마시거나 저녁 식사를 하며 진심 어린 대화를 나누었다. 그리고는 다시 서둘러 다음 여행지로 향했다.

동부에 도착하자마자 그는 자신이 방문한 도시마다 한 통씩 편지를 보내 자신과 대화를 나눈 모든 사람들의 목록을 요청했다. 최종 목록에는 수천 명의 사람들이 있었지만 모두 짐 팔리로부터 개인적인 편지를 받았다. '친애하는 빌에게' 또는 '친애하는 제인에게'라고 써진 그의 편지 끝에는 '짐'이라는 서명이 되어있었다.

짐 팔리는 일찌감치 보통의 사람은 지구에 사는 모든 사람의 이름을 합친 것보다 자신의 이름에 더 관심이 많다는 사실을 깨달았다. 이름을 기억하는 것은 곧 절묘하면서도 아주 효과적인 칭찬을 하는 것임을 기억하라. 하지만 이름을 잊거나 철자를 틀릴 경우, 아주 불리한 상황에 놓이게 될 것이다. 한 번은 파리에서 대중 연설 강좌를 개설한 적이 있다. 나는 그 도시에 사는 모든 미국인들에게 그에 관한 편지를 보냈다. 프랑스인 타이피스트들은 영어를 잘 모르는 듯 보였고 실수를 저질렀다. 파리에 있는 대형 미국 은행의 매니저라는 한 사람은 자신의 이름 철자를 틀렸다는 이유로 신랄한 비판을 적어 보내기도 했다.

앤드류 카네기의 성공 비결은 무엇이었을까?

그는 철강의 제왕이라고 불렸지만 정작 철강 제조에 관해서는 그리 많은 지식이 없었다. 그에게는 그보다 훨씬 철강을 잘 아는 수백 명의 직원들이 있었기 때문이다.

그는 어떻게 사람들을 다뤄야 하는지 알았고, 그 기술은 부를 가져왔다. 그는 일찍부터 조직을 만드는 능력과 천재적인 리더십을 보여주었다. 그가 10살이 되었을 때, 그는 사람들이 자신의 이름을 너무도 중요하게 생각한다는 사실을 발견하게 되었다. 그리고 그는 협력을 얻기 위해 그 사실을 활용하였다.

예를 들어보자. 그가 스코틀랜드에 살던 어린 소년이었던 시절 그는 새끼를 밴 어미 토끼를 손에 넣게 되었다. 그리고 그는 머지않아 작은 새끼들을 얻었다. 하지만 새끼들에게 먹일 것이 아무것도 없었다. 그런 그에게 훌륭한 아이디어가 떠올랐다. 그는 이웃에 사는 아이들에게, 밖에 나가 토끼를 먹일 클로버와 민들레를 충분히 따오는 아이는 토끼에게 자신의 이름을 붙여주겠다고 한 것이었다.

그 계획은 마법처럼 성공했고, 카네기는 그 일을 절대 잊지 않았다.

수년 후, 그는 같은 심리를 사업에 적용해 수백만 달러를 벌어들였다. 예를 들어 그는 펜실베니아 철도회사에 강철 레일을 팔고 싶어 했다. 당시 J. 에드가 톰슨이 펜실베니아 철도회사의 회장으로 있었다. 앤드류 카네기는 피츠버그에 거대한 제철소를 지은 뒤, 그곳을 '에드가 톰슨 제철소'라고 이름 붙였다.

수수께끼를 내보겠다. 한번 풀어보기 바란다. 펜실베이니아 철도회사가 강철 레일이 필요하다고 치자. J. 에드가 톰슨이 어떤 회사에서 자재를 구매했을 것 같은가? 시어스 로벅? 아니, 틀렸다. 다시 생각해보라.

카네기와 조지 풀먼 두 사람이 침대열차 사업에서 누가 더 우위에 있는가를 두고 경쟁하던 당시, 강철의 제왕은 토끼 일화로부터 얻은 교훈을 떠올렸다.

앤드류 카네기가 지배하던 센트럴 운송회사는 풀먼의 소유였던 회사와 경쟁하고 있었다. 두 회사 모두 유니온 퍼시픽 철도의 침대차 사업권을 따내기 위해 고심하던 중이었다. 두 회사는 서로 대립하며, 가격 경쟁을 펼쳤고 수익을 낼 기회를 날리고 있었다. 카네기와 풀먼은 유니온 퍼시픽 철도의 이사진을 만나고자 뉴욕으로 갔다. 그러던 어느 저녁, 세인트 니콜라스 호텔에서 두 사람이 만나게 되었다. 카네기가 말했다.

"좋은 저녁입니다, 풀먼 씨. 저희가 그동안 너무 바보 같은 짓을 하지 않았던가요?

풀먼이 물었다.

"무슨 뜻입니까?"

그때 카네기는 마음에 품고 있던 말을 꺼냈다. 그는 두 회사를 합병하고 싶었다. 그는 서로 대립하지 않고 협력했을 때 상호 간에 얻을 수 있는 이익에 대해 열렬히 설명했다. 조심스럽게 듣고 있던 풀먼은 완전히 납득할 수는 없다는 듯 보였다. 풀먼이 물었다.

"새 회사의 이름을 뭐라고 부를 건가요?"

카네기가 주저 없이 대답했다.

"오, 당연히 풀먼 객차회사지요."

얼굴이 밝아진 풀먼이 말했다.

"제 방으로 가서 이야기하시지요."

그들은 그렇게 산업 역사에 한 획을 긋게 되었다.

친구와 동료들의 이름을 기억하고 그들을 공경하는 것은 앤드류 카네기 리더십의 비결 중 하나였다. 그는 공장에서 일하는 많은 직원들을 성도 아닌 이름으로 부를 수 있다는 사실과 자신이 회사를 대표할 당시 그의 제철소에서 단 한 번의 파업도 일어난 적이 없다는 것을 자랑스럽게 여겼다.

한편 파데레프스키는 객차 주방장을 언제나 '카퍼 씨'라고 부르며 그를 중요한 사람처럼 대했다. 파데레프스키가 15번의 공연을 소화하기 위해 미국을 횡단하며 관객들을 대단히 열광하게 만들었을 때였다. 그는 매번 전용 기차를 이용했는데, 같은 주방장이 공연을 마친 그를 위해 야식을 만들어주었다. 그리고 파데레프스키는 단 한 번도 다른 미국인처럼 그를 '조지'라고 부르지 않았다. 유럽식 예법대로, 그는 주방장을 언제나 '카퍼 씨'라고 불렀고, 카퍼 씨는 그것을 매우 좋아했다.

사람들은 자신의 이름을 너무도 자랑스럽게 여기는 나머지 어떤 값을 치르더라도 이름을 영원히 남기고자 한다. 호통을 잘 치며 감정을 드러내지 않던, 성공한 기업가 P. T. 바넘 또한 자신의 이름을 물려줄 아들이 없다는 사실에 실망한 나머지 손자인 C. H. 실리에게 그의 이름을 '바넘' 실리로 바꾼다면 2만 5천 달러를 상속해주겠다고 했을 정도다.

200년 전, 부자들은 작가들을 후원하여 자신들의 이름으로 책이 헌정되도록 했다. 서점과 박물관들은 인류의 기억에서 자신의 이름이 지워진다는 생각을 견딜 수 없는 사람들 덕분에 가장 다채로운 수집품들을 소장하고 있다. 뉴욕 공립 도서관에는 애스터와 레녹스 컬렉션이 있다. 메트로폴리탄 미술관은 벤저민 알트먼과 J. P. 모건의 이름을 영원히 새겨두었다. 거의 모든 교회도 기부한 사람들의 이름을 새겨 넣은 스테인드글라스 창으로 장식되어 있다.

누군가의 이름을 기억에 영원히 새기기 위해서는 집중과 반복이 필요하다. 대다수의 사람들은 시간과 에너지를 투자하고 싶지 않다는 단순한 이유로 사람의 이름을 기억하지 않는다. 그들은 바쁘다고 핑계를 댄다. 하지만 프랭클린 D. 루스벨트보다 바쁠 수 있을까? 그는 만났던 사람의 모든 이름을 기억하고 불러주었다. 정비공의 이름까지 말이다.

예를 하나 들어보자.

루스벨트는 다리가 마비되어 시중에 나와 있는 자동차를 탈 수 없었기에, 크라이슬러에서 특수 자동차를 제작해주었다. W. F. 체임벌린과 정비공은 자동차를 백악관으로 가져갔다. 지금 내 눈앞에는 체임벌린이 직접 써서 보내온 편지가 놓여있다.

"저는 루스벨트 대통령에게 잘 알려지지 않은 특수장치를 사용해 차를 다루는 법을 알려드렸습니다. 그러나 그는 저에게 사람을 다루는 기술에 대해 많은 것을 알려주었습니다. 백악관에 방문했을 당시 대통령은 무척 즐겁고 쾌활한 사람이었습니다. 그는 저를 성이 아닌 이름으로 부르며 편안하게 해주었고, 특히 제가 그에게 선보이고 설명해야 하는 여러 가지 것들에 열정적으로 관심을 보여주며 나를 감동시켰습니다. 그 자동차는 모든 것을 손으로 조작할 수 있도록 설계되었습니다. 우리 주변으로 차를 구경하기 위해 군중이 몰려들자, 그가 이렇게 말했습니다. '놀랍군요. 버튼을 누르기만 하면 작동하고 힘을 들이지 않고도 운전할 수 있어요. 대단한 것 같아요. 어떻게 작동하는 건지 알 수가 없군요. 시간이 있다면 해체해서 어떻게 작동하는 것인지 보고 싶어요.'

루스벨트의 친구들과 동료들이 감탄하며 구경하고 있을 때, 그는 그들이 있는 곳에서 이렇게 말했습니다.

'체임벌린 씨, 당신이 이 차를 만들기 위해 들인 시간과 노력에 정말 감사드립니다.'

그는 제가 고심해서 만들었다는 걸 아는 라디에이터, 특수 백미러와 시계, 특수 조명, 커버, 운전석의 앉는 자리, 그의 모노그램으로 장식된 트렁크의 특수 짐가방을 보며 크게 감탄했습니다. 그는 영부인, 퍼킨스 노동부장관과 그의 비서에게 다양한 부품을 소개했습니다. 그리고 백악관의 나이 든 경비를 불러 이렇게 말하기까지 했습니다. '조지, 이 짐가방들을 특별히 조심해서 관

리해주게.'

교습을 마칠 당시, 대통령은 뒤를 돌아보며 저에게 이렇게 말했습니다.

'체임벌린 씨, 연방준비이사회를 30분이나 기다리게 했네요. 이제 업무를 보러 돌아가야겠습니다.'

저는 정비공 한 명을 백악관으로 데려갔었습니다. 처음 백악관에 도착했을 때, 루스벨트에게 그를 소개했지만 대통령과 대화를 나누지 않았고, 루스벨트는 그의 이름을 딱 한 번 들어봤을 뿐입니다. 정비공은 굉장히 수줍은 사람이었기에, 뒤쪽에서 머무르고 있었습니다. 자리를 떠나기 전 대통령은 정비공을 쳐다보곤 그에게 악수를 청하며 그의 이름을 부른 뒤, 워싱턴에 와주어 고맙다고 인사했습니다. 그건 겉치레식 인사가 아니었습니다. 그는 진심으로 고마워하고 있었고, 저는 그걸 느낄 수 있었습니다.

그로부터 며칠 뒤 뉴욕에 돌아갔을 때, 저는 루스벨트 대통령의 서명이 그려진 사진과 또 한 번 저의 도움에 감사를 전하는 짧은 쪽지를 받았습니다. 그가 어떻게 그럴 시간이 있었는지는 정말 미스터리였습니다."

프랭클린 D. 루스벨트는 호의를 얻는 가장 확실하고 강력한 방법이 이름을 기억하고 사람들을 중요하게 대한다는 인상을 심어주는 것이라는 걸 알았다. 그러나 우리 중 이를 실천하는 사람이 몇이나 될까?

낯선 사람을 소개받은 우리는 대체로 몇 분 정도 이야기를 나눈 뒤 헤어질 때는 이미 이름을 잊어버리고 만다.

정치인이 가장 먼저 배우는 것은 다음과 같다.

'유권자의 이름을 부르는 것이 곧 정치력이다. 유권자의 이름을 잊는다면 흔적 없이 사라질 것이다.'

이름을 기억하는 기술은 사업과 사교 만남뿐 아니라 정치에서도 마찬가지로 중요한 요소이다.

나폴레옹 보나파르트의 조카이자 프랑스의 황제였던 나폴레옹 3세는 황제로서 해야 했던 그 많은 일에도 불구하고, 만나는 모든 사람의 이름을 기억할 수 있다고 자부하였다.

그의 기술은 간단했다. 이름을 분명히 듣지 못한 경우, 그는 이렇게 말했다. "죄송합니다. 이름을 제대로 듣지 못했어요."

그리고 특이한 이름일 경우, 이렇게 묻는 것이었다.

"철자가 어떻게 되나요?"

대화가 이어지는 동안, 그는 애써 그 사람의 이름을 머릿속으로 반복해서 말해보고, 그 사람의 특징, 표정 그리고 전체적인 용모와 연결지어 보려는 시도를 했다.

그리고 상대가 중요한 사람일 때, 나폴레옹은 더 많은 노력을 하기도 했다. 황제가 혼자 있을 때, 그 사람의 종이에 이름을 쓰고 쳐다보며, 정신을 그곳에 집중하고, 머릿속에 단단히 새긴 뒤 종이를 찢어버렸다. 그렇게 하면 귀로 듣는 것에 더하여 눈으로도 이름을 익힐 수 있었다.

이 모든 것은 시간이 필요한 일이다. 에머슨은 말했다.

"매너는 사소한 희생을 통해 만들어진다."

따라서 사람들이 당신을 좋아하게 만들고 싶다면, 다음의 규칙을 따르라.

규칙 3

누군가의 이름은 세상 그 어떤 단어보다 그 사람에게
가장 달콤하고 중요하게 들린다.

제4장

좋은 대화 상대가 되는 쉬운 방법

▶─────── **얼마 전**, 나는 브리지 게임을 하는 모임에 참석했다. 나는 브리지 게임을 하지 않는다. 그리고 그 모임에는 나 말고도 브리지 게임을 하지 않는 여성이 있었다. 그녀는 내가 한때 로웰 토마스의 매니저로 일한 적이 있다는 걸 알아냈다.

토머스가 아직 라디오 진행을 맡기 전, 나는 그와 함께 유럽을 여행하며 당시 그가 진행하던 '삽화 여행기'의 준비를 도왔다. 그녀는 이렇게 말했다.

"오, 카네기 씨. 당신이 방문한 아름다운 명소들과 그곳에서 본 풍경에 관해 이야기해주세요."

소파에 앉자, 그녀는 자신과 남편이 최근 아프리카에서 돌아온 사실을 언급했다. 내가 소리쳤다.

"아프리카! 그것 참 흥미롭군요. 나는 항상 아프리카에 가고 싶었어요. 근데 딱 한 번 알제에 24시간 동안 머무른 것이 전부였답니다. 이야기를 들려주세요. 맹수들이 있는 나라에도 가보셨나요? 그래요? 정말 운이 좋으시네요. 부러워요. 아프리카 이야기를 좀 해주세요."

그녀는 그렇게 45분간 대화를 이어갔다. 그녀는 내가 간 곳과 본 곳에 대해서는 더는 묻지 않았다. 내 여행 이야기를 듣고 싶지 않았기 때문이었다. 그녀가 원했던 것은 자신의 이야기를 경청하는 사람이었다. 따라서 그녀는 마음을 열고 자신이 다녀온 곳을 자랑할 수 있었다.

과연 그녀가 이상한 사람이었을까? 아니다. 많은 사람들이 그녀와 다를 바 없다.

또 다른 예로, 나는 뉴욕의 한 출판사가 주최한 만찬에서 유명한 식물학자를 만난 적이 있다. 그전까지 나는 한 번도 식물학자와 대화를 나눠본 적이 없었기에, 큰 흥미를 느꼈다. 나는 말 그대로 의자 끝에 걸터앉아 그가 들려주는 외래종 이야기, 새로운 종을 개발하는 실험 이야기 그리고 식물 이야기를 경청했다. (그는 시시한 감자에 관해서도 놀라운 사실들을 들려주었다.) 나에게는 작은 실내 정원이 있었는데, 그가 알려준 지식 덕에 몇 가지 문제를 해결할 수 있게 되었다.

앞서 말했듯, 우리는 만찬에 참석 중이었다. 그 자리엔 우리를 제외하고도 열 명이 넘는 손님들이 있었지만, 나는 실례를 무릅쓰고 다른 사람들은 안중에도 없이 몇 시간 동안 식물학자와만 이야기를 나누었다.

자정이 되었을 때, 나는 모두에게 인사를 하고 자리를 떴다. 식물학자는 주최자에게 나를 칭찬했다. 내가 '아주 흥미로운' 사람이었다는 것이다. 그는 나의 이런저런 점을 높게 사더니 결국 나를 '가장 흥미로운 대화 상대'라고 말했다.

흥미로운 대화 상대라고? 어째서일까? 나는 말이라곤 몇 마디 하지도 않았다. 내가 말을 하고자 했으면 주제를 바꿔야 했을 것이다. 식물학에 관해서는 펭귄의 신체 구조를 알지 못하는 것과 같이 전혀 알지 못했으니까 말이다. 하지만 그의 말을 열중해서 들었다. 내가 그의 말에 귀를 기울인 것은 진심으로 흥미를 느꼈기 때문이었다. 진심은 그에게 전달되어 그를 기쁘게 만들었다. 이같이 경청하는 태도는 우리가 누군가에게 선사할 수 있는 최고의 찬사와도 같다.

잭 우드포드는 '사랑에 빠진 이방인들'에서 이렇게 적었다.

"상대방의 이야기를 집중해서 들어주는 것은 거의 모든 사람들이 좋아할 수밖에 없는 은근한 아부와 같다."

나는 그에게 완전한 몰입 이상의 것을 보여주었다. 나는 그를 '진심으로 인정하고 칭찬했던' 것이다.

나는 그에게 아주 재밌었고 많은 것을 배웠다고 말했다. 그건 사실이었다. 나는 그의 지식이 탐난다고 했다. 그것도 사실이었다. 나는 그와 들판을 돌아다니고 싶다고 말했다. 그것도 사실이었다. 나는 그에게 다시 만나고 싶다고 했다. 그것도 사실이었다.

나는 그가 나를 좋은 대화 상대라고 생각하도록 만들었지만, 사실 나는 잘 들어주며 그가 이야기하도록 추임새를 넣은 것뿐이었다.

성공적인 사업적 만남의 비밀, 수수께끼는 무엇일까? 과거 하버드 대학교의 학장이었던 찰스 W. 엘리엇은 말했다.

"성공적인 사업상 교류의 비밀 같은 건 없다. 오직 말하는 사람에게 관심을 집중하는 것이 중요하다. 그것보다 유혹적인 것은 없다."

자명한 사실이다. 그렇지 않은가? 그 사실을 알아내기 위해 하버드대를 4년 동안 다닐 필요는 없다. 하지만 우리는 백화점을 운영하는 사람들 가운데 비싼 임대료를 내고, 효율적으로 상품을 사들이고, 쇼윈도를 매력적으로 꾸미고, 광고에 수천 달러를 투자하면서도 고객의 말을 경청하는 능력이 없는 직원들을 고용하는 사람들이 있다는 것을 봐왔다. 이 점원들은 고객의 말을 끊고, 반박하고, 자극한 뒤에 매장을 떠나도록 만든다.

J. C. 우튼이 경험한 일을 살펴보자. 그는 내 강좌에서 이 이야기를 들려주었다.

그는 뉴저지주 뉴어크시에 있는 한 백화점에서 양복을 구매했다가 실망을 금치 못했다. 외투에 사용한 염료가 벗겨져 그의 셔츠의 깃을 물들여버린 것이었다.

우튼은 양복을 가지고 백화점으로 가서, 옷을 판매한 직원에게 사정을 얘기했다. 잠깐, '사정을 얘기했다.'라고 했던가? 정정하겠다. 그는 이야기하려고 시도했다. 하지만 실패했다. 직원이 말을 끊었기 때문이었다.

판매원이 쏘아붙였다.

"저희는 양복만 수천 벌을 팔았어요. 근데 이런 항의는 처음 들어봅니다."

그는 정말 그렇게 말했고, 심지어 퉁명스럽기까지 했다.

그의 적대적인 말투는 이렇게 말하고 있었다.

'당신은 거짓말을 하고 있어. 우리에게 덮어씌우려는 모양인데, 어디 본때를 보여주지.'

말싸움이 일어난 가운데 두 번째 직원이 끼어들어 이렇게 말했다.

"모든 어두운 색상의 양복은 처음에 약간의 물이 빠져요. 어쩔 수 없는 일이에요. 그 가격의 제품은 그럴 수 있어요. 염색이 문제니까요."

우튼은 이렇게 말했다.

"그때쯤 되니까 화가 들끓었습니다. 첫 번째 직원은 저의 정직함을 의심했어요. 두 번째 직원은 내가 저급 제품을 샀다는 식으로 말하더군요. 화가 치솟은 나는 양복을 가지고 지옥으로 가버리라고 말하려던 참이었습니다. 근데 갑자기 매니저라는 사람이 개입했습니다. 그는 자신이 무슨 일을 하는지 알고 있었어요. 그는 내 태도를 완전히 바꾸어 놓았습니다. 화가 난 사람을 만족한 고객으로 바꾼 것이죠. 어떻게 했느냐고요? 그는 두 가지 방법을 썼습니다. 우선 그는 한마디도 하지 않고 내 이야기를 처음부터 끝까지 경청했습니다. 그리고 내가 말을 끝맺었을 때, 직원들이 다시 의견을 내려고 하자 그는 내 입장에서 그들과 논쟁을 펼쳤습니다. 내 셔츠 깃이 명백히 양복으로 인해 얼룩지게 된 것은 물론 고객이 완전히 만족하지 않는 제품을 그 매장에서 팔 수 없다고 주장했습니다. 끝으로, 그는 문제의 원인을 모른다는 사실을 시인하며, 나에게 아주 간결하게 물었습니다. '제가 이 양복을 어떻게 해드리면 좋을까요? 원하시는 것은 무엇이든 해드리도록 하겠습니다.'

불과 몇 분 전만 해도 나는 그 사람들에게 빌어먹을 양복을 다시 가져가라고 말할 준비가 되어있었습니다. 하지만 나는 이렇게 말했습니다.

'이런 현상이 일시적인 것인지, 어떻게 해결해야 좋을지 알고 싶을 뿐입니다.'

그는 나에게 양복을 한 주 더 착용해 볼 것을 제안했습니다. 그리고 이렇게 약속했습니다. '만일 그때도 만족스럽지 못하시다면 옷을 가져와 주세요. 마음

에 드시는 것으로 바꿔드리겠습니다. 불편하게 해드려 죄송합니다.'

나는 만족해서 백화점을 나왔습니다. 그리고 한 주 더 착용해본 결과, 양복에는 더 이상 문제가 없었습니다. 그 백화점에 대한 내 신뢰도 완전히 회복되었지요."

그가 그곳을 책임지는 매니저라는 사실이 놀랍지 않다. 그의 직원들은 아마 다시는 고객을 상대할 수 없는 포장 부서로 옮겨졌을 것이다.

아무리 폭력적인 비판으로 남을 계속해서 공격하는 사람이라고 해도, 참을성 있게 그의 말을 들어주고 공감해주는 사람 앞에서는 부드러워지고 평정을 되찾는다. 성이 난 '흠을 잡는 사람'이 킹코브라처럼 몸을 키워 독을 토해내는 동안 조용히 그의 말을 경청할 그런 사람 말이다.

예를 들어보자.

지금으로부터 몇 년 전, 뉴욕 전화회사는 고객 센터에 저주를 퍼부은 고객들 중 가장 악질적인 고객을 상대하게 되었다. 그는 실제로 저주를 퍼붓고 열변을 토했다. 또 전화기를 부숴버리겠다고 협박하기도 했다. 그는 청구된 비용이 잘못되었다며 납부를 거부했다. 신문사에 편지를 쓰고, 공공서비스위원회에 셀 수 없이 많은 민원을 제기했다. 그리고 끝내 전화회사를 고소하기 시작했다.

마침내 회사의 가장 숙련된 '문제해결사'가 '분쟁애호가'와의 면담을 위해 투입되었다. 그 '문제해결사'는 성미가 고약한 고객들이 떠들도록 둔 뒤 장황한 연설을 쏟아붓는 것을 즐겁게 지켜보는 사람이었다. 그 상담사는 고객의 말을 경청하고 동의하며 불만에 공감하였다.

'문제해결사'는 내 강의를 듣기 전에 겪었던 그 일화를 들려주었다.

"나는 거의 3시간이나 그가 열변을 토하는 것을 들어야 했습니다. 나는 다시 돌아가 그의 이야기를 더 들었습니다. 그를 총 4번 면담했는데, 마지막 면담 전에 나는 그가 설립한 한 협회의 설립회원이 되기도 했습니다. 협회의 이름은 '전화가입자보호협회'였습니다. 나는 지금도 그 협회에 가입되어 있습니다. 내가 아는 한, 그 사람 말고 그 협회에서는 내가 유일한 사람입니다.

나는 면담 시간 동안 그가 하는 모든 말을 경청하며 공감했습니다. 그는 단 한 번도 나 같은 상담사를 만나본 적이 없었기에, 태도를 상냥하게 바꿀 정도였습니다. 첫 면담에서는 내가 왜 그를 찾아왔는지에 대해서는 거의 아무런 대화도 오가지 않았습니다. 그건 두 번째와 세 번째 면담에서도 마찬가지였습니다. 네 번째 면담에서 나는 사건을 마무리했습니다. 그는 모든 청구된 비용을 납부했고, 공공서비스위원회에 접수한 민원 신고를 자진해서 철회했습니다. 회사와 논쟁을 벌인 이후 처음 있는 일이었습니다.”

그 고객은 한 치의 의심도 없이 자신이 신성한 운동가이며, 잔인한 착취로부터 공공의 권리를 지키는 수호신이라고 믿고 있었다. 하지만 사실상 그가 원한 것은 자신이 중요한 사람이라는 느낌이었다. 처음에 그는 비난과 불평을 통해 자신이 중요한 사람이라는 느낌을 받으려 했다. 하지만 회사를 대표하는 사람으로부터 그러한 느낌을 받자, 그가 가졌던 실체 없던 불만이 사라지게 된 것이었다.

몇 년 전 어느 아침, 줄리언 F. 데트머의 사무실로 어떤 화가 머리끝까지 난 한 고객이 들이닥쳤다. 그는 데트머 모직 회사의 창립자로, 그의 회사는 훗날 세계에서 가장 큰 모직 유통업자로 성장하였다.

데트머는 이렇게 설명했다.

“그 남자에게 받아야 할 소액의 대금이 있었습니다.

고객은 부인했지만 우리는 그가 틀렸다는 사실을 알았습니다. 채권 부서는 그에게 지급을 고집했습니다. 채권 부서로부터 여러 통의 고지서를 받은 그는 짐을 챙겨 시카고로 왔습니다. 내 사무실로 뛰어 들어온 그는 청구된 비용을 지불할 수 없을 뿐만 아니라, 다시는 데트머 모직 회사로부터 그 어떤 물건도 사지 않겠다고 했습니다.

나는 그가 하는 모든 말을 경청했습니다. 나는 그의 말을 끊으려고 했으나, 예의에 어긋난다는 사실을 깨닫고 그가 할 말을 모두 하도록 내버려 두었습니다. 그가 평정을 되찾고 수용적인 상태가 되었을 때, 나는 재빨리 말했습니다.

'시카고까지 와서 이렇게 이야기를 해주셔서 감사합니다. 큰 도움이 되었습니다. 채권 부서가 선생님께 실수를 범했다면, 다른 소중한 고객에게도 실수를 저질렀을 수 있고 그건 정말 심각한 일일 겁니다. 선생님의 이야기를 얼마든 더 들을 수 있습니다. 진심이에요.'

내 입에서 나온 말은 그가 상상도 하지 못한 그런 말이었습니다. 그리고 그는 적잖이 실망한 것처럼 보였습니다. 시카고에 와서 나에게 한판 퍼부을 작정이었던 모양인데, 내가 그와 싸우는 대신 감사 인사를 전하고 있었으니까요. 나는 그에게 청구된 돈을 지급하지 않아도 되며, 잊어버리라고 말했습니다. 그는 매우 신중한 성격인 데다, 하나의 청구서만 확인하면 되지만 우리 직원들은 수천 개의 장부를 확인해야 하니까요. 실수한 사람이 있다면 우리 직원일 가능성이 더 크다고 말했습니다.

나는 그의 기분을 충분히 이해한다고 말했고, 내가 그였어도 의심의 여지 없이 똑같은 기분이었을 것이라고 했습니다. 그리고 이제 우리 회사에서 구매하지 않겠다고 했으니, 다른 모직 회사를 소개해주었습니다.

예전에 그가 시카고에 오면 함께 점심을 먹는 경우가 많았기에, 나는 그날도 그를 식사에 초대했습니다. 마지못해 그 자리를 승낙한 그는, 사무실로 돌아와 이전보다 더 큰 주문을 했습니다. 그는 한결 풀린 기분으로 집에 돌아갔고, 우리가 그를 정중하게 대한 대가로 다시 청구서를 확인하곤 그가 내지 않은 비용이 있음을 발견했습니다. 그는 사과의 말을 담아 우리에게 수표를 보내주었습니다.

그 후 아들을 가지게 되었을 때, 그는 아이의 미들네임을 데트머라고 지었습니다. 그로부터 22년 뒤 세상을 뜨기 전까지 그는 우리 회사의 좋은 친구이자 고객으로 남아주었습니다."

수년 전 한 가난한 독일 이민자 소년이 방과 후 가족을 돕기 위해 빵집의 창문을 닦고 있었다. 가족이 너무도 가난했던 나머지, 소년은 매일같이 양동이를 들고 길거리에 나가 석탄차가 연료를 공급하며 배수로에 떨어뜨린 석탄 조각을 줍고 다녀야 했다. 그 소년은 에드워드 보크였다. 소년은 학교 교육이라고는 6년도 채 받지 못했다. 하지만 그는 미국 일간지 역사상 가장 성공한 잡지 에디터 중 한 명이 되었다. 어떻게 그게 가능했을까? 긴 이야기지만 그가 일을 시작하게 된 일화를 간략히 소개하겠다. 그는 다름 아닌 이 장에서 소개한 법칙들을 활용함으로써 성공의 길을 걷게 되었다.

그는 13살의 나이에 학교를 떠나 웨스턴 유니언의 사환이 되었다. 하지만 그는 단 한 순간도 배움을 포기하지 않았다. 그는 독학을 시작했고, 교통비를 아끼고 점심을 건너뛰며 미국 위인전을 구매했다. 그리고 그는 전례가 없는 일을 벌였다. 그는 유명 인사들의 삶을 읽은 뒤 그들에게 편지를 써 그들의 유년시절에 관해 물었다. 그는 경청할 줄 아는 사람이었다. 그리고 유명인들이 자신들에 관해 더 많은 이야기를 털어놓도록 만들었다.

그는 대통령에 출마한 제임스 A. 가필드 장군에게 편지를 써 운하에서 견인 일을 했느냐고 물었다. 가피드는 그의 편지에 답장을 보내주었다. 그는 편지로 그랜트 장군에게 어느 한 전투에 관해 물었고, 그랜트는 그에게 지도를 그려주며 14살짜리 소년을 저녁 식사에 초대했다. 두 사람은 대화를 하며 그날 저녁을 보냈다.

얼마 지나지 않아 우리의 웨스턴 유니언 배달 사환은 많은 미국의 저명인사들과 편지를 주고받게 되었다. 그들은 다름 아닌 랄프 왈도 에머슨, 올리버 웬들 홈스, 롱펠로, 링컨 여사, 루이자 메이 올컷, 셔먼 장군, 제퍼슨 데이비스와 같은 사람들이었다. 그는 이 저명한 사람들과 편지를 교환했을 뿐 아니라, 휴가를 얻게 된 즉시 그들의 집에 초대를 받았다. 이 일로 그는 값을 매길 수 없는 자신감을 가지게 되었다. 그때 만난 사람들은 그가 인생을 꾸리는 데 필요한 비전과 열망에 불을 지펴주었다. 그리고 이 모든 것은 그가 이 책에서 다루는 규칙들을 적용했기 때문에 가능한 일이었다.

수백 명의 유명 인사들을 인터뷰한 아이작 F. 마커슨은 많은 사람들이 경청하는 법을 모르기 때문에 좋은 인상을 남기는 데 실패한다고 말했다.

"다음에 무슨 이야기를 할지를 너무 신경 쓴 나머지 귀를 열어두지 않아요. 많은 중요 인사들이 말을 잘하는 사람보다 잘 경청하는 사람을 선호한다고 말해주었습니다. 그러나 그건 아주 드문 능력입니다."

중요한 인물만 자신의 이야기를 경청해줄 사람을 원하는 것이 아니다. 평범한 사람 또한 마찬가지다. 리더스 다이제스트에는 이런 글이 실린 적이 있다.

"많은 사람들이 의사에게 전화를 거는 것은 자신의 말을 들어줄 사람이 필요할 때이다."

남북 전쟁 중 가장 암울한 시기 동안, 링컨은 일리노이주 스피링필드에 사는 한 오래된 친구에게 편지를 써서 워싱턴 방문을 요청했다. 링컨은 그와 몇 가지 문제를 논의하고자 했다. 오랜 이웃 친구는 백악관을 방문했고, 링컨은 몇 시간에 걸쳐 노예 해방 선언의 타당함에 관해 이야기했다. 해당 조치에 찬성하는 주장과 반대하는 주장을 모두 거론한 링컨은, 그에게 노예를 해방하지 않는다고 규탄하거나 그가 노예를 해방하는 게 두려워 그를 비난하는 편지와 신문기사를 읽었다. 몇 시간이나 이어진 대화 끝에 링컨은 오랜 이웃 친구에게 악수를 청하며 그에게 인사를 했다. 그리고 그의 의견은 묻지도 않고 그를 일리노이주로 돌려보냈다. 링컨은 내내 혼잣말을 하고 있었던 것이다. 그러나 그 결과 머리가 맑아진 듯 보였다. 그의 오랜 친구는 말했다.

"대화 후 그는 안심이 된 듯 보였습니다. 그가 원한 것은 충고가 아닌, 속을 털어놓았을 때 친근하고 동조적으로 들어주는 사람이었습니다."

우리가 문제에 처했을 때 원하는 것도 바로 그것이다. 그리고 화가 잔뜩 난 고객들, 불만족스러운 고용인 또는 우애가 상한 친구가 원하는 것 또한 다르지 않다.

사람들이 당신을 피하고, 뒤에서 험담하고, 경멸하도록 만드는 법을 알고 싶은가? 그 방법을 알려주겠다. 그 누구의 말도 듣지 마라. 끊임없이 자신에 대해 이야기하라.

만일 누군가가 말을 하는 도중 아이디어가 떠올랐다면, 말이 끝나길 기다리지 말아라. 중간에 끼어들어 말을 끊어버려라.

사람들이 그런 것을 즐긴다는 걸 알고 있는가? 불행히도 나는 알고 있다. 놀라운 것은 유명한 사람들 가운데도 타인의 말을 끊는 사람들이 있었다는 것이다. 자신의 자만심에 중독된 수다쟁이들, 본인이 중요한 사람이라는 것에 취한 사람들이 그렇다.

자신의 이야기만 하는 사람은 자신에 대해서만 생각한다. 오랫동안 컬럼비아 대학의 학장을 지낸 니컬러스 머리 버틀러 박사는 말했다.

"머릿속에 오직 자신에 대한 생각뿐인 사람들은 가망이 없을 정도로 무지한 사람들이다. 그들은 어떤 교육을 받았다고 한들 아무것도 배우지 못한 것이나 다름없다."

그러니 좋은 대화 상대가 되고 싶다면, 경청하는 법을 배워라. 관심을 받고 싶다면, 관심을 가져라. 상대방이 즐겁게 대답할만한 질문을 던져라. 상대방이 자신에 관해 그리고 자신의 성과에 관해 이야기하도록 격려하라.

당신이 말을 걸고 있는 사람은 당신이 원하는 것과 당신이 가진 문제보다는 자신들의 욕구와 문제에 백 배는 더 많은 관심이 있다. 누군가의 치통이 지구 반대편에서 수백만 명의 생명을 위협하는 기근보다 더 큰 의미가 있을 수 있고, 누군가의 목에 난 종기가 다른 곳에서 일어난 마흔 번의 지진보다 더 많은 관심을 끌 수 있다. 다음번에 누군가와 대화를 하거든, 이 사실을 떠올려라.

그러니 다른 사람의 호감을 사고 싶다면 다음의 규칙을 따르라.

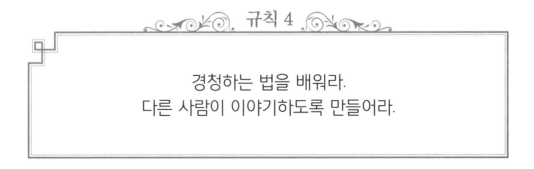

규칙 4

경청하는 법을 배워라.
다른 사람이 이야기하도록 만들어라.

제5장

사람들의 관심을 불러일으키는 법

▶──────── 시어도어 루스벨트의 손님이 되어본 적이 있는 사람이라면, 그의 광범위하고 다양한 지식에 놀랐을 것이다. 그의 방문객이 카우보이든, 기병대원이든, 뉴욕의 정치인이든, 외교관이든, 루스벨트는 무슨 대화를 해야 하는지 알고 있었다. 어떻게 가능했을까? 답은 간단하다. 언제든 손님을 맞이할 때 그는 전날 밤, 늦은 시간까지 손님이 관심이 있어 하는 주제에 관해 독서했다.

루스벨트는 모든 지도자들이 그랬듯 누군가의 마음을 사로잡는 지름길은 그 사람이 가장 소중히 여기는 것에 관해 이야기하는 것이란 사실을 알았다.

상냥한 윌리엄 라이언 펠프스는 수필가이자 예일대의 문학 교수였다. 그는 이러한 교훈을 생전에 일찌감치 깨달은 사람이었다.

그는 자신의 수필 '인간 본성'에서 이렇게 적었다.

"내가 8살이었을 적, 나는 주말이면 후서토닉 인근 스트랫퍼드에 사는 숙모 리비 린슬리의 집을 방문하곤 했다. 어느 저녁 한 중년의 남성이 찾아왔다. 그는 내 숙모와 이런저런 얘기를 나누다가 나에게 관심을 돌렸다. 그 당시 나는 보트를 매우 좋아했는데, 그 손님은 아주 흥미롭다는 듯 나와 보트에 관한 이야기를 나누었다. 그가 떠난 뒤, 나는 열정적으로 그에 관해 이야기했다. 대단한 남자였다! 숙모는 나에게 그가 뉴욕의 변호사이며, 보트에는 일말의 관심도 없는 사람이라고 알려주었다. 내가 물었다. '근데 왜 보트에 관해 그렇게 오래도록 이야기하셨을까요?' 숙모가 대답했다. '그분이 신사이기 때문이란다. 네가 보트에 관심이 있다는 걸 알고 너를 즐겁게 해주기 위해 흔쾌히 그렇게 한 것이야.'"

윌리엄 라이언 펠프스는 이렇게 덧붙였다.

"나는 고모의 말을 결코 잊지 않을 것이다."

이 글을 쓰는 동안, 내 앞에는 에드워드 L. 샬리프로부터 온 편지가 한 통 놓여있다. 그는 보이스카우트 일에 활발히 참여하는 사람이었다. 그는 이렇게 적었다.

"어느 날 나는 도움이 필요하다는 사실을 깨닫게 되었습니다. 대규모 스카우트 연합캠프를 유럽으로 떠날 예정이었는데, 나는 미국 대기업 중 한 곳이 남자아이 한 명의 경비를 후원해주길 원했습니다. 다행스럽게도, 그 기업체 대표를 만나러 가기 직전 그가 백만 달러짜리 수표를 발행한 일이 있었다는 걸 듣게 되었습니다. 다만 수표가 취소되어 그 수표를 액자에 걸어두었다는 이야기였습니다. 그의 사무실에 들어간 나는 그 수표를 한번 볼 수 있느냐고 묻는 것으로 시작했습니다. 백만 달러짜리 수표라니! 나는 그에게 그렇게 큰 수표를 발행하는 사람을 처음 봤다며, 아이들에게 백만 달러짜리 수표를 보았다고 말해주고 싶다고 했습니다. 그는 흔쾌히 수표를 보여주었습니다. 나는 감탄하며 그것을 구경하곤 어떻게 그렇게 큰 액수의 수표를 발행하게 되었는지 물었습니다."

당신도 알아챘겠지만, 샬리프는 보이스카우트나 유럽 연합캠프 또는 자신이 원하는 것에 관해 이야기하는 것으로 대화를 시작하지 않았습니다. 그는 다른 사람의 관심사로 대화를 이끌어갔습니다. 그리고 그 결과는 이러했습니다.

머지않아 기업가는 이렇게 말했습니다. '참, 그나저나 무슨 일로 찾아오셨다고 하셨죠?' 그렇게 나는 이야기를 꺼냈습니다.

정말 놀랍게도, 그는 내가 원하는 것을 즉시 들어주었을 뿐 아니라 더 많은 것을 해주었습니다. 내가 그에게 부탁한 것은 남자아이 한 명을 유럽으로 보내달라는 것이었는데, 그는 다섯 명의 아이를 보내준다고 했을뿐더러, 1천 달러의 신용장을 써주며 아이들과 유럽에서 7주를 머물 수 있도록 했습니다. 그리고 지부장들에게 소개장을 써주어 여러 도움을 받을 수 있도록 해주었고, 직접 파리에 와서 도시를 관광시켜주기까지 했습니다.

그리고 일자리가 필요한 몇몇 부모에게 일자리를 내어주었고, 지금까지도 우리를 위해 활동하고 있습니다. 그가 관심을 가질 만한 것을 찾아내 그가 활기를 띠도록 하지 않았다면, 그토록 쉽게 그에게 다가갈 수 없었을 겁니다."

사업에서도 과연 가치가 있는 기술일까? 어디, 뉴욕의 대규모 빵 제조업체인 뒤버노이 앤 선스의 헨리 G. 뒤버노이의 예를 살펴보자.

뒤버노이는 뉴욕의 한 호텔에 빵을 팔기 위해 애를 쓰고 있었다. 그는 4년째 매주 호텔 지배인을 찾아갔고, 그가 다니는 친목회에 참석했다. 주문을 받기 위해 해당 호텔의 객실에서 살기까지 했지만 실패했다.

뒤버노이가 말했다.

"그러던 중, 인간관계를 공부한 뒤, 전략을 바꾸기로 했습니다. 나는 그 호텔 지배인의 관심사가 무엇인지, 어떤 것에 열정을 가지고 있는지 알아보기로 결심했습니다.

나는 그가 호텔 경영자 협회인 '호텔 그리터스 오브 아메리카'의 회원이라는 것을 알아냈습니다. 그는 단순한 회원이 아니라, 들끓는 열의로 그 협회의 회장직을 비롯해 국제 협회의 회장직까지 맡고 있었습니다. 그리고 어디에서 협의회가 열리든, 그는 반드시 참석하는 사람이었습니다.

다음 날 그를 보았을 때, 나는 협회에 관해 이야기했습니다. 정말이지 굉장한 반응이었습니다! 그는 나에게 협회에 관해 30분간 떠들었습니다. 열정으로 인해 그의 목소리가 떨려왔습니다. 나는 그에게, 그 협회는 단순한 취미가 아닌 삶의 열정이라는 것을 분명히 알게 되었습니다. 그는 자신의 협회 회원권을 나에게 팔았습니다.

그러는 동안 빵에 대해서는 단 한 마디도 하지 않았습니다. 하지만 그로부터 며칠 뒤, 호텔의 식품 조달 담당자로부터 전화가 걸려왔습니다. 샘플과 가격표를 가지고 방문하라는 연락이었습니다. 담당자가 말했습니다.

'어떻게 했는지는 모르겠지만, 지배인을 제대로 사로잡으셨군요.'

생각해보십시오! 주문을 따내려고 그 호텔의 문을 두드린 것만 4년이었습니다. 그의 관심사와 그가 좋아하는 대화 주제를 알아내려는 노력이 없었다면, 나는 아직도 그 문을 두드리고만 있었을 겁니다."

따라서 사람들의 호감을 사고 싶다면 다음의 규칙을 따르라.

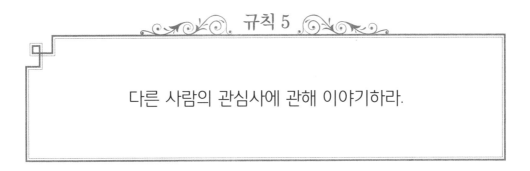

규칙 5

다른 사람의 관심사에 관해 이야기하라.

제6장

단숨에 사람들의 호감을 사는 법

▶──────── 나는 뉴욕 8번 대로의 33번가 우체국에서 편지를 보내기 위해 줄을 서 있었다. 나는 직원이 우편물의 무게를 재고, 도장을 찍고, 돈을 거슬러주고 영수증을 발행하는 것에 지쳐있음을 보게 되었다. 그는 그 단조로운 일을 수년째 반복하고 있었을 것이다. 그리하여 나는 이렇게 생각했다. '저 친구가 나를 좋아하게 만들어 봐야겠어. 그러려면 당연히 뭔가 듣기 좋은 말을 해야겠지. 그건 나 자신이 아닌 그에 대한 말이어야 해. 그에게 어떤 진심 어린 찬사를 건넬 수 있을까?' 상대방을 잘 모를 때 특히 그 질문은 답하기가 까다롭다. 하지만 그 상황에서는 문제가 되지 않았다. 곧바로 칭찬할 만한 장점을 찾아냈기 때문이다.

그가 내 우편물의 무게를 재는 동안, 나는 진심으로 이렇게 말했습니다.

"근사한 머리카락을 가지셨네요."

그는 놀란 것처럼 나를 올려다보았다. 그의 얼굴은 미소로 환해져 있었다. 그가 겸손하게 말했다.

"젊었을 때만큼은 아니에요."

나는 그에게 원래의 아름다움을 조금 잃었을지는 몰라도, 여전히 아름다운 머리카락이라고 말했다. 그는 대단히 기뻐했다. 우리는 잠시 즐거운 담소를 나누었는데, 그는 마지막에 이렇게 말했다.

"많은 사람들이 제 머리카락을 좋아했지요."

그 사람이 날아갈 듯한 발걸음으로 점심 식사를 하러 갔다고 자신할 수 있다. 그는 아마 그날 저녁 집에 돌아가 아내에게 있었던 일을 들려주었을 것이다. 그리고 거울을 쳐다보며 이렇게 말했을 것이다.

"멋진 머리카락이긴 해."

이 이야기를 언젠가 사람들 앞에서 들려준 적이 있는데, 한 남자가 후에 찾아와 이렇게 물었다.

"그 사람한테 뭔가를 얻으려고 했나요?"

내가 뭔가를 얻으려고 했다니! 그게 대체 무슨 소리인가!

우리가 가증스러울 정도로 이기적이어서 아무런 대가도 바라지 않으며 정직한 칭찬의 말 한마디로 약간의 행복을 정할 줄 모른다면, 우리 마음의 크기가 덜 익은 사과보다도 작다면, 실패는 당연히 감수해야 할 결과다.

당연히, 나는 그 친구로부터 뭔가 원했다. 그건 값으로 매길 수 없는 것이었다. 그리고 나는 원하는 것을 얻었다. 나는 아무런 대가도 바라지 않고 그를 위해 무언가 했다는 만족감을 얻었다. 그리고 그 만족감은 오래도록 그의 기억 속에서 빛나며 노래할 것이다.

인간 행동에는 단 하나의 중요한 법칙만이 존재한다. 이 법칙에 따른다면, 우리는 결코 난처한 상황에 처하지 않을 것이다. 실제로는 우리에게 무수히 많은 친구와 끝없는 행복을 가져다 줄 것이다. 그러나 우리가 법칙을 깨는 즉시, 우리에게는 끝이 없는 문제가 닥칠 것이다. 그 법칙은 바로 '언제나 상대방이 자신이 중요한 사람이라고 느끼도록 만들어라.'다. 우리가 앞서 언급한 존 듀이는 중요한 사람이 되고자 하는 열망은 인간 본능의 가장 깊은 욕구라고 말했다. 윌리엄 제임스 또한 말했다.

"인간 본성의 가장 깊은 규칙은 인정을 받고자 하는 갈망이다."

이미 말했던 바와 같이, 이 갈망은 우리를 동물과 구분시켜주는 요소다. 그리고 문명 발생의 기원이기도 하다.

철학자들은 수천 년 동안 인간관계의 법칙을 알아내기 위해 애써왔다. 그리고 그들은 단 하나의 중요한 교훈을 깨우쳤다. 이것은 새로운 것이 아니다. 인류의 역사만큼이나 오래된 것이다. 조로아스터는 2천 5백 년 전 페르시아의 추종자들에게 이 법칙을 가르쳤다. 공자는 2천 4백 년 전 이 법칙을 중국인들에게 전했다. 도교를 성립한 노자는 양쯔강 계곡에서 제자들에게 이를 가르쳤다. 부처는 예수가 태어나기 5백 년 전 신성한 갠지스 강변에서 이를 전도했다. 힌두교 경전은 그보다 1천 년 전에 이미 가르침을 행했다. 예수는 그 옛날 유대인들의 돌 언덕에서 가르침을 전했다. 그리고 아마 세상에서 가장 중요한 법칙일, 이 법칙을 한 문장으로 요약했다.

"타인이 네게 해주었으면 하는 것을 그에게 해주어라."

당신은 만나는 사람들의 인정을 원한다. 당신은 자신의 진정한 가치를 인정받고 싶어 한다. 당신은 당신이 속한 작은 세상에서 스스로가 중요한 존재라는 감각을 원한다. 저속하고 진심이 아닌 아첨은 듣고 싶지 않다. 당신이 갈망하는 것은 진심 어린 칭찬이다. 당신은 친구들과 동료들이 찰스 슈와브의 말처럼 '진심 어린 인정과 칭찬'을 해주길 원한다. 우리 모두가 그렇다.

그러니 황금률을 따르자. 그리고 다른 이들에게 우리가 원하는 것을 주자. 어떻게? 언제? 어디서 그렇게 해야 할까? 답은 이렇다. 언제나, 어디서나.

예를 들어 나는 라디오 시티의 안내원에게 헨리 수베인 사무실의 호수를 물어본 적이 있다. 말쑥한 유니폼 차림의 그는 당당한 태도로 명확하고 똑 부러지게 3가지 정보를 제공했다.

"헨리 수베인. (숨을 고르고) 18층. (숨을 고르고) 1816호."

서둘러 엘리베이터로 향하던 나는 멈춰 서서 그에게 다시 돌아갔다.

"제 질문에 그렇게 훌륭하게 답변을 해주시다니 감사합니다. 아주 알아듣기 쉽고 상세했어요. 마치 예술가 같아 보였습니다. 선생님 같은 분은 많이 없거든요."

그는 기쁨에 차서는 왜 자신이 말을 할 때 숨을 고르는지, 그리고 왜 그런 소리를 내었는지 설명해주었다. 내가 건넨 말 몇 마디가 그의 어깨를 으쓱하게 만들었다. 그리고 18층으로 향하는 동안, 나는 그날 오후 한 명의 사람이 가질 수 있는 행복의 질량에 보탬이 되었다고 느꼈다.

이 칭찬의 철학을 사용하기 위해서 프랑스의 대사가 되거나 클램베이크 위원회의 위원장이 될 필요는 없다. 매일의 일상에서 그 마법을 실천할 수 있다.

예를 들어 만일 감자튀김을 주문했는데 종업원이 으깬 감자를 가져다주었다면 이렇게 말해보는 것이다.

"귀찮게 해서 미안합니다. 근데 저는 감자튀김을 더 선호해서요."

종업원은 아마 이렇게 대답할 것이다.

"전혀 귀찮지 않아요."

그리고 우리가 보인 존중에 답하기 위해 기꺼이 감자 요리를 바꿔서 내어올 것이다.

"귀찮게 만들어 죄송합니다.", "이런 친절을 베풀어주실 수 있을까요?", "부탁드립니다.", "괜찮으실까요?", "감사합니다."와 같은 예의 바른 표현은 단조로운 일상을 부드럽게 굴러가도록 한다. 그리고 그것 외에도, 당신을 예의 바른 사람으로 인식하게 만든다.

다른 예시를 들어보자. 홀 케인의 소설 '기독교도', '판사', '맨 섬 사람'은 모두 20세기 초의 베스트셀러로 등극했다. 수백만 명의 사람들이 그의 책을 읽었다. 그는 대장장이의 아들로, 학교는 딱 8년을 다녔을 뿐이었다. 그런데도 그는 당대의 문학인 중 가장 부유한 사람으로 생을 마감했다.

이야기는 이러하다.

소네트와 발라드를 사랑했던 홀 케인은 단테 가브리엘 로제티의 시를 탐독했다. 그는 로제티의 예술적 업적을 칭찬하는 글을 써서 직접 시인에게 보내기도 했다. 크게 기뻐했던 로제티는 이렇게 생각했을 수도 있다. '내 능력에 관해 이토록 수준 높은 평가를 하는 청년이라면 아주 똑똑한 사람이겠군.' 그렇게 로제티는 대장장이의 아들을 런던으로 데려와 자신의 비서로 일하도록 했다. 홀 케인의 인생은 그렇게 전환점을 맞았다. 새로운 직장에서 그는 당대의 훌륭한 작가들을 만났다. 그들의 충고와 격려를 받으며, 그는 작가로서의 경력을 시작했고, 그의 이름을 널리 알리게 되었다.

맨 섬에 있는 그의 생가인 그리바캐슬은 세계 각지에서 온 관광객들에게 성지가 되었고, 그는 수백만 달러의 재산을 남겼다. 유명인에 대한 존경을 표하는 글이 아니었다면, 그는 가난한 무명으로 생을 마감했을 수도 있다. 이것이야말로 진심 어린, 마음에서 우러나온 칭찬이 가진 큰 힘이다.

로제티는 스스로를 중요한 사람이라고 여겼다. 그건 놀라운 일이 아니다. 거의 대부분의 사람이 자신이 중요하다고, 그것도 몹시 중요하다고 생각하기 때문이다. 모든 사람이 말이다.

모든 국가의 국민들도 마찬가지다.

당신은 자신이 일본인보다 우세하다고 생각하는가? 진실은 일본인들 또한 당신보다 우월하다고 생각한다는 데 있다. 예를 들어 한 보수적인 일본인은 자국인 여성이 백인 남성과 춤을 추는 모습을 본다면 심하게 성을 낼지도 모른다.

당신은 자신이 인도의 힌두교 신자보다 우월하다고 생각하는가? 그건 당신의 권리지만 수백만의 힌두교 신자들은 자신들이 당신보다 훨씬 우월하다고 생각할 것이며, 이교도의 그림자가 스치며 더럽혀진 음식에 손을 대는 것만으로도 몸이 더러워진다고 거들먹댈 것이다.

당신은 자신이 에스키모인보다 우월하다고 생각하는가? 다시 한번 말하지만, 그건 당신의 권리다. 하지만 에스키모인이 당신을 실제로 어떻게 생각하는지 알고 있는가? 에스키모인 중에는 떠돌이 일꾼들이 있는데, 이들은 쓸모없는 놈팡이들로 일하기를 싫어한다. 에스키모인들은 이들을 '백인'이라고 부른다. 그들에게는 최대의 경멸을 담은 표현이다.

모든 국가는 다른 국가보다 조국이 우월하다고 느낀다. 그리고 여기에서 애국심과 전쟁이 발생한다. 진실을 있는 그대로 말해주겠다. 당신이 만나는 모든 사람은 어떤 면에서 자신이 당신보다 우월한 존재라고 생각하고 있다. 상대의 마음을 얻고자 한다면, 그 사람의 작은 세상에서 그가 중요한 사람이라는 것을 진심을 다해 인정하여, 그가 그렇게 느끼도록 해야 한다.

에머슨이 했던 말을 기억하라.

"내가 만나는 모든 사람은 어떤 면에서 배울 점이 있는, 나보다 나은 사람이다."

그리고 한심한 것은, 정말이지 역겹다고 할 수 있는 소란과 자만심을 보여줌으로써 얻은 자그마한 성취감을 통해 자신을 드러낸다는 것이다.

셰익스피어는 이렇게 말했다.

"인간이여, 오만한 인간이여, 작고 덧없는 권위를 뒤집어쓰고…… 터무니없이 기이한 속임수를 써서 천사들을 눈물짓게 하는구나."

내 강의를 듣는 사람들이 어떻게 이 규칙을 이용하여 놀라운 결과를 얻게 되었는지 들려주겠다. 코네티컷의 한 변호사의 일화를 살펴보자. (그는 친지들이 보는 것을 원하지 않아 실명을 밝히지 않는 것을 선호했다.)

강의를 들은 지 얼마 되지 않았을 때였다. R 씨는 아내와 함께 그녀의 친지를 방문하기 위해 롱아일랜드로 차를 타고 나섰다. 얼마 동안 나이 든 고모와 이야기를 하던 그의 아내는 사촌들을 만나겠다며 자리를 떴다. 그는 어떻게 칭찬의 법칙을 적용했는지에 관한 발표를 앞두고 있었기에, 나이 든 부인과 가치 있는 경험을 쌓을 수 있겠다고 생각했다. 그는 집을 둘러보며 진심으로 칭찬을 할 만한 것을 찾아보았다.

그가 질문했다.

"이 집은 1890년도에 지어진 것이지요?"

그녀가 답했다.

"맞아요."

그가 말했다.

"제가 태어난 집이 떠오르는 곳이에요. 아름답고, 잘 지은 집이에요. 널찍하기도 하고요. 이제 더는 이런 집을 짓지 않지요."

부인이 동의했다.

"맞아요. 요즘 젊은 사람들은 아름다운 집에는 관심이 없어요. 그저 조그마한 아파트에 냉장고만 있으면 만족하고 차를 타고 쏘다닐 뿐이지요."

그녀는 부드러운 기억을 회상하며 떨리는 목소리로 말했다.

"이건 꿈의 집이에요. 이 집은 사랑으로 지었어요. 남편과 내가 오랫동안 꿈꿔온 것이었지요. 건축가도 없이 직접 설계를 했답니다. 그는 R 씨에게 집을 구경시켜주었고, 그는 그녀가 여행을 다니며 사 온 아름답고 평생에 걸쳐 소중하게 간직한 페이즐리 쇼올, 오래된 영국 다과 세트, 웨지우드 도자기, 프랑스 침대와 의자, 이탈리아의 그림, 한때 프랑스의 성에 걸려있었다는 실크 커튼과 같은 보물들을 보고 진심 어린 칭찬을 건넸다.

R 씨에게 집을 구경시켜준 뒤, 그녀는 그를 차고로 데려갔다. 그곳에는 아주 양호한 상태의 패커드 자동차 한 대가 있었다.

그녀가 부드럽게 말했다.

"남편이 죽기 얼마 전 제게 사준 차예요. 그가 떠난 뒤로 한 번도 몬 적이 없지요. 당신은 좋은 것들을 알아보는 사람이니까, 이 차를 당신에게 주고 싶군요."

그가 답했다.

"세상에 고모님, 어떻게 해야 될지 모르겠군요. 당연히 감사한 일이나 이 차를 정말 받을 수는 없어요. 저는 피가 섞인 가족도 아닌걸요. 제게는 새 차가 있어요. 그리고 친척분들 중에는 그 패커드를 원하는 사람이 많이 있을 거예요."

그녀가 외쳤다.

"피가 안 섞였다니! 저 차를 가져가기 위해 내가 죽기만을 기다리는 피가 섞인 사람들도 있지요. 하지만 그런 사람들에게 저 차를 줄 수는 없어요."

나는 그녀에게 말했다.

"그렇다면 중고차 판매원에게 파는 쉬운 방법도 있어요."

그녀가 소리쳤다.

"팔다니! 내가 이 차를 팔 거라고 생각해요? 낯선 사람들이 남편이 선물해준 그 차를 끌고 다니는 걸 볼 수 없어요. 꿈도 꿀 수 없는 일이에요. 당신에게 주겠어요. 아름다움을 알아보는 사람이니까요."

그녀의 감정을 상하지 않게 하면서 차를 받지 않을 방도가 없었다. 페이즐리 쇼올, 프랑스 고가구, 추억들과 함께 그 큰 집에 홀로 남겨졌던 그녀는 작은 인정에 목말라 있었다. 젊고 아름다웠던, 그녀에게도 많은 사람의 관심을 샀던 시절이 있었다. 한때 그녀는 사랑으로 채워진 따뜻한 집을 짓고 유럽에서 가져온 물건들로 집을 아름답게 장식했다. 나이가 들며 외롭고 고립된 그녀에게는 사람의 온기, 진심 어린 칭찬이 약간 필요했지만, 그 누구도 그녀에게 그런 것들을 허락하지 않았다. 그리고 드디어 그런 사람을 만났을 때, 마치 오아시스를 맞이한 사막처럼, 그녀는 아끼는 패커드를 선뜻 내놓을 정도로 큰 감사함을 느꼈던 것이다.

다른 예시를 살펴보자.

도널드 M. 맥마흔은 묘목 및 조경업체인 루이스 앤 발렌타인의 관리자로 다음과 같이 들려주었다.

"'친구를 얻고 사람을 변화시킬 수 있는' 강연을 들은 지 얼마 지나지 않아, 나는 어떤 유명한 변호사의 사유지를 조경하는 일을 하게 되었습니다.

집주인이 나와 다량의 진달래와 철쭉을 심고 싶은 장소를 간단히 설명해주었습니다.

나는 이렇게 말했습니다.

'선생님, 좋은 취미를 가지셨네요. 정말 예쁜 강아지들이에요. 매년 매디슨 스퀘어 가든에서 많은 상을 타시는 이유를 알겠어요.'

그 작은 칭찬의 효과는 굉장했습니다.

그가 대답했습니다.

'맞아요. 저는 개들과 즐거운 시간을 많이 보내지요. 사육장을 둘러보시겠어요?'

그는 나에게 그의 개들과 받은 상들을 보여주는 데 거의 한 시간을 썼습니다. 그는 혈통서를 가지고 와 개들의 아름다움과 똑똑함을 설명하기까지 했습니다.

끝으로 그는 나를 돌아보며 이렇게 물었습니다.

'어린 자녀가 있나요?'

내가 대답했습니다.

'네, 아들이 한 명 있습니다.'

그가 물었습니다.

'아이가 강아지를 좋아하지 않을까요?'

'오, 그럼요. 무척 좋아할 겁니다.'

그가 말했다.

'그렇다면 한 마리를 선물하지요.'

강아지 먹이를 주는 법을 알려주기 시작했던 그는 잠시 멈추어 이렇게 말했습니다.

'그냥 말로 알려주었다간 까먹을 테지요. 종이에 적어 주겠습니다.'

집 안에 들어갔던 그는 혈통서와 먹이를 먹이는 방법을 적어 나에게 건넸습니다. 그리고 수백 달러는 되어 보이는 강아지를 선물해주었습니다. 우리가 함께 보낸 시간은 1시간 15분이었습니다. 내가 그의 취미와 성취에 진심이 담긴 칭찬을 건넸기 때문에 그의 소중한 시간을 나누어 준 것이었습니다."

코닥의 조지 이스트먼은 영화 촬영을 가능하게 만든 투명 필름을 발명하며 1억 달러의 재산을 끌어모았다. 그리고 지구상에서 가장 유명한 사업가가 되었다. 그 무수한 성취에도 불구하고, 그는 우리와 다를 바 없이 작은 인정에 굶주려있었다.

예를 들어보자.

이스트먼이 로체스터에서 이스트먼 음악 학교와 킬본 홀을 짓고 있던 당시, 뉴욕 소재 슈피리어 시팅사의 회장 제임스 애덤슨은 그가 짓는 건물의 관객석 의자 납품 계약을 따내고 싶어 했다. 애덤슨은 건축가에게 전화를 걸어 로체스터에서 이스트먼과의 약속을 잡았다.

애덤슨이 도착했을 때, 건축가는 이렇게 말했다.

"이 주문을 원하시는 걸 알아서 하는 말이지만 조지 이스트먼의 시간을 5분 이상 빼앗았다가는 아무것도 얻지 못할 겁니다. 그는 엄격하고 몹시 바쁜 사람입니다. 용건만 빠르게 말하고 나오는 게 좋을 거예요."

애덤슨은 마음의 준비를 했다. 그가 방에 들어갔을 때, 이스트먼은 책상 위에 쌓인 서류 더미 위로 몸을 굽히고 있었다. 그는 곧 고개를 들더니 안경을 고쳐 쓰고 건축가와 애덤슨에게 다가왔다. 그리고 말했다.

"좋은 아침입니다, 신사분들. 무엇을 도와드릴까요?"

건축가가 그들을 소개하자, 애덤슨은 이렇게 말했다.

"이스트먼 씨, 기다리는 동안 사무실을 구경하며 감탄했습니다. 이런 곳에서 일할 수 있다면 얼마나 좋을까요. 저는 실내 인테리어와 목공업에 종사하고 있습니다만 이렇게 근사한 사무실은 생전 처음이군요."

조지 이스트먼이 대답했다.

"그렇게 말씀해주시니, 이곳이 얼마나 근사한지 새삼 깨닫게 되네요. 처음 지었을 때는 정말 좋아했는데요. 머리에 생각이 많다 보니 때로는 몇 주씩 방을 둘러보지 않을 때도 있답니다."

애덤슨은 손으로 목재를 만져보기도 했다.

"영국산 오크가 아닌가요? 이탈리아산 오크와는 질감이 조금 다르네요."

이스트먼이 대답했다.

"맞아요. 영국에서 수입해온 오크입니다. 고급 목재를 다루는 친구가 나를 위해 골라준 것이지요."

그리고 이스트만은 방을 구경시켜주며, 자신이 직접 설계와 건설에 참여한 여러 요소를 비롯하여 크기와 색감, 수공예가 들어간 부분을 설명해주었다.

방을 돌아다니며 목공예품을 감상하는 동안 그들은 창가에 서서 잠시 휴식을 취했다. 그리고 조지 이스트먼은, 겸손하고 부드러운 태도로 자신이 인류를 돕기 위해 지원하는 기관들을 소개해주었다. 로체스터 대학, 종합병원, 동종요법 병원, 요양원, 어린이병원과 같은 곳들이었다. 애덤슨은 그가 자신의 부를 인류의 고통을 덜기 위해 쓴 이상적인 방법을 따뜻하게 칭찬하였다. 곧 조지 이스트만은 유리 진열대를 열어 그가 산 최초의 카메라를 보여주기도 했다. 한 영국인으로부터 구매한 발명품이었다.

애덤슨은 그가 사업을 시작하기 전, 젊은 시절 겪은 고충에 대해 세세히 물어보았다. 그리고 이스트먼은 유년시절에 겪은 가난과 자신이 보험회사에서 일하던 시절 홀로 남은 어머니가 하숙집을 운영해야 했던 일화를 들려주었다. 가난의 공포는 낮과 밤을 가리지 않고 그를 집어삼켰고, 그는 어머니가 일하지 않아도 되는 삶을 위해 많은 돈을 벌겠다고 결심했다고 했다. 그가 사진 건판과 관련한 경험담을 늘어놓는 동안, 애덤슨은 질문하고 경청하며 그의 말에 집중했다. 그는 어떻게 자신이 사무실에서 하루종일, 때로는 밤을 새워 일했는지, 화학 실험이 진행되는 동안 쪽잠을 잤는지, 어떤 때는 72시간 동안 옷을 갈아입지 못했는지 이야기했다.

제임스 애덤슨은 이스트먼의 사무실에 들어갈 때 그의 시간을 5분 이상 빼앗지 않겠다고 말했으나 한 시간도 아닌 두 시간이나 흘렀다. 그리고도 두 사람은 계속해서 대화를 이어갔다. 마지막으로, 조지 이스트먼은 애덤슨을 돌아보며 이렇게 말했다.

"지난번 일본에 갔을 때 의자를 몇 개 사와 베란다에 두었어요. 하지만 햇빛에 페인트가 날아가 버려, 시내에 나가 페인트를 사서 직접 의자를 칠했답니다. 제가 어떻게 의자를 칠했는지 보고 싶다면 좋습니다. 저희 집에 오셔서 점심도 드시고 구경도 하시지요."

점심 식사 후, 이스트먼은 애덤슨에게 일본에서 사 온 의자를 보여주었다. 몇 달러 이상 주기 아까워 보이는 그런 의자들이었지만, 백만장자 조지 이스트먼은 그 의자들을 직접 칠했다는 것을 자랑스럽게 여기고 있었다.

그 계약에서 오가는 금액은 자그마치 9만 달러였다. 과연 누가 그 계약을 성사시켰을까? 제임스 애덤슨이었을까 아니면 그의 경쟁자였을까? 그 일이 있고 이스트먼이 세상을 떠나기 전까지, 두 사람은 가까운 친구 사이로 남게 되었다.

이런 칭찬의 마법 같은 효과를 어디에서부터 적용하면 될까? 왜 집에서 시작하지 않는가? 집만큼 이러한 효과가 필요하거나, 무시 받는 곳도 없다. 당신의 배우자에게도 어쩌면 좋은 면이 있을 수 있다. 적어도 그 사람과 결혼했다면, 한번은 생각해보았을 것이다. 하지만 배우자가 가진 매력을 당신이 얼마나 높이 사는지 말해준 지 얼마나 오래되었는가? 대체 언제였느냔 말이다!

지금으로부터 몇 년 전, 나는 뉴 브런즈윅에 위치한 미러미시의 상류에서 낚시를 하고 있었다. 나는 캐나다 숲의 깊숙한 곳에 혼자 외롭게 캠프를 꾸렸다. 유일한 읽을거리는 지역신문이 전부였다. 나는 광고와 도로시 딕스의 기사를 포함해 모든 것을 읽었다. 그녀의 기사가 너무도 훌륭했던 나머지, 나는 그 부분을 오려 간직했다. 그녀는 사람들이 결혼하기 전 이 현명한 충고를 들을 수 있다면 지루한 신부수업이나 신랑수업이 필요 없을 것이라 선언하고 있었다.

'블라니 돌(블라니 돌은 아일랜드 코크주 블라니 성 안에 있는 돌로, 입을 맞추면 달변 능력이 생긴다고 한다. 역주)에 입을 맞추기 전까지는 절대 결혼하지 말아라.'

결혼 전 상대방을 칭찬하는 것은 의지의 문제다. 하지만 결혼 후라면 칭찬은 불가피한 일이자 개인적인 안전도 걸린 일이 된다. 결혼생활은 정직함이 아닌, 의무 같은 것이다.

영화로운 삶을 원하는가? 배우자가 해둔 집안일을 지적하거나, 당신의 부모와 비교하지 말아라. 반대로, 그 사람을 무한히 칭찬하라. 배우자가 구워준 고기가 가죽같이 질기고 빵은 새카맣게 탔는가? 불평하지 마라. 평소 완벽했던 그 사람의 요리 기준에 그날만큼은 음식이 따라가지 못했다고만 간단히 말하라. 그러면 상대방은 당신의 평가를 유지하기 위해 최선을 다할 것이다.

너무 성급하게 시작하지는 말아야 한다. 배우자의 의심을 살지도 모르니까. 하지만 오늘이나 내일 밤, 그녀 또는 그를 위해 꽃이나 달콤한 디저트를 선물해보라. "누가 시켰어."라고 하지 말아라. 시키기 전에 하라! 선물에 미소와 따뜻한 애정의 말을 동봉하는 것을 잊지 말라. 더 많은 남편과 아내가 이렇게 행동한다면 이혼율이 뚝 떨어질 것이다.

어떻게 하면 이성이 당신과 사랑에 빠지도록 할 수 있는지 알고 싶은가? 여기 그 비결이 있다. 내 머릿속에서 나온 것이 아니기에 훌륭한 비결이라 할 수 있다. 도로시 딕스에게서 빌려온 것이기 때문이다. 그녀는 한 유명한 중혼자와 인터뷰를 가진 적이 있다. 그 남자는 무려 23명의 여성의 마음과 통장을 훔친 이력이 있었다. 그에게 이성을 사로잡는 방법을 물었더니 그는 이렇게 말했다고 한다.

"무슨 속임수를 쓰는 것이 아니다. 그저 여성에게 그녀에 관해 이야기해주었을 뿐이다."

남성에게도 동일한 방법을 쓸 수 있다. 대영제국을 지배한 사람 중 가장 기민한 사람이었던 디즈라엘리는 말했다.

"상대에 관해 이야기하라. 그는 몇 시간이고 당신의 이야기를 들을 것이다."

따라서 사람들이 당신을 좋아하게 만들고 싶다면, 다음의 규칙을 따라라.

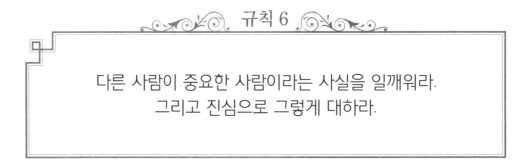

규칙 6

다른 사람이 중요한 사람이라는 사실을 일깨워라.
그리고 진심으로 그렇게 대하라.

당신은 이제 이 책을 충분히 많이 읽었다. 책을 덮고 가장 가까이 있는 사람을 상대로 칭찬의 철학을 적용하기 시작하라. 그리고 마법이 일어나는 것을 감상하라.

제2부 요약

사람들의 호감을 사는 방법

규칙 1. 다른 사람에게 진심 어린 관심을 가져라.

규칙 2. 미소를 지어라.

규칙 3. 누군가의 이름은 세상 그 어떤 단어보다 그 사람에게 가장

　　　 달콤하고 중요하게 들린다.

규칙 4. 경청하는 법을 배워라. 다른 사람이 이야기하도록 만들어라.

규칙 5. 다른 사람의 관심사에 관해 이야기하라.

규칙 6. 다른 사람이 중요한 사람이라는 사실을 일깨워라. 그리고

　　　 진심으로 그렇게 대하라.

가끔 우리는 그 어떤 저항이나 무거운 감정 없이도 마음을 돌리는 경우가 있다.

하지만 누군가 우리가 잘못되었다고 지적할 경우,

우리는 오히려 비방하고 싶은 마음이 들거나 냉담해진다.

우리는 믿음을 만드는 것에 있어 놀라울 정도로 부주의하다.

그러나 누군가 그 믿음을 깨려고 한다면, 우리는 통념에 어긋난 열정으로 가득 찬다.

분명한 것은 사상 자체가 우리에게 소중해서가 아니다.

위협을 받는 것은 우리의 자존심이기 때문이다.

제3부

원하는 대로 사람을 설득하는 법

제1장

논쟁에는 승자도 패자도 없다

▶──────── 제1차 세계대전이 막을 내린 직후, 나는 런던에서 보낸 어느 날 밤에 매우 소중한 교훈을 얻게 되었다. 당시 나는 로스 스미스 경의 매니저였다. 전쟁 동안 팔레스타인에서 명사수로 활약한 로스 경은 평화가 찾아오기 무섭게 30일 만에 지구 반 바퀴를 비행하며 사람들을 놀라게 했다. 그 누구도 시도한 적 없는 일이었기에, 엄청난 화제를 몰고 왔다.

호주 정부는 그에게 5만 달러의 포상을 내렸고 영국 왕은 기사 작위를 수여했다. 그리고 한동안 그는 영국 국기가 펄럭이는 모든 영토에서 가장 많이 화두에 오르는 인물이 되었다. 어느 저녁, 나는 로스 경의 축하연에 참석하게 되었다. 저녁 식사 동안 내 옆에 앉은 남자가 재미있는 이야기를 하나 들려주는 도중 다음과 같은 말을 인용했다.

"계획은 인간이 세우지만, 그 계획은 신의 손을 통해서 완성된다."

그 사람은 그 구절이 성경에 등장한다고 말했지만 그건 잘못된 이야기였다. 그리고 나는 한 치의 의심 없이 그 사실을 확신할 수 있었다. 나는 사람들의 환심을 얻고 나의 우월함을 뽐내기 위해 그의 실수를 정정해주었다. 아무도 청하거나 원하지 않은 지적이었다. 남자는 자신의 견해를 고수하였다.

"뭐라고요? 셰익스피어라고요? 아닙니다! 그럴 리 없어요. 그 구절은 성경에 등장합니다. 나는 틀리지 않았어요."

그 남자가 내 오른쪽에 앉아있었다면, 내 왼쪽에는 오래된 친구인 프랭크 가몬드가 앉아있었다. 가몬드는 오랜 시간 동안 셰익스피어를 연구해온 사람이었기에, 그 남자와 나는 가몬드에게 심판을 내려달라고 했다. 우리의 이야기를 들은 가몬드는 식탁 밑으로 내 발을 툭 치고는 이렇게 말했다.

"데일, 자네가 틀렸어. 저 신사분이 맞네. 그건 성경 구절이야."

그날 밤, 집으로 돌아오는 길에, 나는 가몬드에게 말했다.

"프랭크, 그 구절이 셰익스피어 나온다는 것을 자네도 알지 않나?"

그는 이렇게 답하는 것이었다.

"맞네, 당연히 알고 있지. 햄릿 5장 2막이라네. 하지만 파티에 초대되어 간 것이지 않나. 누가 틀렸다고 증명해서 무얼 하겠나? 그러면 그 남자가 자네를 좋아하겠나? 그가 자네에게 의견을 물은 것도 아닌데 왜 논쟁을 하려고 하나. 싸울 이유가 뭐가 있겠는가? 항상 예리한 칼날을 조심하게."

그 친구는 더는 세상에 없지만, 그가 나에게 가르쳐준 교훈은 여전히 남아있다.

나에게는 그 교훈이 몹시도 필요했다. 나는 상습적인 논쟁가였기 때문이다. 어린 시절, 나는 형과 함께 은하수 아래에 존재하는 모든 것을 두고 논쟁을 벌였다. 대학에 가서는 논리학과 논증을 배웠고, 토론 대회에 참가했다. 게다가 나는 미주리주 출신이었고, 나에게는 논증을 중시하는 피가 흘렀다.

나중에 나는 뉴욕에서 토론과 논증을 가르쳤다. 그리고 인정하기 창피한 사실이지만, 이 주제에 관해 책을 쓸 계획도 있었다. 그때부터 나는 수많은 논쟁을 귀 기울여 듣고, 비판도 하며 결과를 관찰하였다. 그 결과, 나는 세상에 논쟁에서 이기는 최고의 방법은 단 한 가지밖에 없다는 결론을 내렸다. 바로 논쟁 자체를 피하는 것이다.

독사와 지진을 피하듯 논쟁을 피하라.

열에 아홉 명은 논쟁이 끝날 때, 그 어느 때보다도 자신이 맞았다는 단호한 확신을 더욱 굳힌 상태가 된다.

논쟁은 이길 수 없다. 논쟁에서 진다면 지는 것이고, 이긴다고 해도 지는 것이다. 왜일까? 다른 사람과의 말싸움에서 이기고 그를 비난하며 그가 제정신이 아니라는 것을 밝혔다고 치자. 그러면 무슨 일이 일어날까? 당신은 기분이 좋을 것이다. 하지만 그는 어떨까? 그는 열등감을 느끼게 될 것이다. 당신이 그의 자존심을 건드렸기 때문이다. 그는 당신의 승리에 분개할 것이다.

"자신의 의지와 상관없이 설득당한 사람은 자신의 견해를 고수할 것이다."

펜뮤추얼생명보험회사는 영업사원들에게 다음과 같은 정책을 지키도록 했다.
"논쟁하지 마라!"

몇 년 전, 패트릭 J. 오헤어가 내 수업에 참여했다. 가방끈이 짧았지만 그는 정말이지 언쟁을 좋아하는 사람이었다. 그는 한때 운전기사로 일하다 트럭 판매일에 뛰어들었으나 큰 성과를 얻지 못하고 있었다. 나는 몇 가지 질문을 통해 그가 물건을 사려는 사람들과 끊임없이 다투고 그들의 적대감을 사고 있다는 사실을 깨닫게 되었다.

만일 고객이 될 수도 있는 사람이 그가 판매하는 트럭을 두고 조금이라도 비판적인 말을 한다면, 패트릭은 화를 내며 당장 멱살을 잡으려고 하는 것이었다. 패트릭은 당시 많은 논쟁에서 이겼다. 훗날 그는 나에게 이렇게 말했다.

"저는 사무실을 나가며 자주 이렇게 생각했습니다. '한 수 가르쳐줬군.' 물론 한 수 가르쳐준 건 맞지요. 하지만 저는 아무것도 팔지 못했답니다."

내가 해결해야 하는 가장 시급한 문제는 패트릭 J. 오헤어에게 말하는 법을 가르치는 것이 아니었다. 나는 그에게 말 자체를 참고 말싸움을 피하는 법을 훈련시켜야 했다.

오헤어는 뉴욕 화이트 자동차회사의 스타 영업사원으로 거듭났다. 어떻게 그럴 수 있었을까? 그는 직접 그 비결을 알려주었다.

"고객의 사무실에 들어가서 이런 이야기를 들을 때가 있습니다. '뭐? 화이트 트럭? 그건 별로네! 그냥 줘도 싫어. 나는 B 사 트럭을 살 거야.' 그럼 저는 이렇게 말합니다. 'B 사의 트럭도 좋은 트럭이지요. B 사의 트럭을 사면 후회하는 일이 없을 겁니다. 훌륭한 회사에서 만들고 파는 사람들도 훌륭하니까요.' 그러면 그 사람은 말문이 막히게 됩니다. 논쟁을 펼칠 거리가 없어지는 것이니까요. 그가 B 사 트럭이 좋다고 했고, 제가 그에 동의했는데 뭐 더 할 말이 있겠습니까? 그러니 종일 '그 집 트럭이 좋네.'라고 외칠 수는 없는 노릇이지 않겠습니까. 그러고 나면 B 사 트럭 이야기는 접어두고 화이트 트럭이 가진 장점을 이야기할 수 있게 됩니다. 저도 그런 지적에 얼굴이 시뻘게질 때가 있었습니다. 그때는 B 사를 곧장 비판했는데, 그러면 그럴수록 고객은 B 사의 편을 들었습니다. 그리고 논쟁이 이어질수록, 고객은 점점 더 경쟁사의 제품 쪽으로 마음이 기울곤 했지요. 그 당시를 돌이켜보면 제가 어떻게 물건을 팔았는지 신기할 정도입니다. 저는 싸움과 논쟁으로 수년을 잃어버렸어요. 입을 다문 뒤로는 손해를 보지 않게 되었죠."

현명한 노인이었던 벤저민 프랭클린은 이렇게 말하곤 했다.

"만일 당신이 논쟁하고, 지지 않으려 애쓰고, 반박한다면 때때로 승리할 수는 있다. 그러나 결코 상대의 호의를 살 수 없다는 점에서 그건 공허한 승리가 될 것이다."

그러니 당신을 위해 생각해보라. 학문적이고 극적인 승리를 원하는가? 아니면 누군가의 호의인가? 모두 얻는 것은 거의 불가능하다.

'보스턴 트랜스크립트'는 다음과 같은 우스꽝스러운 시를 실은 적이 있다.

'여기 윌리엄 제이가 잠들다.
그는 자신이 옳음을 주장하다 죽었다.
그는 옳았다. 정말로 옳았다. 사는 동안 만큼은.
하지만 지금 그는 여기 누워있다. 옳고 그름과 관계없이.'

당신이 옳았을 수도 있다. 정말로 옳았을 수도 있다. 하지만 당신이 다른 사람의 마음을 돌리고자 한다면, 그 사실은 아무런 쓸모가 없다.

우드로 윌슨이 대통령으로 있던 시절 재무장관을 지낸 윌리엄 G. 맥아두는 이렇게 말했다.

"무지한 자를 논쟁으로 이기는 것은 불가능하다."

그것은 오랜 세월 동안 정치를 하며 얻은 교훈이었다.

맥아두의 '무지한 자'는 너무 부드러운 표현이다. 내 경험에 따르면 이것은 지적 능력과는 아무 상관이 없다. 말싸움으로 누군가의 마음을 돌리는 것은 완전히 불가능하다.

세무사인 프레더릭 S. 파슨스는 한 시간째 정부 세무 조사원과 입씨름을 하며 논쟁을 펼치고 있었다. 문제는 9천 달러에 달하는 항목 때문이었다. 파슨스는 그것이 악성 부채이기 때문에 실제로는 세무 대상이 아니며, 세금을 낼 필요가 없다고 주장했다. 조사원은 반박했다.

"악성 부채라니! 세금을 내셔야 합니다."

파슨스는 수업 시간에 이렇게 말했다.

"그 조사관은 차갑고, 거만하고, 고집이 셌습니다. 근거도 사실도 그 사람에게는 중요하지 않은 것 같았습니다. 우리가 논쟁을 이어갈수록 그는 더 고집을 부렸습니다. 그래서 나는 논쟁을 피하기 위해 주제를 바꿔 그를 칭찬하기 시작했습니다. 나는 이렇게 말했습니다. '당신이 내려야 하는 아주 중요하고 어려운 결정들에 비하면 이 사안은 하찮은 것이겠지요. 나는 과세제도를 독학으로 익혔습니다. 내 지식은 기껏해야 책에서 얻은 것이지만, 당신의 지식은 최전선에서 경험으로 쌓은 것이겠지요. 나는 때때로 당신 같은 직업을 가졌으면 어떨까 생각하기도 한답니다. 그렇다면 많은 걸 배울 수 있을 텐데요.' 그리고 내가 한 칭찬은 마음에서 우러나오는 것이었습니다. 조사원은 자세를 고쳐 앉더니 상체를 뒤로 젖히곤 자신의 직무에 관해서 한참 동안 이야기했습니다. 그리고 그가 밝혀낸 여러 기발한 사기 행각에 관해서도 들려주었습니다. 그의 말투가 점점 친근해지더니, 그는 곧 자녀들에 관해서도 이야기해 주었습니다. 그는 자리를 떠나기 전, 내 문제를 추후 다시 검토해본 뒤 며칠 내로 결정을 내리겠다고 했습니다. 그로부터 3일 뒤, 그가 사무실에 전화를 걸어와 내가 요구한 대로 소득 신고를 진행해주겠다고 말했습니다."

이 세무 조사원의 이야기는 인간의 나약함을 가장 잘 보여주는 예시다. 그는 대접을 받고 싶어 했다. 파슨스가 그와 계속해서 논쟁을 펼쳤다면, 그는 대접을 받기 위해 더 크게 본인의 주장을 펼쳐 권위를 보여주었을 것이다. 하지만 파슨스가 그를 중요한 사람으로 여기자, 논쟁이 중단되었고 자존감이 북돋아진 그는 호의적이며 친절한 사람으로 거듭나게 된 것이다.

부처는 이렇게 말했다.

"증오를 끝낼 수 있는 건 증오가 아닌 사랑이다."

그리고 오해는 논쟁이 아닌 기략, 외교, 화해와 다른 사람의 입장을 살피고자 하는 공감 욕구를 통해서만 끝낼 수 있다.

링컨은 한 젊은 장교를 질책한 적이 있다. 그 장교가 동료와 격렬한 논쟁을 일으켰기 때문이었다. 그는 이렇게 말했다.

"최선의 삶을 살고자 한 사람이라면 사사로운 논쟁에 빼앗길 시간이 없다. 그리고 그로 인해 감정이 상하거나 자제력을 잃을 여유는 더욱 없을 것이다. 동등한 상황이라면 큰 손해라도 감수하라. 당신이 옳더라도 손해가 크지 않다면 그 또한 감수하라. 개에게 길을 내주고 물리지 않을 수 있다면 그렇게 하라. 이미 물린 뒤라면 개를 죽인다 해도 상처가 저절로 낫지는 않을 것이다."

그러므로 첫 번째 규칙은 다음과 같다.

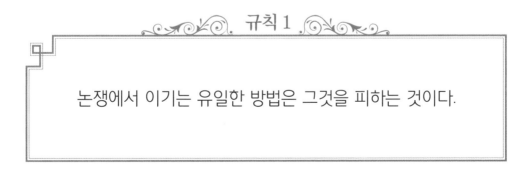

규칙 1

논쟁에서 이기는 유일한 방법은 그것을 피하는 것이다.

제2장

적을 만들지 않는 법

▶───────── 시어도어 루스벨트가 백악관에 있는 동안, 그는 자신이 75%의 확률로 옳을 수 있다면, 본인의 기대치를 최대로 채운 것이라고 고백한 적 있다.

20세기에서 가장 유명했던 사람이 그런 이야기를 했다면, 당신과 나는 어떻게 생각해야 할까?

만일 당신이 55%의 확률로 옳다는 걸 확신할 수 있다면, 월가에서 매일 백만 달러를 벌 수 있을 것이다. 만일 당신이 55%의 확실성도 없다면, 다른 사람이 틀렸다고 지적하는 게 옳다고 생각하는가?

우리는 유창한 말이 아니라도 시선, 말투 또는 행동으로 누군가가 틀렸다는 사실을 알릴 수 있다. 그러니 상대방에게 잘못되었다고 말하며 그의 동의를 얻을 수 있을까? 절대 아니다! 당신은 그의 지능, 판단력, 자존심 그리고 자존감에 직접적인 타격을 입힌 것이 된다. 그런 행동은 상대방이 반박하도록 만든다. 하지만 상대방이 마음을 바꾸는 일은 일어나지 않을 것이다. 그에게 플라톤과 칸트의 논리에 기반하여 비난을 퍼부을 수 있지만, 당신이 마음을 상하게 했다면 그는 절대 의견을 바꾸지 않을 것이다.

절대 "당신에게 이러저러한 것을 증명해 보이겠다."라고 선언하지 말라. 그건 잘못된 방법이다. 그건 곧 이렇게 말하는 것이나 다름없기 때문이다.

"나는 당신보다 현명하다. 당신의 생각을 바꾸기 위해 한 수 가르쳐주겠다."

그건 도전장을 내미는 짓이다. 반발을 일으키고 듣는 사람이 당신의 입이 열리기도 전에 싸우고 싶은 마음을 심어준다.

순탄한 상황에서도 다른 사람의 마음을 돌리는 건 어려운 일이다. 근데 왜 그 일을 더 어렵게 만드는가? 어째서 불리함을 자초하는가?

무언가 증명하고 싶다면, 아무에게도 그 사실을 알리지 말라. 아주 섬세하고 재치 있게 행동해 당신이 하는 일을 알아챌 수 없도록 하라. 알렉산더 포프는 이를 다음과 같이 간단하게 표현했다.

'가르치는 자 없이 배우도록 하고
모르는 게 있으면 잊고 있는 것처럼 알려주어라.'

체스터필드 경은 아들에게 이렇게 말했다.

"가능하다면 남들보다 현명한 사람이 되어라. 하지만 네가 현명하다고 알리지는 말아라."

구구단 정도를 제외하고, 20년 전에 내가 믿었던 것들 중 지금까지 믿고 있는 것은 거의 없다. 아인슈타인을 읽고 나니 구구단마저도 의심이 들기 시작했다. 지금으로부터 20년 뒤, 이 책에서 말하는 것들을 더는 믿지 않을 수도 있다. 더는 그 무엇도 확신할 수 없기 때문이다. 소크라테스는 아테나의 제자들에게 반복해서 말했다.

"내가 아는 유일한 것은, 내가 아무것도 알지 못한다는 것이다."

나는 소크라테스보다 현명하기를 바랄 수 없다. 그렇기에 사람들이 잘못되었다고 지적하는 것을 그만두었다. 그리고 그 결과 이득을 보았다.

만일 당신이 보기에 누군가가 틀린 소리를 했다고 치자. 그리고 당신은 그가 틀린 소리를 한다는 것을 알고 있다고 치자. 그럴 땐 이렇게 운을 띄우는 게 좋지 않을까?

"자, 어디 봅시다. 제 생각은 다른데, 제가 틀릴 수도 있습니다. 자주 있는 일이 거든요. 만일 제가 틀렸다면 말해주세요. 그럼 어디 사실을 살펴봅시다."

이건 아주 긍정적인 결과를 불러오는 마법이다.

"제가 틀릴 수도 있습니다. 자주 있는 일이거든요. 그럼 어디 사실을 살펴봅시다."

세상 어느 곳에 사는 그 누구도 "제가 틀릴 수도 있습니다. 그럼 어디 사실을 살펴봅시다."라고 말하는 사람에게 이의를 제기하지 않을 것이다.

과학자들이 바로 그렇다.

한번은 북극에서 보낸 11년 중 6년 동안 오직 고기와 물만 먹고 생존한 탐험가이 자 과학자인 스테판슨을 인터뷰한 적이 있다. 그는 나에게 그가 진행한 적 있는 일부 실험에 관해 이야기해 주었다. 나는 그에게 그 실험을 통해 증명하고자 하는 것이 무 엇인지 물었다. 그때 그가 나에게 해준 답변을 결코 잊지 못할 것이다. 그는 말했다.

"과학자는 그 무엇도 증명하려 하지 않습니다. 오직 사실을 찾으려고 할 뿐이지요."

당신도 그런 과학적인 사고를 지니고 싶지 않은가? 그걸 방해하고 있는 사람은 바로 당신이다.

당신이 틀릴 수 있다는 것을 인정만 한다면, 그 어떤 문제도 생기지 않을 것이 다. 그것은 모든 논쟁을 멈추게 하고 당신이 상대하는 사람을 공정하게 만들며 넓 고 열린 마음을 갖추게 할 것이다. 그리고 그 자신 역시 틀릴 수 있다고 인정하고 싶게 만들 것이다.

만일 당신이 어떤 사람이 틀렸다는 것을 깨닫고 직설적으로 그 사실을 말한다면 어떤 일이 벌어질까? 예시를 들어보자.

S 씨는 뉴욕에서 활동하는 젊은 변호사로, 미국 대법원에서 열린 한 중요한 재 판(러스트가르텐 대 플리트 코퍼레이션 사건)을 담당하고 있었다. 그 사건엔 많은 돈뿐만 아니라 중대한 법률문제가 걸려있었다. 변론하는 동안, 대법원 판사 중 한 명이 그에게 물었다.

"해사법 공소시효는 6년입니다. 그렇지 않나요?"

변호사 S 씨는 말을 멈추고 판사를 잠시 쳐다보며, 주저 없이 이렇게 말했다.

"판사님, 해사법에는 공소시효가 적용되지 않습니다."

변호사 S 씨는 이렇게 회상했다.

"재판장에 침묵이 내려앉았습니다. 마치 기온이 영하로 뚝 떨어진 것만 같았지요. 내 답변은 옳았습니다. 판사가 틀린 게 맞았기에 그렇게 대답한 것이지요. 하지만 그가 과연 우호적이 되었을까요? 아닙니다. 나는 아직도 내가 맞았다고 믿고 있습니다. 그리고 그 어느 때보다 제대로 변론을 한 것도 사실입니다. 하지만 나는 그들을 설득하지 못했어요. 몹시 박식하고 유명한 인물에게 잘못을 지적하는 중대한 실수를 범했기 때문입니다."

논리적인 사람은 그리 많지 않다. 우리는 대부분 편견에 차 있으며, 선입견을 품고 있다. 그리고 선입견, 질투, 의심, 두려움, 부러움과 자존심으로 인해 황폐해져 있기도 하다. 그리고 자신의 종교, 머리 모양, 정치적 성향 또는 좋아하는 배우를 바꾸려 들지 않는다. 그러니 사람들에게 그들이 잘못되었다고 말하고 싶거든, 매일 아침 식사 전 아래의 문단을 읽도록 하라. 제임스 하비 로빈슨의 계몽적인 저서 '마음의 형성 과정'이라는 책에서 나오는 구절이다.

'가끔 우리는 그 어떤 저항이나 무거운 감정 없이도 마음을 돌리는 경우가 있다. 하지만 누군가 우리가 잘못되었다고 지적할 경우, 우리는 오히려 비방하고 싶은 마음이 들거나 냉담해진다. 우리는 믿음을 만드는 것에 있어 놀라울 정도로 부주의하다. 그러나 누군가 그 믿음을 깨려고 한다면, 우리는 통념에 어긋난 열정으로 가득 찬다. 분명한 것은 사상 자체가 우리에게 소중해서가 아니다. 위협을 받는 것은 우리의 자존심이기 때문이다.'

사람이 연관된 일에서 '나'만큼 중요한 단어는 없으며, 이 사실을 제대로 파악하는 것에서 지혜가 시작된다. '나의' 저녁, '나의' 개, '나의' 집, '나의' 아버지, '나의' 조국, '나의' 신에도 같은 힘이 있다. 우리는 가지고 있는 시계가 고장 났다거나, 차가 허름하다거나 하는 비방에만 분개하는 것이 아니다. 우리는 화성의 운하에 대해 이해하거나 '에픽테토스'를 발음하는 방법, 살리신의 의학적 가치 또는 사르곤 1세가 태어난 시기를 두고도 화를 낸다.

우리는 한번 진실이라고 생각했던 것을 계속해서 믿고자 하는 습성이 있다. 그리고 누군가 그 진실을 의심하면, 그 진실에 더욱 매달리기 위해 온갖 종류의 변명을 찾아 나선다. 우리가 논증이라고 부르는 것은 이미 믿고 있는 것을 계속 믿기 위한 주장을 찾는 것에 있다.

한번은 집에 필요한 커튼을 만들기 위해 실내 인테리어 업자를 고용한 적이 있다. 청구서를 받았을 때, 나는 깜짝 놀랐다.

며칠 뒤, 친구가 방문해 그 커튼을 보게 되었다. 가격을 들은 그녀는 깜짝 놀라 소리쳤다.

"뭐라고요? 끔찍하군요. 바가지를 쓴 게 아닌가 걱정되네요."

진실이었을까? 맞다. 그녀는 진실을 말하고 있었다. 하지만 타인의 입에서 나온 판단을 듣는 것을 좋아하는 사람은 많지 않다. 나도 사람이기에 변명을 늘어놓았다. 나는 싼 물건은 좋은 품질이나 예술적 취향을 기대하기 힘들다는 사실을 지적하며, 이러쿵저러쿵 떠들어댔다.

다음 날 다른 친구가 찾아왔다. 그녀는 커튼을 보고 감탄하며 잔뜩 흥분해 자신의 집에도 그토록 아름다운 공예품을 놓고 싶다고 말했다. 내 반응은 완전히 달랐다. 나는 이렇게 말했다.

"솔직히 말하자면 감당하기 힘들었어요. 너무 비싼 값을 주었거든요. 주문한 것을 후회하고 있어요."

우리는 잘못을 저질렀을 때 마음속으로는 인정할 수 있다. 그리고 누군가 요령껏 원만하게 우리를 구슬린다면, 다른 사람에게도 그 사실을 인정할 수 있다. 솔직하고 관대하게 그 사실을 털어놓을 수도 있다. 하지만 누군가 억지로 불쾌한 사실을 목구멍에 쑤셔 넣는다면 이야기가 달라진다.

내전 당시 미국에서 가장 유명한 편집장이었던 호러스 그릴리는 링컨의 정책에 맹렬하게 맞섰다. 그는 언쟁, 조롱과 모욕을 쏟아부음으로써 링컨의 동의를 얻어

낼 수 있을 것이라 믿었다. 그는 몇 년이나 그 격렬한 싸움을 벌였다. 링컨 대통령이 총에 맞은 그날 밤에도, 그는 잔혹함, 격렬함, 빈정댐 그리고 인신공격으로 가득 찬 편지를 쓰고 있었다.

하지만 과연 그의 격렬함이 링컨의 동의를 얻어냈을까? 전혀 아니다. 조롱과 욕설은 그런 일을 할 수 없다.

사람들을 다루고, 자신과 잘 지내며, 성격을 개선하고 싶다면 벤저민 프랭클린의 자서전을 읽어보라. 이제까지 본 전기 중 가장 흥미로운 이야기로, 미국 문학의 고전 중 하나다. 벤저민 프랭클린은 그가 어떻게 잘못된 논쟁 습관을 극복하고 미국 역사상 가장 능력 있고, 정중하며, 외교적인 인물로 거듭났는지에 관한 이야기를 들려준다.

벤저민 프랭클린이 젊었을 적, 퀘이커 교도였던 한 친구가 그를 데려가 다음과 같은 신랄한 말로 쏘아붙인 적이 있다.

"벤저민, 너는 구제 불능이야. 너는 의견을 달리하는 모든 사람과 부딪치지. 네가 하는 말들은 너무 공격적이어서 아무도 주의를 기울이지 않아. 네 친구들은 네가 없을 때 더 즐거워해. 너는 아는 게 너무 많다고 생각해서 다른 사람의 말은 듣지도 않지. 사실 애써 불편함과 고생을 감수하면서 네 의견을 바꾸려는 사람은 없을 거야. 너는 지금 알고 있는 것보다 많은 걸 알 수 없을 거야. 가지고 있는 게 얕은 지식인데도 말이야."

벤저민 프랭클린의 가장 멋진 점은 그가 그 쓰라린 비판을 받아들인 방식에서 드러났다. 그는 친구의 비난이 옳은 것이며, 자신이 실패와 사회적 파멸로 향하고 있다는 것을 감지할 만큼 크고 현명한 사람이었다. 그는 180도 바뀌었다. 자신의 무례하고 독선적인 태도를 즉시 바꾸기 시작한 것이었다.

프랭클린은 이렇게 말했다.

"나는 규칙을 정했습니다. 타인의 감정을 직접적으로 거스르는 말은 물론 나에 대한 긍정적인 주장을 삼가겠다고 말입니다. 나는 의견이 바뀌지 않을 것처럼 보이도록 하는 '확실히', '의심의 여지 없이'와 같은 단어나 표현을 쓰는 것을 스스로 금지했습니다. 그리고 그 대신 '상상해보기에', '파악한 바로는', '생각하기에' 또는 '지금으로써는 이렇게 여겨지는'과 같은 표현을 사용했습니다.

상대방이 내가 잘못되었다고 생각하는 바를 옳다고 주장한대도, 나는 그의 부조리함을 지적하거나 그 부조리함을 즉시 증명해냄으로써 느낄 수 있는 기쁨을 찾지 않았습니다. 그리고 대답을 할 때면 어떤 경우 또는 상황에서 그의 의견이 옳을 수 있다는 이야기부터 먼저 꺼내기 시작하여, 현 상황에서는 의견의 차이가 있다고 보여지거나 생각된다고 덧붙였습니다.

나는 태도를 바꾸는 데에서 생기는 이점을 금방 발견하게 되었습니다. 대화는 더욱 즐겁게 흘렀습니다. 겸손하게 의견을 제안했더니, 사람들은 더 쉽사리 받아들이고 반발심도 적었습니다. 나의 잘못이 드러난 경우에도 굴욕을 덜 받았으며, 내가 옳았을 경우 상대방이 쉽게 자신의 실수를 인정하고 나와 의견을 같이하도록 만들 수 있었습니다.

처음에는 타고난 성향으로 인해 억지로 이 같은 태도를 갖추어야 했지만, 나중에는 너무도 쉬운 습관으로 자리 잡게 되었습니다. 아마 지난 50년 동안 그 누구도 나로부터 그 어떤 독단적인 표현을 들어본 적이 없었을 것입니다.

타고난 성향으로 인해 처음에는 꽤 애를 먹었지만, 나중에 이러한 태도는 너무도 쉬운, 일종의 습관이 되어 지난 50년 동안 그 누구도 나로부터 독단적인 표현을 들어본 적이 없을 정도였습니다. 그리고 무엇보다 이 습관 덕분에, 새로운 제도나 오래된 것의 개혁을 제안할 때 친애하는 국민들의 지지를 받을 수 있었으며, 공공의원회의 의원이 되어 많은 영향력을 행사할 수 있었던 것도 그 덕분이었다고 생각합니다. 나는 말주변이 없었고, 연설은 꿈도 꿀 수 없었으며, 단어 선택에 많은 어려움을 겪은 데다, 잘못된 언어를 쓰기도 했지만 보통 하고자 하는 주장은 관철할 수 있었습니다."

벤저민 프랭클린의 방법을 어떻게 사업에 적용할 수 있을까? 두 가지 예시를 살펴보자.

뉴욕주 리버티가 114번지의 F. J. 마호니는 롱 아일랜드에 거주하는 중요 고객의 주문을 받았다. 제출한 설계도면이 승인을 받았고, 장비는 제작에 들어갔다. 그때 유감스러운 일이 발생했다. 고객은 친구들과 주문에 관해 이야기하던 중, 자신이 중대한 실수를 저지르고 있다는 경고를 듣게 되었다. 친구들은 도면이 잘못되었다고 주장했다. 어떤 부분은 너무 넓고, 어떤 부분은 너무 짧다는 것이었다. 그의 친구들은 모든 것이 잘못되었다고 지적하며 그를 화나게 하였다. 그는 마호니에게 전화를 걸어 이미 제작되고 있는 장비를 인수하지 않겠다고 했다.

마호니는 이렇게 말했다.

"아주 신중하게 검토해본 결과, 우리가 옳았다는 것을 확신할 수 있었습니다. 그리고 그와 그의 친구들이 잘 모르는 소리를 하고 있다는 걸 알았죠. 그러나 나는 사실대로 말하는 게 위험하다는 것을 감지했습니다. 나는 그를 만나기 위해 롱 아일랜드로 갔습니다. 그의 사무실에 들어가자, 그는 펄쩍 뛰며 나에게로 와서 빠르게 말을 쏟아냈습니다. 너무 흥분한 나머지, 그는 말을 하는 동안 주먹을 휘둘렀습니다. 그는 나와 내 장비를 비난하더니 결국 이렇게 말했습니다.

'자, 이제 어떻게 할 거요?'

나는 침착한 말투로 그가 하고 싶은 대로 해주겠다고 말했습니다. 나는 이렇게 말했습니다.

'값을 지불하는 것은 고객님이니, 당연히 원하는 대로 하실 수 있습니다. 그러나 누군가는 책임을 져야 합니다. 고객님께서 옳다고 생각하신다면, 설계도면을 전달해주세요. 이제까지 2천 달러가 들었지만, 감수하도록 하겠습니다. 고객을 만족시키기 위해서는 2천 달러의 손해를 감수하겠다는 말씀입니다. 하지만 고객님께서 주장하시는 대로 장비를 만들 경우, 그에 대한 책임을 지셔야 합니다. 그러나 저희가 계획한 대로 일을 진행하게 두신다면, 저희가 책임을 지도록 하겠습니다. 저희는 도면이 틀리지 않았다고 생각하니까요.'

그러자 그는 화를 가라앉히더니 결국 이렇게 말했습니다.

'좋아요. 그대로 하십시오. 하지만 일이 잘못된다면 각오하셔야 할 거요.'

결국 우리의 주장이 맞았고, 그는 저희 업체에 비슷한 주문을 두 개나 더 의뢰하기로 약속했습니다. 그 남자가 나를 모욕하고, 내 얼굴에 주먹을 휘두르며 내가 일을 똑바로 하지 못한다고 했을 때, 나는 그와 싸우거나 해명을 하지 않기 위해 스스로 자제해야 했습니다. 엄청난 자제력이 필요한 일이었지만, 그만한 보상이 따랐습니다. 만일 그가 틀렸다고 말하며 논쟁을 시작했다면 소송, 악감정, 재정적 피해를 겪고 소중한 고객을 잃었을 것입니다.

이 일로 저는 누군가가 틀렸다고 지적하는 것이 아무런 도움이 되지 않는다는 사실을 깨닫게 되었습니다."

다른 예시를 들어보자. 내가 들고 있는 예시들은 수많은 사람들이 언제든 겪을 수 있는 그런 일들이라는 걸 잊지 마시라.

R. V. 크로울리는 뉴욕에 있는 한 목재회사의 판매사원이었다. 그는 자신이 벌써 몇 년째 엄격한 목재 검사관들의 잘못을 지적하는 데 시간을 쏟아왔다는 사실을 고백했다. 말싸움을 이길 때도 있었지만, 그건 아무런 도움이 되지 않았다. 크로울리는 말했다.

"그 목재 검사관들은 야구 심판 같은 사람들입니다. 한번 결정을 내리면 절대 마음을 바꾸지 않습니다."

크로울리는 자신이 논쟁에서 이김으로써 그의 회사가 수천 달러의 손해를 보는 것을 목격했다.

그는 내 수업을 듣는 동안 전략을 바꿔 논쟁을 포기하기로 했다. 어떤 결과가 있었을까? 그는 직접 수업에서 당시의 이야기를 들려주었다.

"어느 날 아침, 사무실 전화가 울렸습니다. 수화기 너머에는 어떤 안절부절못하는 사람이 나에게 우리가 그의 공장으로 보낸 목재 한 차 물량이 완전히 부적합하다고 통보를 해왔습니다. 그의 회사는 하역을 멈추었으니, 당장 야적장에서 목재를 빼라는 것이었습니다. 사 분의 일 정도 되는 물량을 하역했을 뿐인데, 목재 검사관이 절반 이상의 목재에 규격 미달 판정을 내렸다는 겁니다. 그 상황으로 인해 그들은 인수를 거절했습니다.

나는 곧바로 공장으로 향하며 머릿속으로 상황을 해결하는 최선의 방법을 생각했습니다. 대개는 그런 일이 발생했을 때 검사 규정을 인용하며 내가 목재 검사관으로 일하던 당시 쌓은 경험과 지식에 기반해 다른 검사관을 설득하여 목재들이 규격을 충족했으며, 그가 검사 규정을 잘못 이해하고 있다고 알려주었을 겁니다. 그러나 나는 이번만큼은 카네기 강연에서 배운 규칙들을 적용해보기로 했습니다.

공장에 도착했을 때, 나는 구매 대리인과 목재 조사관이 살벌하게 논쟁을 펼치며 싸우고 있는 것을 발견했습니다. 우리는 목재를 하역하는 곳으로 향했습니다. 나는 뭐가 잘못되었는지 알고 싶다며, 계속해서 물건을 내려줄 것을 요청했습니다. 그리고 검사관에게 하던 일을 계속해서 하고, 규격 미달 판정을 받은 목재들을 한쪽에 쌓아달라고 했습니다.

그를 한참 주시한 나는 그의 검사 기준이 너무 엄격하며, 그가 규정을 잘못 이해하고 있다는 걸 깨닫게 되었습니다. 그 목재는 백송이었는데, 나는 그 검사관이 견목(참나뭇과에 속한 낙엽 활엽 교목, 역주)에 대해서는 충분한 교육을 받았어도 백송에 대해서는 경험이 별로 없다는 것을 알았습니다. 나는 백송에 대해서는 잘 알고 있었지만, 그가 등급을 판정하는 데는 어떤 이의도 제기하지 않았습니다. 나는 계속해서 그가 하는 일을 지켜보며, 왜 특정 목재가 규격 미달인가에 대해 질문하기 시작했습니다. 그리고 단 한 순간도 검사관이 틀렸음을 암시하는 태도를 취하지 않았습니다. 나는 그에게 질문하는 이유가 다음 주문에서 더 만족스러운 납품을 하기 위해서임을 강조했습니다.

아주 친근하고 협조적인 태도로 질문하며, 계속해서 그들의 사용 목적에 적합하지 않은 목재를 가려내는 것이 당연하다는 것을 강조했습니다. 그의 마음이 풀리자 긴장되어 있던 분위기도 부드러워졌습니다. 가끔 나는 조심스럽게 몇 마디를 던졌는데, 그것이 그의 마음속에 자신이 불량품이라고 했던 목재들이 사실은 그렇지 않을 수도 있으며, 자신이 요구했던 것이 사실은 좀 더 비싼 등급의 목재들이었다는 깨달음이 싹트는 듯했습니다.

나는 매우 조심스럽게 굴며 그에게 내가 그 사실을 문제 삼는다는 걸 알리지 않도록 했습니다.

점차 그의 태도가 변했습니다. 결국 그는 자신이 백송에 관해서는 경험이 부족하다는 사실을 인정했고, 목재가 내려질 때마다 질문하기 시작했습니다. 나는 왜 특정 목재가 명시된 등급에 속하는지 설명하며, 그들의 목적에 부합하지 않다면 그것을 수용하지 말라고 계속해서 강조했습니다. 끝내 그는 목재를 불량품으로 분류할 때마다 마음이 불편했던 이유를 깨달았습니다. 필요한 등급의 목재를 특정해서 지목하지 않았다는 실수를 범했기 때문이었습니다.

최종적으로 그는 내가 떠난 뒤 화물 한 차 분량의 목재를 다시 살펴본 뒤 모두 통과시켰고, 나는 청구한 대금을 받을 수 있었습니다.

약간의 요령과 다른 사람이 틀렸다고 말하는 것을 참은 덕분에 내 회사는 상당한 비용을 절감할 수 있었습니다. 그리고 그렇게 얻게 된 호의는 돈으로 살 수 없는 가치가 있었습니다."

이 장에서 나는 어떤 새로운 사실도 밝힌 바가 없다. 2천 년 전, 예수는 이렇게 말했다.

"너와 다투는 사람과 서둘러 사과하라."

예수가 태어나기 2천 2백 년 전, 이집트의 아크토이 왕은 자신의 아들에게 영리한 조언을 해주었다. 그의 조언은 오늘날에도 아주 필요한 말이었다. 왕은 이렇게 조언했다.

"다른 사람의 감정을 헤아려라. 그러면 목적을 이룰 수 있다."

따라서 사람들을 설득하고자 한다면 다음의 규칙을 따르라.

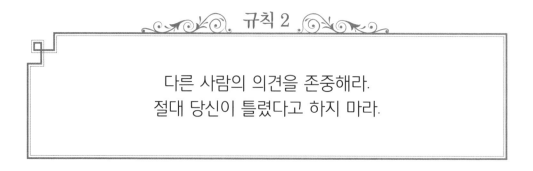

규칙 2

다른 사람의 의견을 존중해라.
절대 당신이 틀렸다고 하지 마라.

제3장

틀렸다면 인정하라

▶──────── 나는 **지리학적으로** 보았을 때 뉴욕 한가운데에 산다. 하지만 집에서 1분도 걸리지 않은 곳에는 사람의 손길이 닿지 않은 자연 그대로의 숲이 있다. 나는 자주 작은 불도그인 렉스를 데리고 산책하기 위해 그곳을 찾는다. 렉스는 순하고, 해를 끼치지 않는 강아지다. 그 공원에서 사람을 만나는 건 드문 일이기에, 나는 목줄이나 입마개를 하지 않고 렉스를 데리고 나가곤 했다.

그러다 하루는 공원에서 말을 타고 있는 경찰관을 마주쳤다. 그 경찰관은 자신의 권위를 보여주고 싶어 근질거리는 듯 보였다.

그는 나를 질책했다.

"개를 그렇게 목줄이나 입마개도 없이 제멋대로 돌아다니게 두면 어떡합니까? 그게 불법이라는 걸 모르시나요?"

나는 부드럽게 대답했다.

"알고 있습니다. 그러나 여기서는 누굴 해칠 염려가 없다고 생각했습니다."

"그건 당신 생각이겠지요! 법은 당신이 마음대로 생각하라고 있는 게 아닙니다. 그 개는 다람쥐를 죽일 수도 있고 아이를 물 수도 있어요. 이번은 그냥 보내드리지만, 다시 그 개가 입마개나 목줄을 착용하지 않고 있는 게 내 눈에 띄었다가는 법정에 설 일이 생길 겁니다."

나는 온순하게 그의 말을 따랐다. 그것도 몇 번이나. 하지만 렉스와 나는 입마개를 싫어했다. 그리하여 우리는 운에 맡겨보기로 했다. 한동안은 모든 것이 순조로운 듯했으나, 우리는 곧 암초에 부딪혔다.

어느 한 오후, 렉스와 함께 언덕 위를 달리고 있는데 갑자기 갈색 말을 탄 경찰관이 등장하는 것이 아니겠는가. 나는 렉스를 앞장세워 곧장 경찰에게로 다가가고 있었다.

곧이어 닥칠 상황을 알고 있던 나는 경찰이 말을 꺼내기 전에 먼저 선수를 쳤다. 나는 이렇게 말했다.

"경찰관님, 저를 현장에서 잡으셨군요. 제가 죄를 지었습니다. 알리바이도 변명거리도 없군요. 지난주 입마개를 채우지 않고 이곳에 다시 개를 데려오면 벌금을 물리겠다고 하셨는데 말입니다."

경찰관은 부드럽게 대꾸했다.

"아무도 없을 때 작은 개를 풀어놔 주고 싶은 마음이 들 수 있습니다."

나는 대답했다.

"당연히 그런 마음이 들지요. 하지만 그건 불법인걸요."

경찰관은 이렇게 반박했다.

"글쎄요. 저렇게 작은 개가 누굴 해칠 것 같지는 않은데요."

나는 말했다.

"하지만 다람쥐를 죽일 수도 있는 일이잖습니까."

그가 말했다.

"너무 심각하게 생각하는 것 같군요. 뭘 해야 할지 알려드리죠. 언덕 너머 내가 볼 수 없는 곳에서 개를 풀어놓으세요. 그렇게 하는 것으로 하죠."

그 역시 사람이었던 경찰관은 자신이 중요한 사람이라고 느끼기를 원했다. 그리하여 내가 스스로를 비판하고 나섰을 때, 그가 자부심을 느낄 방법은 오직 자비를 보이는 관대한 태도를 보이는 것이었다.

어디 내가 방어적 태도를 보이려고 했다고 가정해보자. 혹시 미국 경찰과 말싸움을 벌여본 적이 있는가?

그와 논쟁을 펼치는 대신, 나는 그가 완전히 옳았음과 내가 틀렸음을 인정했다. 나는 빠르고 솔직하게 심지어 열정적으로 그 사실을 인정한 것이다. 나는 그의 편을 들고, 그는 나의 편을 듦으로써 그 사건은 품위 있게 종결되었다. 체스터필드 경이라고 해도 그 경찰관만큼 품위 있게 굴지는 못했을 것이다. 그것도 불과 일주일 전만 해도 법을 들먹이며 나를 위협했던 사람이었는데 말이다.

어차피 비난을 피할 수 없다면, 다른 사람보다 먼저 자신을 비난하는 게 훨씬 낫지 않은가? 타인의 입에서 나오는 비난을 참는 것보다, 자기비판을 듣는 것이 훨씬 쉽다는 말이다. 다른 사람이 생각하고 있거나, 말하고 싶어 하거나, 말하려고 하는 나에 대한 비난의 말은 상대가 입을 열기 전에 당신 스스로 직접 말하라. 그리고 다른 사람보다 먼저 말하라. 상대는 관대하고 관용적인 태도를 보일 것이며, 당신의 실수는 하찮은 것이 될 것이다. 말을 탄 경찰이 렉스와 나에게 했던 것처럼 말이다.

상업 미술가인 페르디난드 D. 워런은 이 기술을 이용해 어느 심술궂고 핀잔을 늘어놓는 구매자의 호의를 끌어내는 데 성공했다.

워런은 이런 이야기를 들려주었다.

"광고 또는 출판을 목적으로 하는 그림을 그릴 때는 섬세하고 아주 정확하게 그리는 것이 중요합니다. 일부 에디터들은 의뢰한 작업이 즉각적으로 진행되길 원합니다. 그리고 그런 경우, 약간의 실수를 저지르기가 쉽습니다. 내가 알고 있던 미술 감독 중에는 항상 사소한 실수를 발견하는 걸 즐기는 사람이 있었습니다. 나는 비판 때문이 아닌, 그가 사람을 공격하는 방식 때문에 기분이 상한 채로 그의 사무실을 나올 때가 종종 있었습니다. 최근에 나는 그의 급한 의뢰를 하나 맡았는데, 그에게서 당장 사무실로 와달라는 전화가 걸려왔습니다. 그는 '뭔가가 잘못되었다.'라고 말했습니다. 사무실로 가보니 예상했던 그리고 두려워했던 일이 그대로 일어났습니다. 그는 적대적이었고, 꼬투리를 잡아 만족한 듯 보이기도 했습니다. 그는 열을 내며 내가 왜 이렇고 저런 실수를 저질렀는지 물었습니다. 연습하고 있던 자기비판을 실천할 기회였습니다. 나는 이렇게 말했습니다. '선생님. 선생님께서 하시는 말씀이 옳다면, 제 불찰이며 실수에 대해선 어떤 변명도 통하지 않을 것 같습니다. 오래도록 선생님을 위해 그림을 그렸는데 멍청하게 이런 실수를 하다니 스스로가 부끄럽습니다.' 그는 즉시 내 편을 들기 시작했습니다. '맞는 말이긴 하지만 그렇게 심각한 실수는 아닙니다…… 그저……' 나는 그의 말을 끊었습니다. '어떤 실수든 대가가 클 수 있고 또 신경이 쓰이는 법이지요.' 그는 나를 제지하려 했지만 나는 계속했습니다. 나는 그 상황을 즐기고 있었습니다. 난생처음으로 자신을 비판하는 것에 푹 빠진 것이었습니다. 나는 계속해서 말했습니다. '더 조심했어야 하는데요. 이렇게 일을 많이 맡겨주시는데, 최고로 돌려드리지 못했군요. 이 그림은 다시 그리도록 하겠습니다.' 그가 반대했습니다. '아닙니다! 아니에요! 그렇게 폐를 끼칠 수 없습니다.' 그는 내 작업물을 칭찬하며, 그가 원하는 것은 아주 작은 수정이 전부고 내가 저지른 작은 실수로 인해 그가 금전적인 손해를 보는 일은 없을 것이라고 나를 안심시켰습니다. 아주 사소한 부분으로 걱정할 필요가 전혀 없다면서요. 스스로 내 작업물에 대한 진지한 비판은 그에게서 싸우고 싶은 의욕을 모두 거두어버렸습니다. 그는 나에게 점심을 사주었고, 헤어지기 전에 수표와 함께 다른 일을 의뢰했습니다."

어떤 어리석은 사람이라도 자신의 실수를 변명할 수 있다. 그리고 대부분의 어리석은 사람들이 그렇게 한다. 하지만 스스로를 비하함으로써 자신의 실수를 인정하는 데서 오는 기쁨을 누릴 수 있고, 다른 사람들보다 결국 두드러질 수 있다.

예를 들어 지난 역사에서 가장 아름다운 일화는 로버트 E. 리 장군에 의해 쓰였다. 그는 게티즈버그 전투에서 피켓 장군의 습격이 실패한 것을 두고 오직 자신만을 비난했다.

피켓 장군의 돌격은 서구 역사상 가장 빛나고 그림 같은 공격이었다. 조지 E. 피켓 장군 자체가 그림 같은 사람이었다. 그는 기다란 적갈색 머리카락을 어깨까지 늘어뜨린 뒤, 나폴레옹이 이탈리아에서 그랬던 것처럼 전쟁터에서도 매일같이 열렬한 사랑의 편지를 보내곤 했다. 비극으로 끝난 7월의 한 오후, 그가 한쪽으로 삐딱하게 모자를 눌러쓰고 의기양양하게 북부 연방군의 외곽 방위선을 달리는 동안, 그의 헌신적인 병사들은 그를 향해 함성을 질렀다. 병사들은 환호와 함께 그를 따랐다. 모든 병사들이 뒤엉킨 채로 그의 뒤를 우르르 따랐다. 깃발이 펄럭였고 총검은 햇빛을 받아 반짝였다. 대담함이 느껴지는 참으로 장엄한 장관이었다. 그 장면을 지켜보던 북부군들 사이에 감탄의 속삭임이 새어 나왔다.

피켓의 병사들은 과수원과 옥수수밭, 목초지와 협곡을 가뿐히 넘어 전진했다. 그러는 내내 적군이 대포를 쏘아 횡렬 사이에 커다란 구멍을 만들었지만, 그들을 막기에는 충분하지 않았다.

그때 갑자기 북군의 보병대가 죽음의 능선에 있는 돌벽 뒤에 숨어있다가 모습을 드러냈다. 그들은 피켓의 병사들을 향해 일제 사격을 퍼부었다. 언덕의 꼭대기는 화염으로 뒤덮여 도축장이나 화산 폭발의 현장을 연상케 했다. 몇 분 만에, 피켓 휘하의 지휘관들이 한 명을 제외하고 모두 쓰러졌고, 5천 명의 병사 중 4천 명이 목숨을 잃었다.

최후방 공격부대를 이끌던 루이스 A. 아미스테드 장군은 돌벽을 뛰어넘어 달려나갔다. 장군은 자신의 모자를 칼끝에 끼운 뒤 이렇게 외쳤다.

"본때를 보여줘라!"

병사들은 그의 말을 따랐다. 그들은 벽을 뛰어 내려와 칼로 적군들을 찌르고, 총대로 머리를 박살 내고 죽음의 능선 위에 남군의 깃발을 꽂았다. 깃발이 그곳에서 펄럭인 건 한순간이었다. 하지만 그 짧은 순간은 남군에게 최고의 전투 기록을 남겼다.

그렇기는 하지만 피켓의 훌륭한, 용감무쌍한 습격은 시작과 동시에 최후를 맞이했다. 리 장군은 패배했다. 그는 북부를 뚫을 수 없었고, 그 사실을 알고 있었다.

남부의 운은 그렇게 끝났다.

리 장군은 깊은 슬픔과 충격에 휩싸인 나머지 자리에서 물러난 뒤 당시 남부 연합의 대통령이던 제퍼슨 데이비스에게 '더 젊고 유능한 사람'을 자신의 자리에 앉힐 것을 요청하였다. 만일 리 장군이 피켓의 습격이 수포가 된 처참한 상황을 다른 사람의 잘못이라고 비난하려고 했다면, 변명할 여지는 충분했을 것이다. 몇몇 지휘관은 그에게 실망을 안겼다. 기마병은 제때 도착하지 않아 보병의 공격을 지원하지 못했다. 상황이 그를 돕지 않은 것이었다.

하지만 리 장군은 다른 사람을 비난하기엔 너무도 고상한 사람이었다. 피켓의 패잔병들이 남부군 기지로 돌아오기 위해 몸부림을 칠 때, 로버트 E. 리는 혼자 직접 그들을 맞이하며, 이런 숭고한 자기비판의 말을 남겼다.

"나, 오직 나라는 개인이 이 전투에서 패배한 것이다."

우리 역사에서 이토록 용기 있게 패배를 마주할 수 있는 장군은 거의 없었다.

미국을 뒤흔든 가장 개성 있는 작가 중 한 명이었던 앨버트 허버드와 그의 신랄한 문장들은 때때로 격렬한 분노를 일으켰다. 하지만 허버드의 사람을 다루는 귀한 능력은 그의 적들마저 동지로 바꿔놓곤 했다.

예를 들어 화가 난 독자가 그가 쓴 어느 글과 동의하지 않는다며 허버드를 모욕했을 때, 그는 이런 답장을 하는 것이었다.

"다시 생각해보니, 제가 했던 말이 다 맞는 말은 아닌 것 같습니다. 어제 쓴 모든 문장이 오늘 마음에 들 수 없는 법이니까요. 그 주제에 관해 선생님께서 생각하시는 바를 가르쳐주셔서 기쁩니다. 혹시라도 다음번 근처를 지날 일이 있다면 함께 깊은 대화를 나눠보면 좋겠습니다. 멀리서 큰 응원을 보냅니다. 앨버트 허버드 올림."

당신을 이런 식으로 대하는 사람에게 무슨 말을 할 수 있을까?

내가 옳다면, 사람들을 부드럽고 요령 있게 설득하자. 그리고 놀라울 정도로 자주 있는 일이지만 내가 틀렸다면, 그리고 내가 정직한 사람이라면, 잘못을 빠르고 분명하게 인정하자. 이 방법은 믿기 힘든 결과를 불러올 뿐만 아니라, 때에 따라 자신을 변론하는 것보다 훨씬 재미있기도 하기 때문이다.

따라서 사람들을 설득하고자 한다면 다음의 규칙을 지켜라.

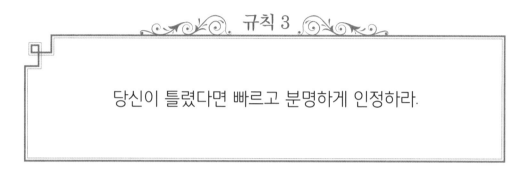

규칙 3

당신이 틀렸다면 빠르고 분명하게 인정하라.

제4장

다른 사람의 마음을 얻는 설득의 기술

▶──────── **당신이 화를** 참지 못하고 누군가를 나무랐다고 치자. 당신은 감정을 해소하며 만족스러운 시간을 보낼 수도 있다. 하지만 상대방은 어떨까? 그 역시 당신처럼 만족스러울까? 당신의 적대적인 말투와 적의를 품은 태도를 통해 그가 당신의 말에 동의하겠냐는 말이다.

우드로 윌슨은 이렇게 말했다.

"만일 당신이 주먹을 쥔 채로 나에게 온다면 약속하건대, 나도 당신만큼이나 주먹을 꼭 쥐고 있을 겁니다. 하지만 당신이 나에게 와서 '여기 앉아 이야기를 나눠봅시다. 서로 의견이 다르다면 왜 다른지, 쟁점이 무엇인지 한번 알아봅시다.'라고 한다면 우리는 사실 크게 의견을 달리하지 않고, 서로 동의하는 부분이 많으며, 인내심과 솔직함, 열정이 있다면 충분히 함께할 수 있다는 것을 알게 될 것입니다."

그 누구도 존 D. 록펠러 주니어만큼 우드로 윌슨의 말의 진가를 알아본 사람은 없었다. 1915년, 록펠러는 콜로라도주에서 가장 미움을 사고 있던 사람이었다. 미국 산업 역사상 가장 유혈이 낭자한 파업이 2년째 콜로라도주를 뒤흔드는 중이었다. 화가 나 있고 적대적인 광부들은 콜로라도 석유와 강철회사에 더 높은 임금을 요구하고 있었고, 록펠러가 그 기업을 운영하는 중이었다. 그 과정에서 회사의 재산이 피해를 입었고, 병력이 동원되었다. 파업자들의 몸을 총알이 관통하며 현장은 피로 물들어갔다.

어느 곳에서나 증오가 피어나던 그런 시기에 록펠러는 파업자들을 설득하고 싶어 했다. 그리고 그는 설득에 성공했다. 어떻게 했느냐고? 그의 이야기는 다음과 같다.

몇 주 동안 인간관계에 힘을 쏟은 록펠러는 파업 대표자들을 만났다. 그의 연설은 처음부터 끝까지 걸작이라 할 수 있었다. 그리고 믿기 힘든 결과를 낳았다. 록펠러의 목을 조여오던 열렬한 증오의 물결을 잠재운 것이었다. 그리고 그는 여러 추종자를 얻게 되었다. 그가 너무도 호의적인 태도로 연설을 한 나머지, 파업에 참여한 사람들은 그토록 격렬히 싸워왔던 임금 인상에 대해 언급조차 하지 않고 일터로 돌아갔다.

그 놀라운 연설의 앞부분을 아래에서 확인할 수 있다. 그의 말이 어떻게 친절함으로 빛나는지 보시라. 록펠러는 불과 며칠 전만 해도 자신을 사과나무에 목매달고 싶어 하던 사람들에게 말하는 것이었다. 그가 의료 사절단을 상대하고 있었다고 해도 그보다 더 다정하고, 친근할 수 없었을 것이다. 그의 연설은 '여기 있는 것이 영광입니다', '여러분의 가정을 찾아 아내분들과 아이들을 만났습니다', '우리는 남으로 여기에 있는 것이 아니고 친구로 있는 것입니다', '상호 우호적인 관계', '우리의 공통된 관심사', '여러분의 호의 덕분에 제가 이곳에 있습니다.'와 같은 말들로 빛났다.

록펠러는 이렇게 연설을 시작했다.

"오늘은 제 인생에서 기억할 만할 날입니다. 이 훌륭한 회사 직원 대표 여러분과 관리자 및 임원분들을 다 함께 만날 좋은 기회를 얻은 것이 처음 있는 일이기 때문입니다. 그리고 저는 이 자리에 있는 것이 자랑스럽습니다. 사는 동안 이 자리를 내내 기억할 것입니다.

만일 2주 전에 이 만남을 개최했다면, 저는 여러분을 알지 못하는 상태에서 이 자리에 섰을 겁니다. 알아보는 얼굴도 몇 없었겠지요. 하지만 지난주 남부 탄전 현장을 모두 방문하여 출장 중인 분들을 제외한 실질적인 대표 여러분과 개별적으로 이야기할 기회가 있었습니다. 저는 여러분의 가정을 찾아 아내분들과 아이들을 만났습니다. 우리는 이곳에 남으로 있는 것이 아니고 친구로 있는 것입니다. 그리고 상호 우위적인 관계를 맺는 사이로써, 저는 우리의 공통된 관심사를 논의할 기회를 얻게 되어 기쁩니다. 오늘 이 모임은 대표 여러분과 회사 임원들 간의 만남인 만큼, 제가 이 자리에 있는 것은 오직 여러분의 호의가 있었기 때문입니다. 저는 대표자도 임원도 아니기 때문이지요. 하지만 저는 여러분과 밀접하게 연관되어 있음을 느낍니다. 어느 정도는, 주주와 이사들을 대표하고 있기 때문입니다."

이것이야말로 적들을 친구로 만드는 훌륭한 기술이 아닌가? 록펠러가 다른 방법을 선택했다고 해보자. 그가 광부들과 논쟁을 벌이고 그들의 면전에 대고 충격적인 사실들을 내뱉었다고 치자. 어조와 암시로 그들이 틀렸다고 지적하며, 모든 논리를 동원해 그들이 잘못되었음을 밝혀냈다고 치자. 과연 어떤 일이 벌어졌을까? 더 많은 분노, 증오와 반발이 일어났을 것이다.

만일 누군가 당신과의 불화와 반감으로 인해 마음이 괴롭다면 하늘 아래 모든 논리를 가지고 오더라도 그 사람을 설득할 수 없을 것이다. 야단치는 부모와 지배하려 드는 상사, 그리고 잔소리를 하는 배우자는 자신의 마음을 바꾸지 않는다는 사실을 일깨울 뿐이다. 우리는 그 누구에게서든 강제로 혹은 억지로 동의를 얻어낼 수 없다. 하지만 친절하고 우호적이라면, 그들을 더 친절하고 우호적으로 만들 수 있다.

링컨은 이미 백 년도 전에 같은 이야기를 했다.

"'한 통의 쓸개즙보다 꿀 한 방울이 더 많은 파리를 끌어들인다.'라는 오래된 격언이 있다. 그러니 누군가를 설득하고 싶거든, 당신이 그의 진정한 친구라는 것을 먼저 믿게 하라. 마음을 사로잡는 것은 바로 그 꿀 한 방울이다. 그러면 당신이 어떤 얘기를 하든, 그 사람을 순순히 따르게 할 것이다."

기업체의 간부들은 파업자들을 친절하게 대하는 것이 이득이라는 사실을 배웠다. 예를 들어 화이트 모토사의 2천 5백 명 직원들이 더 높은 임금과 유니온 숍 제도(노조 강제 가입, 역주) 도입을 요구하며 파업에 들어갔을 때, 당시 기업의 회장이었던 로버트 F. 블랙은 이성을 잃거나, 비난하거나, 협박하거나, 폭압과 공산주의자를 입에 올리지 않았다. 그는 파업자들을 칭찬했다. 그는 클리블랜드 일간지에 광고를 내어 '그들이 무기를 내려놓고 택한 평화로운 방식'을 칭찬했다. 파업자들이 피켓을 잠시 내려놓고 쉬는 동안, 그는 야구 배트와 장갑을 한 더미 사 온 다음 그들이 공터에서 게임을 할 수 있도록 했다. 볼링을 선호하는 사람들을 위해서는 볼링장을 대여해주었다.

블랙의 친절함은 제 역할을 톡톡히 했다. 친절함은 친절함을 불러왔다. 파업에 참여한 사람들은 빗자루, 삽, 쓰레기 수레를 빌려와 공장 인근의 성냥, 종이, 담배꽁초를 주웠다.

임금 인상과 노조 인정을 위해 싸우는 동안, 파업자들이 공장을 깨끗하게 정리하는 모습을 상상해보라! 미국 노동 전쟁사에서 그런 이야기는 들어본 적이 없다.

그 파업은 일주일도 되지 않아 타협을 통해 종결되었다. 그 어떤 반감이나 악감정도 남지 않았다.

신을 연상시키는 외모와 신처럼 말을 하던 대니얼 웹스터는 역사상 가장 성공한 변호사 중 한 명이었다. 그러나 그는 가장 설득력 있는 주장을 펼칠 때도 다음과 같은 우호적인 발언을 사용했다.

'배심원단이 고려할 내용이지만', '어쩌면 염두에 두는 것이 의미있는 일일지도', '이러한 사실은 꼭 확인해보시겠지만' 또는 '인간 본성에 관한 여러분의 지식이라면 이러한 사실이 의미하는 바를 쉽게 파악하실 수 있을 것'과 같은 표현이 그것이었다. 강요하거나, 압박하거나, 자신의 의견을 다른 사람들이 강제로 따르도록 하지 않았다. 웹스터는 부드럽고, 조용하고, 친절한 접근법을 사용했고 명성을 얻게 되었다.

살면서 파업을 해결해야 하거나, 배심원을 상대해야 할 일이 없을지도 모른다. 그러나 집세를 낮추고 싶은 일은 생길 수도 있다. 친절한 접근 방식이 과연 도움이 될까? 다음의 예시를 확인해보자.

엔지니어로 일하고 있던 O. L. 스트라우브는 임대료 삭감을 원했다. 그리고 그는 임대인이 감정적인 사람이라는 것을 알고 있었다. 강연에 참여한 스트라우브는 이렇게 말했다.

"나는 그에게 편지를 써서 임대 계약이 끝나는 대로 아파트를 비울 것이라고 통지했습니다.

사실 나는 그 집에 계속해서 머무르고 싶었습니다. 집세를 낮출 수만 있다면요. 하지만 상황은 그리 희망적으로 보이지 않았습니다. 다른 임차인들이 벌써 실패한 것을 보았기 때문입니다. 다들 임대인이 상대하기 매우 어려운 사람이라고 말했습니다. 하지만 나는 이렇게 생각했습니다.

'지금 사람들을 다루는 법에 관한 강의를 듣고 있잖아. 배운 걸 이 사람에게 한번 적용해보자.'

편지를 받자마자, 그와 그의 비서가 나를 찾아왔습니다. 나는 현관에서 그에게 다정한 인사를 건넸습니다. 마음은 호의와 열의로 차 있었고, 나는 진심으로 그를 대했습니다. 나는 임대료가 얼마나 비싼지에 관한 이야기로 대화를 시작하지 않았습니다. 나는 그에게 내가 얼마나 아파트를 좋아하는지를 말하는 것으로 시작했습니다. 그리고 맹세컨대 나는 '진심으로 인정하고 칭찬했습니다'. 나는 그의 임대 사업을 칭찬하며 이곳에 한 해를 더 머물고 싶지만 그럴 여유가 없다고 말했습니다.

그는 한 번도 임차인으로부터 그런 환대를 받아본 적이 없어 어떻게 받아들일지 모르는 듯해보였습니다.

그리고 그는 자신이 겪은 문제를 말하기 시작했습니다. 불평하는 임차인들이 문제였습니다. 그중 한 명은 그에게 14통의 편지를 쓰며 욕설을 담기도 했습니다. 또 다른 한 명은 위층에 사는 남자의 코골이를 해결하지 않는다면 임대차 계약을 파기하겠다고 협박했습니다. 그는 말했습니다.

'당신처럼 만족했다는 임차인이 있다니 정말 다행이지 뭡니까.'

그는 내가 말을 꺼내기도 전에 임대료를 깎아줄 것을 제안했습니다. 나는 내가 감당할 수 있는 금액을 다시 제안하였고, 그는 두말없이 내 제안을 받아들였습니다.

그는 집을 나서며 나에게 물었습니다.

'집에 어떤 실내장식이 필요하세요?'

만일 내가 다른 임차인들이 사용한 방식을 써서 임대료를 절감하려고 했다면, 그들과 마찬가지로 실패했을 것입니다. 친절, 공감 그리고 고마운 마음이 내가 원하는 바를 성취하게 했습니다."

다른 예시를 들어보자. 이번에는 한 여성의 이야기다.

그녀는 롱 아일랜드의 해변이 펼쳐지는 가든 시티에 사는 도로시 데이로, 사교계 명사였다.

데이 부인은 말했다.

"최근, 지인 모임을 위해 오찬을 연 적이 있습니다. 나에게는 중요한 일이었어요. 그렇기에 모든 것이 순조롭게 진행되기를 바랐습니다. 비슷한 일이 있을 때마다 호텔 매니저인 에밀은 유능한 조수의 역할을 맡아주었습니다.

하지만 이번만큼은 그에게 실망하게 되었습니다. 그 오찬은 실패로 돌아갔습니다. 에밀은 흔적도 보이지 않았고, 딱 한 명의 웨이터를 보내왔을 뿐이었습니다. 그리고 그 웨이터는 일류 서비스에 관해서는 아무것도 알지 못하는 듯해 보였습니다. 그리고 귀빈의 음식은 마지막에 가져다주었습니다. 한번은 그녀에게 커다란 접시에 보잘것없는 작은 셀러리 하나를 담아 내주는 게 아니겠어요. 고기는 질겼고, 감자는 기름투성이었습니다. 끔찍한 식사였어요. 나는 화가 치밀었습니다. 이런 힘든 상황에서도 억지로 미소를 지으려 애썼지만, 계속해서 이렇게 생각하고 있었습니다.

'에밀을 볼 때까지 기다리자. 잔소리를 퍼붓고 말 테야.'

그 일이 일어난 건 수요일이었습니다. 다음 날 밤, 나는 인간관계에 관한 강의를 듣게 되었습니다. 강의를 듣다 보니, 에밀에게 질책하는 것이 얼마나 헛된 일인가 하는 것을 깨닫게 되었습니다. 괜히 그의 기분만 상하게 할 것이고, 그를 화 나게 할 것이었습니다. 그리고 다음번에 나를 도와줄 생각이 없어지게 되겠지요. 나는 그의 입장에서 생각해보았습니다. 그의 웨이터가 멍청한 것은 그의 잘못이 아니었습니다. 어쩌면 내 분노가 너무 심하고 성급한 것일지도 모를 일이었습니다. 그리하여 나는 그를 비난하는 대신 호의적인 태도로 대하기로 마음먹었습니다. 나는 칭찬으로 말을 시작했습니다. 그리고 그런 접근 방식은 훌륭한 결과를 가져왔습니다.

다음 날 에밀을 만났습니다. 그는 스스로를 변호하고자 이미 화가 나 있고 싸우고 싶어 안달 난 사람처럼 보였습니다. 나는 이렇게 말했습니다.

'보세요, 에밀. 사람들을 접대할 때 당신이 있어 얼마나 큰 도움이 되는지 인정해주었으면 좋겠어요. 당신은 뉴욕에서 제일가는 호텔 매니저예요. 당연히, 당신이 식자재를 구매해서 직접 요리하는 것이 아니라는 걸 잘 알고 있어요. 지난 수요일에 그런 일이 일어난 것은 당신도 어찌할 수 없었겠지요.'

그러자 그의 표정이 환해지며 미소가 드리웠습니다. 그는 이렇게 말했습니다.

'맞아요, 부인. 문제는 부엌이었어요. 제 불찰은 아니었습니다.'

나는 계속했습니다.

'에밀, 제가 다른 행사를 계획하고 있어요. 그리고 당신의 조언이 필요해요. 부엌 쪽에 다시 기회를 주는 게 어떨까요?'

'당연히 그래야지요. 부인, 다시는 전과 같은 일이 일어나지 않을 겁니다.'

그 다음 주에 나는 새로운 오찬을 계획했습니다. 에밀과 나는 메뉴를 짰습니다. 그의 서비스료를 절반으로 줄이는 대신 나는 다시는 지난 실수를 언급하지 않았습니다.

우리가 호텔에 도착했을 때, 식탁은 붉은 장미 두 다발로 장식되어 있었습니다. 에밀은 계속해서 우리를 살폈습니다. 메리 여왕의 접대 자리라고 해도 그보다 더 많은 주의를 기울일 수는 없었을 것입니다. 음식은 훌륭했고 식지 않게 식탁에 올랐습니다. 서비스 역시 완벽했습니다. 메인 요리를 나르는 웨이터만 네 명이었습니다. 후식 민트는 에밀이 직접 가지고 왔습니다.

호텔을 떠날 때, 주빈이 이렇게 물었습니다.

'매니저에게 마법이라도 거신 건가요? 이렇게 좋은 대접은 받아본 적이 없어요. 정말 세심하더군요.'

그녀의 말이 옳았습니다. 나는 친절한 말과 진심 어린 칭찬으로 마법을 걸었습니다."

오래전, 내가 미주리주 북부 시골에 있는 학교에 가기 위해 맨발로 숲을 가로지르던 소년이었던 시절, 나는 태양과 바람에 관한 우화를 읽은 적이 있다. 태양과 바람은 누가 더 강한지를 두고 말싸움을 벌였다. 바람이 말했다.

"내가 더 강해. 저 아래 외투를 입은 노인이 보여? 내가 당신보다 저 사람의 외투를 더 빨리 벗길 수 있어."

태양이 구름 뒤로 물러난 동안 바람은 거의 돌풍에 가까운 무시무시한 강풍으로 변했다. 하지만 바람이 더 거세게 불면 불수록 노인은 외투를 더 꽁꽁 싸맸다. 결국, 바람은 잠잠해졌고 내기를 포기하게 되었다. 태양은 구름 밖으로 몸을 꺼내 노인을 향해 환한 웃음을 지었다. 곧 그는 이마의 땀을 닦으며 코트를 벗었다. 태양은 바람에게 다정함과 친절함은 분노와 폭력을 이긴다고 말해주었다.

내가 이 우화를 읽던 소년이었을 때, 이 우화가 담고 있는 진리는 아주 멀리 떨어진, 꿈에도 살게 될 것이라고는 생각하지 못했던 교육과 문화의 역사적 중심지인 보스턴이라는 도시에서도 사실임이 증명되고 있었다. 다음은 B 박사의 이야기다.

의사였던 B 박사는 그로부터 30년 후 나의 수강생이 되었다. 그는 내 수업에 참여해 당시의 일화를 들려주었다.

"그 당시 보스턴 일간지들은 가짜 의료 광고를 실어나르기 바빴습니다. 전문 낙태 시술부터 남성의 질병을 낫게 해주는 돌팔이 의사로 인해 죄 없는 피해자들이 희생되었습니다. 광고업체들은 피해자들을 여러 끔찍한 이야기로 겁주고 있었습니다. 그들의 치료법은 피해자들을 공포로 몰아간 뒤 아무런 쓸모도 없는 치료를 받게 하는 것을 목적으로 하고 있었습니다. 낙태 시술자들로 인해 많은 사람들이 목숨을 잃었지만, 유죄 선고를 받는 일은 드물었습니다. 대다수는 몇 푼 되지 않는 벌금형을 선고받거나 정치적 영향력을 행사해 빠져나가곤 했습니다.

상황이 너무도 심각해진 나머지, 보스턴의 선량한 시민들은 크게 분노했습니다. 목사들도 나서서 신문사를 규탄하고 전능하신 주께 이 같은 광고를 멈춰달라고 애원했습니다. 시민 단체, 사업가, 여성 단체, 교회, 청년회들 또한 저주를 퍼붓고 비난을 했으나 모두 소용없는 일이었습니다. 주의회에서는 이러한 수치스러운 광고를 불법화하기 위한 격전이 펼쳐졌으나, 뇌물과 정치적 영향력에 무너지고 말았습니다."

B 박사는 모범시민위원회 혹은 보스턴기독면려회라고 불리는 위원회의 의장직을 맡고 있었다. 그의 위원회는 모든 것을 시도했으나 실패했다. 이 의료 범죄를 상대로 한 싸움에는 희망이 없는 듯 보였다. 그러던 어느 날 밤, 자정이 된 시각, B 박사는 보스턴에서 그 누구도 여태껏 시도하지 못한 일을 시도해보기로 했다. 그는 친절함, 동정 그리고 칭찬을 사용하기로 한 것이었다. 그는 신문 발행인들이 자의로 광고를 멈추도록 했다. 그는 '보스턴 헤럴드'의 발행인에게 편지를 써 그가 얼마나 그의 신문을 존경하는지 적었다. 그는 항상 보스턴 헤럴드를 읽으며, 기사가 선정적이지 않고 정당하며, 논설 또한 훌륭하다고 했다. 그의 견해로는 보스턴 헤럴드는 훌륭한 가족 신문이고, 뉴잉글랜드의 최고 신문이자 미국 전역에서도 가장 좋은 신문이라고 했다. 그리고 B 박사는 이렇게 덧붙였다.

"제 친구 중 한 명에게는 어린 딸이 하나 있는데, 어느 날 밤, 그 아이가 보스턴 헤럴드에 실린 광고를 큰 소리로 읽으며 일부 표현이 무슨 뜻인지 묻는 일이 있었답니다. 솔직히 그는 창피한 마음에 뭐라고 대답해야 할지 몰랐다고 합니다. 선생님이 발행하신 신문은 보스턴에서 가장 뛰어난 가정에도 보급이 되고 있습니다.

제 친구 집에서 그런 일이 있었다면, 다른 많은 가정에서도 이 같은 일이 일어나지 않을까요? 만일 선생님께 어린 딸이 있다면, 그런 광고를 읽도록 내버려 두시겠습니까? 만일 그 아이가 선생님께 광고가 의미하는 것을 묻는다면, 어떻게 설명하시겠습니까?

보스턴 헤럴드처럼 모든 방면에서 훌륭한 신문이 담고 있는 일부 내용 때문에, 아버지가 딸이 볼까 두려워해야 한다는 사실이 유감입니다. 신문을 구독하고 있는 수천 명의 고객들 또한 저와 같은 기분을 느끼지 않을까요?"

그로부터 이틀 뒤, 보스턴 헤럴드의 편집장이 B 박사에게 답장을 보내왔다. B 박사는 30년 동안 그 편지를 보관해오다, 내 강좌를 수강하게 되며 나에게 그것을 보여주었다. 다음은 1904년 10월 13일에 도착한 편지의 내용이다.

B 박사님께

지난 11일에 신문 발행인 앞으로 보내주신 편지에 답장을 하지 않을 수 없었습니다. 그 편지로 인해 이 자리에 오른 뒤로 계속해서 고민해오던 일을 드디어 행동에 옮길 수 있게 되었기 때문입니다.

오는 월요일부터 '보스턴 헤럴드지'에서는 가능한 모든 불쾌한 광고를 전적으로 삭제할 것을 제안하였습니다. 도를 지나친 모든 허위 의료 광고를 받지 않고, 아직 진행 중인 광고의 경우 철저히 편집하여 읽는 사람들에게 해가 되는 일이 없도록 할 것입니다.

큰 도움이 된 친절한 편지를 보내주심에 다시 한번 감사드립니다. 앞으로도 잘 부탁드립니다.

편집장 W. E. 하스켈 올림.

이솝은 크로이소스가 통치하던 시절 궁궐에 살던 그리스의 노예였다. 그는 기원전 600년에 불멸의 우화들을 남겼다. 그러나 그가 인간 본성에 관해 가르친 진실은 당시 아테나에서나 지금의 보스턴과 버밍햄에서나 똑같이 적용된다. 태양은 바람보다 당신의 외투를 더 빠르게 벗길 수 있다. 그리고 친절함, 우호적 접근법 그리고 칭찬은 세상의 그 어떤 폭풍우보다 손쉽게 사람의 마음을 돌려놓는다.

링컨의 말을 기억하라.

"한 통의 쓸개즙보다 꿀 한 방울이 더 많은 파리를 끌어들인다."

따라서 사람들을 설득하고 싶다면, 다음의 규칙을 잊지 마라.

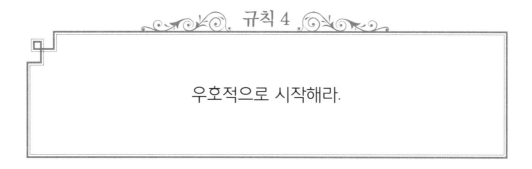

규칙 4

우호적으로 시작해라.

제5장

소크라테스의 비결

▶──────── **사람들과** 대화를 나눌 때, 의견이 다른 부분부터 대화를 시작하지 말아야 한다. 당신이 그에게 동의한다는 사실을 강조하는 것으로 시작하고, 계속해서 강조해라. 가능하다면 상대방과 똑같은 목표를 위해 분투하고 있으며, 유일한 차이는 목적이 아닌 방법이라는 것을 강조해야 한다.

다른 사람으로부터 '네, 네.'라는 대답을 먼저 끌어내라. 그리고 상대방이 '아니오.'라는 대답을 할 수 없도록 해라.

오버스트릿 교수에 따르면 부정적인 대답만큼 극복하기 힘든 것이 없다고 한다. 이미 '아니오.'라고 해버릴 경우, 모든 자존심이 그 말을 지키도록 고집을 피운다는 것이다. 추후에 당신은 '아니오.'라는 대답이 경솔한 판단이었다는 것을 깨달을 수도 있다. 그렇기는 하지만 그의 소중한 자존심을 고려해주어야 할 것이다. 이미 내뱉은 말을 지켜야 한다는 의무감이 생긴다. 따라서 누군가를 처음부터 긍정적인 방향으로 이끄는 것이 매우 중요하다.

기술이 좋은 사람은 처음부터 다수의 '네.'라는 대답을 받아낸다. 숙련된 사람이라면, 처음부터 다수의 '네.'라는 대답을 받아낸다. 상대방의 심리 작용을 긍정적인 방향으로 이끄는 것이다. 마치 당구공이 움직이는 모습과 같다. 한 방향으로 향하는 공은 쉽게 목표를 바꾸지 않는다. 정반대의 방향으로 향하게 하기 위해서는 많은 힘이 들기도 한다.

이런 심리적 패턴은 꽤 명확하다. 어떤 사람이 진심으로 '아니오.'라고 할 때는, 세 글자를 말하는 것 이상을 의미한다. 그의 분비기관 신경, 근육이 거부를 위한 환경을 조성한다. 이는 대체로 아주 작은 변화지만 때로는 눈에 보이는 신체적 수축 또는 수축의 전 상태로 나타나기도 한다. 신경운동계 전체가 순식간에 동의를 거부하기 위한 방어 태세에 도입하는 것이다. 반대로 누군가 '네.'라고 할 경우, 그 어떤 수축 현상도 발생하지 않는다. 반대로 몸은 움직이는, 받아들이는, 열려있는 진취적 태도를 취하게 된다. 따라서 처음부터 더 많은 '네.'를 이끌어낸다면, 우리의 최종 목적으로 관심을 집중시키는 데 성공할 확률이 늘어난다.

'네.' 대답을 사용하는 것은 아주 간단한 기술이다. 그러나 얼마나 등한시되었던가! 종종 사람들이 처음부터 상대방에게서 적대감을 불러일으킴으로써 자신의 입지를 확인하는 것처럼 보일 지경이다.

학생, 고객, 아이, 남편 또는 아내에게 '아니요.'라는 답변을 먼저 들어보라. 아마 그들의 큰 부정을 긍정으로 돌려놓는 데까지 성령의 지혜와 참을성을 필요로 하게 될 것이다.

'네, 네.'의 기술은 뉴욕시 소재 그리니치 저축 은행에서 창구 직원으로 일하던 제임스 에버슨에게 한 고객을 확보할 수 있도록 해주었다.

에버슨은 이렇게 말했다.

"그 남자는 새로운 계좌를 개설하기 위해 왔습니다. 그리고 나는 그에게 통상적으로 양식을 작성해달라고 했습니다. 그는 어떤 질문에는 흔쾌히 답하면서도, 어떤 질문에는 답하길 완강히 거부했습니다.

인간관계를 공부하기 전이었다면, 나는 이 장래 예금주에게, 은행에 특정 정보를 주는 것을 거부한다면 은행에서는 계좌 개설을 거절해야 한다고 말했을 것입니다. 과거의 내가 그렇게 행동했던 것이 창피하게 느껴집니다. 당연히, 그런 식의 최후통첩을 날렸다면 기분이 좋아졌을 겁니다. 누가 갑인지 보여주고, 은행의 규칙과 규정을 위반할 수 없다고 알려주었을 테니까요. 하지만 그런 태도는 자신의 재산을 맡기기 위해 찾아온 사람을 환영하거나, 중요한 사람으로 대하는 것과는 거리가 먼 것이었습니다.

그날 아침, 나는 약간의 상식을 활용해보기로 했습니다. 나는 은행이 원하는 것이 아닌 고객이 원하는 것에 관해 이야기했습니다. 그리고 무엇보다, 나는 그에게 처음부터 '네, 네.'라는 답변을 듣고자 했습니다. 그렇게 나는 그의 말에 맞장구를 쳤습니다. 그가 대답하지 않기로 한 정보가 꼭 필요한 것이 아니라고 말했습니다.

내가 물었습니다.

'그러나 혹시 돌아가셨을 때 이 은행에 돈을 저축한 것이 있다면, 법적 자격이 있는 가까운 친지에게 돈을 전달하는 것을 원하시나요?'

그가 대답했습니다.

'네, 당연히 그렇습니다.'

나는 계속해서 말을 이어갔습니다.

'그렇다면, 가장 가까운 친지의 이름을 알려주시는 게 좋지 않을까요? 고객님이 돌아가셨을 경우 원하시는 바를 실수 없이 지체하지 않고 이행하기 위해서요.'

그가 다시 대답했습니다.

'네.'

우리가 그 정보를 요청하는 것이 우리를 위해서가 아니라 그 자신을 위해서라는 것을 깨달았을 때, 그 젊은 분의 태도가 부드럽게 바뀌었습니다. 은행을 떠나기 전, 그분은 모든 정보를 전해주었을 뿐 아니라, 내 제안에 따라 그의 어머니 앞으로 신탁 통장도 함께 만들었습니다. 그리고 그는 어머니에 관한 정보도 기쁘게 제공했습니다.

그에게 처음부터 '네.'라는 대답을 끌어내었더니, 우리 사이에 걸림돌이 되었던 그 문제를 잊고 내가 제안하는 모든 것을 기꺼이 하고자 했습니다."

웨스팅하우스 일렉트릭사의 외판원인 조지프 앨리슨은 이런 일을 겪었다.

"내가 맡은 구역에 간절하게 거래를 하고 싶은 기업이 있었습니다. 전임자들이 10년째 그 기업을 설득했지만 아무것도 팔 수 없었습니다. 그 구역을 넘겨받은 나 역시 3년이나 끈질기게 연락을 취했지만, 단 하나의 주문도 받지 못했습니다. 결국, 13년 동안의 전화와 면담 끝에, 우리는 그에게 모터 몇 대를 팔게 되었습니다. 나는 몇 대를 팔았다면, 수백 대도 팔 수 있지 않을까 하는 기대를 품게 되었습니다. 그렇지 않을까요? 나는 일이 잘 풀릴 것이라고 생각했습니다. 그렇게 3주 뒤, 나는 잔뜩 들떠 그에게 전화를 걸었습니다. 하지만 기관장으로부터 충격적인 통보를 전해들었습니다.

'앨리슨, 우리는 그 모터를 살 수 없어요.'

나는 놀라 물었습니다.

'왜 그러시죠?'

'모터가 너무 뜨거워서요. 손을 댈 수가 없어요.'

나는 논쟁을 해서 얻을 수 있는 게 없다는 걸 알았습니다. 그런 일을 많이 겪어보았기 때문입니다. 그래서 나는 '네, 네.'라는 대답을 받아보자는 생각을 했습니다.

'스미스 씨, 저는 당신 의견에 전적으로 동의합니다. 너무 뜨거운 모터를 사시면 안 되죠. 전미전기제작업자협회가 규정하는 기준보다 더 뜨거워지지 않는 모터를 사용하고 계시지요? 그렇지 않나요?'

그는 맞다고 대답했다. 그건 내가 처음으로 받아낸 '네.'였다.

'전미전기제작업자협회는 제대로 설계된 모터는 실내 온도보다 화씨 72도 높게 뜨거워질 수 있다고 정하고 있습니다. 맞나요?'

그는 동의했습니다.

'네, 맞는 말입니다. 하지만 당신들 모터는 훨씬 뜨겁습니다.'

나는 그의 말에 동의하지 않았지만, 이렇게 물었습니다.

'공장의 실내 온도가 얼마나 높죠?'

그가 대답했습니다.

'아마 화씨 75도 정도일 겁니다.'

내가 말했습니다.

'75도에 72도를 더하면 화씨 147도가 되겠군요. 그 정도 온도의 물이 수도꼭지에서 나온다면, 손에 화상을 입지는 않을까요?'

그가 대답했습니다.

'맞습니다.'

내가 제안했습니다.

'자, 그러면 모터에 손을 가져다 대지 않는 게 좋지 않을까요?'

그가 동의했습니다.

'당신 말이 맞는 것 같네요.'

그는 잠시 대화를 이어가더니, 비서를 불러 다음 달에 3만 5천 달러어치의 제품을 주문하도록 했습니다. 나는 논쟁이 쓸모없는 짓이며, 다른 사람의 관점에서 세상을 보며 '네, 네.'라는 대답을 끌어내도록 시도하는 것이 훨씬 이득이며 흥미롭다는 것을 깨닫게 되기까지 많은 시간과 셀 수 없는 돈을 잃어버렸습니다."

'아테네의 잔소리꾼'이라 불리던 소크라테스는 인류 역사상 가장 위대한 철학자 중 한 명이었다. 그는 인류 역사상 몇 안 되는 사람만이 이룬 일을 해냈다. 그는 인간의 사고방식을 확연히 바꿔놓았다. 그가 세상을 떠난 지 2천 년이 넘는 시간이 흘렀지만, 그는 이 언쟁으로 가득한 세상에서 가장 현명한 방식으로 다른 사람들을 설득했던 인물로 존경받고 있다.

그의 방식은 무엇이었을까? 다른 사람들에게 그들이 틀렸다고 말하고 다니는 것이었을까? 아니다. 소크라테스는 그러지 않았다. 그러기에 그는 너무도 노련했다. 그에게는 '소크라테스의 문답법'이라 불리는 기술이 있었다. 바로 긍정의 대답을 얻는 것에 기반을 둔 문답법이다. 그는 상대방이 동의해야만 하는 질문을 던졌다. 그는 '네.'라는 대답이 충분히 쌓일 때까지 계속해서 동의를 끌어냈다. 그리고 상대방이 스스로 깨달을 새도 없이 몇 분 전까지 그토록 격렬히 거부했던 주장을 받아들이게 될 때까지 계속해서 질문을 던졌다.

다음번에 누군가에게 틀렸다고 말해야 할 때는, 현명한 소크라테스를 떠올리며 부드럽게 질문을 던져보자. '네, 네.'라는 답변을 들을 수 있는 그런 질문 말이다.

중국에는 동양의 오래된 지혜가 담긴 의미심장한 이런 속담이 있다.

'사뿐히 걷는 걸음이 멀리 간다.'

오랜 문화를 지닌 중국에서는 인간 본성을 연구하는 데 5천 년이라는 시간을 들였다. 그리고 이런 통찰력을 얻게 된 것이다.

'사뿐히 걷는 걸음이 멀리 간다.'

따라서 사람들을 설득하고자 한다면 다음의 규칙을 따르라.

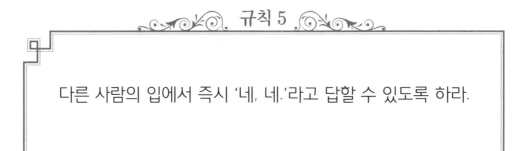

규칙 5

다른 사람의 입에서 즉시 '네, 네.'라고 답할 수 있도록 하라.

제6장

불평에 대처하는 안전장치

▶──────── 대다수의 사람들은 자신에 관해 아주 많은 이야기를 하면서 다른 사람을 설득하려고 한다. 특히 세일즈맨들은 이런 실수를 곧잘 저지르고는 한다. 상대방이 먼저 이야기하도록 두어라. 상대방은 자신의 사업이나 문제에 대해 당신보다 더 많은 것을 알고 있다. 그러니 질문하라. 상대방이 당신에게 이야기하도록 만들어라.

만일 상대의 말에 동의하지 않을 경우, 당신은 상대방의 말을 끊고 싶어질 수 있다. 하지만 그래선 안 된다. 그것은 위험한 행동이다. 상대방은 자신의 머릿속에 있는 무수한 생각들이 아우성치는 상태에서는 당신에게 어떠한 관심도 기울이지 않을 것이다. 그러니 열린 마음으로 참을성 있게 경청해라. 그가 가진 생각을 자유롭게 표현하도록 격려하라.

이런 방법이 사업에서도 도움이 될까? 한번 확인해보자. 여기 어쩔 수 없이 이와 같은 방법을 써야 하는 상황에 놓인 영업사원들의 이야기가 있다.

미국에서 가장 큰 자동차 생산업체 중 한 곳에서 1년 치 자동차 시트 커버 생산 자재를 두고 협상이 진행 중이었다. 세 곳의 주요 제조사에서 자재 견본을 만들었다. 자동차 생산업체의 경영진들은 각 견본을 확인한 뒤, 모든 납품업체의 대표에게 계약을 위한 마지막 발언 기회를 주겠다고 통지했다.

한 제조사의 대표인 G.B.R이 도시에 도착했을 당시 그는 지독한 후두염을

앓고 있었다. 내 강연에 참석한 그는 이렇게 말했다.

"회의에서 경영진들을 만나야 할 때였습니다. 목소리가 나오지 않았습니다. 겨우 속삭일 수 있을 정도였어요. 회의장에 들어가 섬유 기술사, 구매 대리인, 영업 이사 그리고 회장이 나를 쳐다보고 있었습니다. 나는 용감하게 자리에서 일어나 말하려고 해 보았지만 꺽꺽대는 소리만 나올 뿐이었습니다."

모두 책상을 둘러싸고 앉아있었기에, 나는 종이 위에 이렇게 적어 그들에게 보여주었습니다.

'신사분들, 제가 목소리가 전혀 나오지 않습니다.'

회장이 이렇게 말했습니다.

'제가 대신해서 말을 하겠습니다.'

그는 정말 그렇게 했습니다. 그는 표본을 보여주며 장점을 칭찬했습니다. 내 상품의 가치에 관한 활발한 토론이 일어났습니다. 나를 대신해 이야기하던 회장은 내 입장에서 토론을 진행했습니다. 나는 오직 미소와 끄덕임 그리고 몸짓 몇 번만으로 대화에 참여했습니다.

그렇게 단 한 번의 회의로 나는 계약을 성사시켰습니다. 50만 야드가 넘는 물량을 주문받은 것이었습니다. 160만 달러에 상당하는, 내가 성사시킨 것 중 가장 큰 계약이었습니다.

그날 목소리를 잃지 않았다면, 계약을 잃게 되었을 것입니다. 나는 모든 것을 잘못 이해하고 있었기 때문입니다. 그 우연한 계기로 나는 다른 사람에게 이야기하도록 하는 것이 얼마나 큰 이득이 될 수 있는지 발견하게 되었습니다."

필라델피아 전기 회사의 조셉 S. 웨브는 펜실베이니아주의 네덜란드 농부들이 모여있는 한 풍요로운 구역을 조사하기 위해 출장을 떠났다가 똑같은 교훈을 얻게 되었다.

관리가 잘된 농가를 지나는 동안, 그는 구역 담당자에게 물었다.

"왜 이 사람들은 전기를 쓰지 않나요?"

담당자는 넌더리가 난다는 듯 대답했다.

"구두쇠들이라서요. 그 사람들에게는 아무것도 팔 수 없어요. 그리고 우리 회사를 싫어합니다. 저도 시도해보았지만 가망이 없어요."

그의 말이 옳을지도 몰랐지만, 웨브는 그래도 한번 시도해보기로 마음을 먹고 농장을 찾아가 문을 두드렸다. 문이 아주 조금 열리며, 나이가 지긋한 드럭켄브로드 부인이 모습을 드러냈다.

웨브는 당시 일화를 들려주었다.

"그녀는 우리의 모습을 보자마자 면전에 대고 문을 닫아버렸습니다. 다시 문을 두드리자, 그녀가 문을 열었습니다. 이번에 그녀는 우리와 우리 회사에 대해 가지고 있던 생각에 대해 마구 퍼부었습니다.

나는 말했습니다.

'드럭켄브로드 부인, 귀찮게 해서 죄송합니다. 그러나 저는 전기를 팔러 온 것이 아닙니다. 그저 달걀을 조금 사고 싶을 뿐이에요.'

그녀는 문을 조금 더 열고 의심스럽다는 듯 우리를 내다보았습니다.

'도미니크종 닭들을 가지고 계시네요. 신선한 달걀을 조금 사고 싶습니다.'

그러자 문이 조금 열렸다. 궁금해진 그녀가 질문했습니다.

'우리 닭이 도미니크종인지 어떻게 아시죠?'

나는 대답했습니다.

'저도 닭을 기르거든요. 이처럼 훌륭한 도미니크종은 처음 봅니다.'

그녀가 의심을 완전히 거두지 않은 채로 물었다.

'왜 댁에서 낳은 달걀을 쓰지 않으시고요?'

'우리 집에 있는 레그호온 닭은 껍질이 흰 달걀을 낳거든요. 요리를 해보셨다면 아시겠지만 케이크를 만들 때는 흰 달걀보다는 갈색 달걀이 훨씬 좋거든요. 제 아내는 케이크 요리에 아주 자부심이 있답니다.'

그때, 드럭켄브로드 부인은 훨씬 부드러운 태도로 현관까지 나왔습니다. 그동안 나는 눈으로 주변을 살펴보다 그 농장에 멋진 양계장이 있다는 것을 발견했습니다.

나는 계속해서 말을 이어갔습니다.

'드럭켄브로드 부인, 남편이 만드는 유제품보다 직접 암탉으로 버는 수입이 더 많으시겠네요.'

명중! 그녀는 완전히 넘어가 버렸습니다! 그녀는 그 이야기를 하게 되어 기뻐했습니다. 그녀의 표현대로 머저리 같은 남편이 그 사실을 인정하도록 만들 수 없었기 때문입니다.

그녀는 자신의 양계장을 보여주겠다고 했습니다. 양계장을 둘러보는 동안 나는 그녀가 만든 기계들을 보았고, 그것들을 '진정으로 인정하고 칭찬'했습니다. 나는 특정 사료를 추천하고 온도 조절을 제시하기도 했고, 어떤 부분에서는 그녀의 조언을 구하기도 했습니다. 우리는 곧 서로의 경험을 나누며 좋은 시간을 보내게 되었습니다.

최근 그녀는 이웃 몇몇이 양계장에 전기 조명을 단 뒤로 훌륭한 결과를 얻었다는 이야기를 꺼냈습니다. 그녀는 전기를 달았을 때 그녀가 얻게 될 이익에 대한 나의 솔직한 의견을 원했습니다.

그로부터 2주 뒤, 드럭켄브로드 부인의 도미니크종 닭들은 따스한 전기 불빛 아래에서 만족스러운 듯 꼬꼬댁거리며 모이를 먹고 있었습니다. 나는 계약을 체결했고, 부인은 더 많은 달걀을 얻었습니다. 모두가 만족했고, 모두에게 이익이었습니다.

이 이야기의 요점은 여기에 있습니다. 그녀가 먼저 직접 이야기를 하도록 유도하지 않았다면, 이 펜실베이니아의 네덜란드 출신 농부 부인에게 전기를 파는 일은 일어나지 않았을 것입니다.

그런 사람들에게는 아무것도 팔 수 없습니다. 물건을 사도록 만들어야 합니다."

뉴욕 일간지의 경제란에 대형 광고가 등장했다. 독특한 능력과 경험을 가진 사람을 찾는다는 내용이었다. 찰스 T. 큐벨리스는 그 광고에 답장을 보냈다. 며칠 뒤, 그는 면담을 보러오라는 편지를 한 통 받았다. 약속 장소에 나가기 전에, 그는 월가에서 여러 시간 동안 해당 기업의 창립자에 관한 모든 정보를 얻어내기 위해 애썼다. 면담이 진행되는 동안 그는 이렇게 말했다.

"이 회사와 같은 전력을 가진 회사에서 일하게 된다면 대단히 자랑스러울 것 같습니다. 28년 전, 사무실과 속기사 한 명만을 둔 채 사업을 시작하셨다고 들었습니다. 그게 정말인가요?"

거의 대부분의 성공한 사람은 초창기의 고생담을 나누고 싶어 한다. 그 사장도 예외는 아니었다. 그는 자신이 어떻게 단돈 450달러와 독창적인 아이디어 하나만 가지고 사업을 시작했는가에 관하여 한참을 이야기했다. 어떻게 좌절에 맞서 싸웠는지, 조롱을 이겨냈는지, 일요일과 휴일에도 일했고 하루 12시간에서 16시간까지 일했는지도 들려주었다. 그래서 지금은 월가의 주요 경영진들이 자신을 찾아 정보와 조언을 구한다는 것도 말해주었다. 그는 자신의 경력을 자랑스럽게 여겼고, 실제로도 그럴 만한 자격이 있었다. 그래서 그는 자신의 과거에 대해 이야기하며 즐거워했다. 끝으로 그는 큐벨리스에게 그의 경력에 관하여 간략하게 물은 뒤, 부사장을 불러 이렇게 말했다.

"이 사람이 우리가 찾던 사람인 것 같네."

큐벨리스는 미래의 고용주가 성취한 일들을 알아보는 노력을 했다. 그는 다른 사람과 그의 문제에 관심을 보였다. 그리고 상대방이 이야기를 주도하도록 하여 좋은 인상을 남겼다.

진실은 우리의 친구들마저 우리의 자랑을 듣고 있기보다는 자신들의 성취에 관해 이야기하고 싶어 한다는 것이다.

프랑스의 철학자 라로슈푸코는 이렇게 말했다.

"적을 만들고 싶다면 친구들을 넘어서라. 친구를 만들고 싶다면 친구들이 당신을 넘어서도록 내버려두어라."

어째서 그의 말이 정답일 수 있을까? 친구들이 우리 자신보다 뛰어날 때, 그들은 자신이 중요한 사람이라는 느낌을 지니게 된다. 하지만 우리가 그들보다 뛰어날 때, 그들은 열등함을 느끼고 부러움과 질투를 키우게 될 것이다.

독일 속담에 이런 말이 있다.

"Die reinste Freude ist die Schadenfreude."

해석하자면 이렇다.

'가장 순수한 기쁨은 우리가 부러워한 사람들의 불행으로부터 나오는 악의에 찬 기쁨이다.'

다른 말로 하자면 '가장 순수한 기쁨은 다른 사람의 곤경을 보는 것에서 나온다.'

맞다. 당신의 친구 중에는 당신의 승리보다는 곤경에서 더 많은 만족을 할지도 모른다.

그러니 우리의 성취는 별것 아닌 것처럼 하자. 겸손해지자. 그건 항상 옳은 방법이다.

어빈 코브는 올바른 기술을 쓸 줄 알았다. 한번은 한 변호사가 증인석에 선 코브에게 이렇게 말한 적이 있다.

"코브 씨, 당신은 미국에서 가장 유명한 작가 중 한 명이라고 알고 있습니다. 맞나요?"

코브는 대답했다.

"저는 능력보다 운이 좋았던 것 같습니다."

우리는 겸손해야 한다. 당신이나 나나 그리 대단할 것이 없는 사람들이기 때문이다.

우리는 지금으로부터 1세기 후면 완전히 잊히게 될 것이다. 우리의 하찮은 성과를 떠드느라 다른 사람을 귀찮게 하기에는 인생이 너무 짧다. 그러니 다른 사람들이 이야기하도록 만들자.

잘 생각해보면 당신 또한 그리 자랑할 것은 없다. 당신이 멍청이가 되지 않는 이유가 무엇인지 아는가? 그건 사실 별로 대단한 것이 아니다. 당신의 갑상선에 있는 동전 크기의 요오드가 전부이기 때문이다. 의사가 당신의 갑상선을 열고 요오드를 조금 빼내면 당신은 멍청이가 된다. 모퉁이 약국에서 5센트에 살 수 있는 요오드 몇 방울이 당신을 정신병원에 가지 않도록 해주고 있는 것이다. 고작 동전 크기의 요오드가! 자랑할 게 못 되지 않겠는가?

그러니 사람들을 설득하고 싶다면, 다음의 규칙에 따르라.

규칙 6

상대방으로부터 이야기를 끌어내라.

제7장

협조를 얻는 법

▶━━━━━━━ **당신은** 힘들이지 않고 우연히 손에 넣은 아이디어보다, 직접 발견한 아이디어에 더욱 믿음이 가지 않는가? 그렇다면 다른 사람의 목구멍에 억지로 당신의 의견을 쑤셔 넣는 것이 과연 현명한 판단일까? 당신이 제안하고 다른 사람이 결론을 내릴 수 있도록 하는 것이 더 현명하지 않겠느냐는 말이다.

내 강연을 듣던 필라델피아주에 사는 아돌프 셀츠는 한 자동차 전시장의 판매부장이다. 그는 갑작스럽게 의욕이 없고 기강이 흐트러진 자동차 판매사원 한 무리에게 열정을 불어넣어야 하는 상황에 부닥치게 되었다. 그는 영업 회의를 열어 직원들에게, 자신에게 원하는 것이 정확히 무엇인지 물었다. 그리고 그들의 의견을 칠판에 받아적었다. 그는 이렇게 말했다.

"여러분이 나에게 바라는 모든 것을 해드리겠습니다. 그러면 나에게도 당신들에게 같은 기대를 가질 권리가 생기겠지요."

직원들은 바로 대답했다. 충성심, 정직함, 적극성, 낙천주의, 협동심, 열정적인 8시간의 근무와 같은 것들이 제시되었다. 회의는 전에 없던 용기와 열의로 가득 찬 상태에서 끝났다. 한 영업사원은 자진해서 14시간이나 근무하겠다고도 했다. 그 결과 셀츠는 판매량이 놀라울 정도로 증가했다고 나에게 알려주었다.

셀츠는 말했다.

"사람들은 나에게 일종의 도덕적인 합의를 했습니다. 그리고 내가 그들의 기대에 부응하는 만큼, 그들도 똑같이 책임을 다하고자 하는 마음을 먹게 되었습니다. 그들의 바람과 욕구를 물어보는 것이야말로 그들에게 필요했던 활력소였던 것이었습니다."

그 누구도 무언가를 사거나, 어떤 행동을 취하라는 말을 듣는 것을 좋아하지 않는다. 우리는 자의로 특정 물건을 사거나, 자신의 생각에 기반해 어떤 행동을 하는 것을 훨씬 선호한다. 우리는 마음에 품고 있는 바람, 욕구, 생각을 누군가 물어봐 주는 것을 좋아한다.

유진 웨슨의 사례를 살펴보자.

그는 진실을 깨닫기 전까지 놓친 수입은 수천 달러가 넘을 것이다. 웨슨은 스타일리스트와 직물 제조사를 위해 디자인을 하는 스튜디오에 스케치를 파는 작가였다. 그는 3년째 일주일에 한 번 뉴욕에서 가장 잘나가는 스타일리스트를 방문하고 있었다. 웨슨은 이렇게 말했다.

"그는 한 번도 내 방문을 거절한 적이 없었습니다. 하지만 그는 아무것도 구매하지 않았어요. 그는 언제나 신중하게 내 스케치를 들여다본 뒤 '안 되겠어요, 웨슨 씨. 오늘은 어렵겠어요.'라고 하는 것이었습니다."

150번의 실패 후, 웨슨은 자신의 사고방식이 상투적이라는 걸 깨달았다. 그래서 한 주에 한 번은 인간 행동에 영향을 끼치는 법을 공부하기로 했다. 새로운 아이디어를 만들고 열정을 쏟기 위함이었다.

그는 다음과 같은 새로운 접근방식을 택했다. 그는 아직 완성되지 않은 스케치 몇 점을 들고 고객의 사무실을 찾았다. 그리고 그는 이렇게 말했다.

"부탁할 것이 있습니다. 여기 미완성 스케치들이 있는데, 어떻게 마무리를 하면 선생님께서 사용할 수 있는지 알려주실 수 있겠습니까?"

고객은 아무 말 없이 한동안 스케치를 쳐다보았다. 그리고 그는 이렇게 말했다.

"이 그림을 여기에 두고 며칠 뒤에 다시 와주세요."

웨슨은 3일 뒤 다시 고객에게 돌아갔다. 그가 제안하는 것을 듣고, 스케치를 다시 들고 작업실로 돌아와 그 고객의 아이디어에 맞추어 작업을 마무리했다. 결과는 어땠을까? 완벽했다.

그 일이 있은 뒤, 고객은 웨슨으로부터 다른 스케치를 의뢰하였다. 그림은 모두 고객의 아이디어에 맞춰 그려졌다. 웨슨은 말했다.

"왜 몇 년간 그에게 스케치를 파는 데 실패했는지 알게 되었습니다. 나는 그에게 필요하다고 생각되는 것을 팔려고 하고 있었습니다. 그러다 접근방식을 완전히 바꾸어, 그가 직접 아이디어를 내도록 만든 것이었습니다. 그는 그렇게 자신이 디자인하고 있다고 생각하게 되었고, 실제로도 그랬습니다. 나는 그에게 스케치를 팔 필요가 없었습니다. 그가 자의로 구매했기 때문입니다."

시어도어 루스벨트가 뉴욕주의 주지사로 있을 당시 그는 놀라운 업적을 남겼다. 그는 정치 보스들과 좋은 관계를 유지하면서도 그들이 격렬히 반대했던 개혁안을 통과시켰다. 그가 사용한 방식은 다음과 같다.

중요한 자리에 사람을 앉혀야 할 때, 그는 정치 보스들에게 추천을 해달라고 부탁했다.

루스벨트는 말했다.

"처음에는 처리가 필요한, 정당에서 완전히 망가진 입지의 사람을 제안합니다. 그러면 그런 인사는 정치적으로도 좋지 않을 뿐 아니라 국민들이 받아들이지 않을 것이라고 말합니다.

그러면 그들은 당원 가운데 크게 문제 될 것이 없으면서 조금은 써먹을 만한 구석이 있는 사람의 이름을 댑니다. 나는 그들에게 후보자가 국민의 기대를 충족할만한 사람이 아니며, 자리에 더 확실히 맞는 사람을 추천해줄 수 있는지 묻습니다. 세 번째가 되면 그들은 꽤 괜찮은 사람을 추천하지만 아주 쓸모 있는 사람은 아닙니다. 그러면 나는 감사 인사를 하면서, 한 번 더 고려해줄 수 있는지 묻습니다. 네 번째 추천에는 내가 직접 골랐을 법한 그런 사람의 이름이 오릅니다. 그럼 그들의 도움에 감사를 표하며 원했던 사람을 지목하고, 그를 그 자리에 임명한 것을 그들의 공으로 돌립니다. 그리고 당신들을 기쁘게 하려고 그 사람을 자리에 앉혔으니, 이제는 당신들이 나에게 도움을 달라고 말하는 것입니다."

그리고 그들은 실제로 그렇게 했다. 그들은 행정법과 면허세법을 전면적으로 개혁할 당시 대통령을 지지했다.

기억하라. 루스벨트는 다른 사람에게 상세한 조언을 구하며 상대방을 존경하고 있다는 걸 보여주었다. 루스벨트가 중요한 자리에 사람을 임명했을 때, 그는 정치 보스들이 직접 자의로 후보자를 골랐다고 생각하게 두었다.

롱 아일랜드의 한 자동차 판매원은 같은 방식을 이용해 한 스코틀랜드 사람과 그의 아내에게 중고차를 판매했다. 판매원은 스코틀랜드 고객에게 여러 차를 보여주었지만, 그는 계속해서 문제점을 지적했다.

'이 차는 맞지 않는다. 저 차는 고장 났다. 가격이 너무 높다.'

가격이 높다는 이야기는 계속해서 나왔다. 이 시점에서 내 강의를 듣고 있던 그 판매원은 수업을 듣는 모두에게 도움을 요청했다.

우리는 스코틀랜드인에게 물건을 팔려는 시도를 멈추고 그가 물건을 직접 사도록 만들라고 조언했다. 그에게 구매하라고 말하는 대신, 판매원이 무엇을 해야 하는지 말하도록 해보라는 것이었다. 마치 본인의 머리에서 나온 생각처럼 느끼도록 말이다.

그것은 괜찮은 방법처럼 보였다. 판매원은 며칠 뒤 고객이 중고차를 구매하고 싶다고 했을 때, 그 방법을 적용해보기로 했다. 판매원은 중고차 한 대가 고객의 마음에 들 것이라는 걸 알았다. 그는 고객에게 전화를 걸어 부탁할 것이 있다며, 잠깐 들러 조언을 좀 해줄 수 있겠느냐고 물었다.

스코틀랜드인이 도착했을 때, 판매원은 이렇게 말했다.

"고객님은 워낙 빈틈이 없으시고, 차의 가치를 잘 알고 계시잖아요. 이 차를 둘러보고 제가 얼마에 팔아야 하는지 말씀해주실 수 있을까요?"

그 고객은 함박웃음을 지었다. 마침내 누군가 그의 조언을 구하자, 자신의 능력을 인정받았다고 생각한 것이다. 그는 퀸즈 대로를 따라 자메이카에서 포레스트 힐스까지 차를 몰아본 뒤 돌아왔다.

그는 이렇게 조언했다.

"저 차를 3백 달러에 산다면 좋은 구매를 했다고 할 수 있겠습니다."

판매원이 물었다.

"만일 그 가격에 이 차를 판다면, 사시겠습니까?"

3백 달러에? 당연했다. 그건 자신의 생각이자 직접 감정한 금액이었다. 즉시 거래가 완료되었다.

한 X선 장비 제조업자 역시 이와 같은 심리를 이용해 브루클린에서 가장 큰 병원 중 한 곳에 납품에 성공했다. 병원은 부속 건물을 짓고 있었는데, 미국에서 가장 좋은 X선과를 만들고 싶어 했다. 수많은 영업사원들이 해당 과를 담당하던 L 박사를 찾았다. 그들은 저마다 자신이 속한 회사의 장비를 찬양하기 바빴다.

그중에는 수완이 좋은 제조업자도 있었다. 그는 다른 사람들보다 인간 본성을 다루는 법을 훨씬 잘 알고 있었다. 그는 다음과 같은 편지를 보내왔다.

'저희 제조사는 최근에 새로운 X선 장비를 만들었습니다. 그리고 막 최초 물량이 사무실에 도착했습니다. 아직은 장비가 완벽하지 않기에 우리는 개선할 부분을 찾고 있습니다. 시간을 내어 저희 장비를 보시고 어떻게 하면 더 쓸만한 제품을 만들 수 있는가에 대한 의견을 나눠주실 수 있을까요? 바쁘신 걸 알기에, 시간을 정해주시면 언제든 차를 보내도록 하겠습니다.'

L 박사는 강의에서 이렇게 말했다.

"그 편지를 받고는 놀랐습니다. 인정을 받은 것 같았습니다. 한 번도 X선 장비 제조업자가 조언을 구한 적이 없었기 때문에 나는 중요한 사람이 된 것만 같았습니다. 매일 밤 몹시 바빴음에도 나는 저녁 약속 하나를 취소하고 장비를 보러 갔습니다. 장비는 보면 볼수록 마음에 들었습니다. 아무도 그 장비를 제게 팔려고 시도하지 않았습니다. 나는 병원을 위해 그 장비를 구입하는 것이 스스로 내린 결정이라고 생각했습니다. 뛰어난 품질에 구매를 결정하고 주문한 뒤 설치했다고 말입니다."

에드워드 M. 하우스 대령은 우드로 윌슨이 대통령으로 있는 동안 국내외로 대단한 영향력을 행사했다. 윌슨은 하우스 대령에게서 비밀리에 조언과 충고를 구하곤 했다. 그의 내각 구성원들보다 그를 더 자주 찾을 정도였다.

대령이 대통령을 다루기 위해 사용한 방법이 무엇이었을까? 다행스럽게도, 하우스가 직접 그 일화를 아서 D. 하우덴 스미스에게 밝혔고, 스미스가 그 이야기를 '세터데이 이브닝 포스트'에 기고한 덕에 우리는 대령의 비밀을 알 수 있었다.

"대통령을 알고 난 뒤로 나는 그를 설득하는 최선의 방법은 그의 마음속에 내가 얻고자 하는 것을 그의 생각인 양 심어두는 것이었습니다. 나는 그가 관심을 가지고 직접 고려하도록 만들었습니다. 처음으로 그 일에 성공했던 것은 우연한 일이었습니다. 나는 백악관을 방문해 그에게 어떤 정책에 관해 조언을 드렸으나 그는 내 의견에 반대하는 듯 보였습니다. 그러나 며칠 뒤 한 저녁 테이블에서 나는 그가 내 제안을 마치 자신의 생각인 양 말하고 있는 그의 모습에 놀랐습니다."

하우스가 그의 말을 끊으며 '그건 당신의 것이 아닌 제 생각이었습니다.'라고 했을까? 절대 아니다. 그러기에 그는 너무 노련했다. 그는 공로가 아닌 결과를 원했다. 그랬기에 윌슨이 계속해서 자신이 낸 생각이라고 믿게 두었다. 하우스는 그보다 더한 일도 했다. 그는 대중에게 그 생각을 한 것이 윌슨이라고 알린 것이었다.

우리가 상대하는 모든 사람은 우드로 윌슨만큼 인간적인 사람들이라는 걸 기억하자. 그러니 하우스 대령의 기술을 사용하자.

캐나다 뉴브런즈윅에 사는 한 남자 역시 이 기술을 이용해 나를 단골로 만들었다. 당시 나는 뉴브런즈윅에서 낚시와 카누를 할 계획을 세우는 중이었기에 관광사무소에 편지를 보내 정보를 얻고자 했다. 당연한 일이지만 그 과정에서 내 이름과 주소가 연락처에 등록이 되었던지, 캠핑장과 가이드들로부터 무수한 편지, 소책자, 추천 글이 쏟아졌다. 나는 어느 업체를 골라야 할지 알 수 없어 난감했다.

그중 한 캠프장 주인이 현명하게 행동했다. 그는 자신의 캠핑장에 머물었던 사람 가운데 뉴욕에 사는 몇몇 사람의 이름과 연락처를 전해주며 그들에게 전화를 걸어 캠핑장에서 어떤 서비스를 받을 수 있는지 알아보라고 했다.

그중에는 내가 아는 사람도 있었기에 나는 깜짝 놀랐다. 나는 그에게 전화를 걸어 캠핑장이 어땠는지 물었다. 그리고 캠핑장에 연락해 도착 날짜를 알려주었다. 다른 사람들이 나에게 자신들의 서비스를 판매하려고 했을 때, 한 명은 내가 스스로 서비스를 선택하도록 했다. 그리고 경쟁에서 승리한 것은 바로 그 업체였다.

아주 오래전 중국에는 노자라는 현자가 있었다. 그는 이런 말을 남겼는데, 이 책의 독자들에게 도움이 될지도 모르겠다.

"강과 바다가 산골짜기 계곡이나 개울로부터 공경을 받는 것은 그것이 낮게 흐르기 때문이다. 강과 바다가 계곡을 다스릴 수 있는 것도 그 때문이다. 그렇기에 사람 위에 서고자 하는 현자는 사람 아래에 자신을 두며, 사람 앞에 서고자 할 때는 사람 뒤에 선다. 타인의 밑에 있음으로써 자신의 무게를 드러내지 않고, 뒤에 있음으로써 상처입히지 않는 것이다."

따라서 다른 사람에게 영향력을 행사하고 싶으면 다음의 규칙을 따르라.

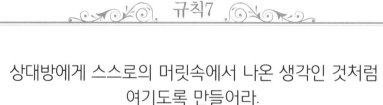

규칙7

상대방에게 스스로의 머릿속에서 나온 생각인 것처럼
여기도록 만들어라.

제8장

기적의 공식

▶──────── 다른 사람이 완전히 틀릴 수 있다는 사실을 기억하라. 하지만 그들은 자신이 틀렸다고 생각하지 않는다. 그들을 비난하지 마라. 어떤 바보라도 비난을 할 수 있다. 단 그들을 이해하려 노력해보아라. 현명하고, 관대하고, 특출난 사람만이 그런 시도를 한다.

다른 사람이 어떤 생각을 하고 행동을 하는 데에는 이유가 존재한다. 그 이유를 찾아내라. 그러면 그의 행동, 어쩌면 성품까지도 이해할 수 있게 될 것이다.

진심으로 상대방의 처지에서 생각해보려는 시도를 하라.

"내가 그 사람의 입장이었다면, 어떤 기분이었을까? 어떻게 행동했을까?"

만일 자신에게 이렇게 묻는다면, 당신은 시간을 절약하고 노여움에서 벗어날 것이다.

'원인에 관심을 가지면 결과를 덜 싫어하게 되기 때문이다.'

그리고 나아가 인간관계의 기술을 더욱 향상시킬 수 있게 될 것이다.

케네스 M. 구드는 자신의 저서 '사람을 황금처럼 빛나게 하는 법'에서 이렇게 저술하고 있다.

"잠시 멈춰 서서 본인의 일을 그만두고 가지고 있던 열렬한 관심을 다른 사람에게 돌려라. 그리고 이 세상의 모든 사람이 얼마나 똑같은 입장에 놓여있는지를 깨달아 보시라! 링컨과 루스벨트처럼 당신은 인간관계의 견실한 기초를 세우게 될 것이다. 다시 말해, 사람들을 성공적으로 다루는 일은 다른 사람의 관점을 공감하는지에 달려있다.”

나는 항상 집 근처의 공원에서 산책하거나 말을 타는 것을 즐겨왔다. 고대 켈트족의 드루이드(고대 켈트족의 사제·교사·법관 역할을 담당했다, 역주)처럼 나는 떡갈나무를 숭배했다. 그래서 나는 계절마다 어린나무와 관목들이 피할 수 있었던 화재로 인해 불태워지는 것을 보며 괴로워했다. 화재는 부주의한 흡연자들로 인해 발생하는 것이 아니었다. 대부분 청소년들이 공원에서 캠핑하며 나무 아래서 소시지나 달걀을 요리해 먹으며 생기는 것이었다.

가끔 너무 큰 화재로 인해 소방대원들이 큰 불길을 잡아야 할 때도 있었다.

공원 한구석에 화재를 발생시키는 사람은 벌금 또는 금고에 처할 수 있다는 표지가 있었지만, 사람들이 잘 드나들지 않는 곳에 있어 눈에 띄지 않았다. 말을 탄 경찰이 공원을 살피기로 되어 있지만 의무를 충실히 이행하지 않은 덕에 화재는 계절마다 계속해서 일어났다.

한번은 공원에서 불길이 솟는 것을 보고 서둘러 경찰에게 달려가 소방서에 연락하라고 했더니, 그는 무심하게 본인의 관할 지역이 아니기에 자신의 소관이 아니라는 답변만 들은 적이 있다. 절망한 나는 그날부터 자전거를 탈 때면 공유지 수호를 위한 위원회에서 나온 척 연기를 했다.

처음에 나는 다른 사람의 관점에서 그 일을 보려는 시도를 하지 않았다. 나무 밑에서 불길이 치솟는 걸 보면 바로 기분이 언짢아져서는 옳은 일을 해야 한다는 신념 때문에 나는 어리석은 짓을 벌였다.

나는 말을 타고 소년들에게 다가가 불을 피우다가는 감옥에 갈 수 있다고 경고하고, 권위적인 말투로 그들을 내쫓아버렸다. 그들이 떠나길 거부하면, 나는 그들을 체포하겠다고 협박했다. 나는 그들의 입장은 고려하지 않고, 내 기분만 고집했던 것이었다.

결과는 어땠을까? 소년들은 내 말에 따랐다. 그들은 마지못해, 억울해하며 자리를 떴다. 내가 언덕을 넘어간 뒤에 아마 그 아이들은 다시 불을 피우며 온 공원을 태워버려야겠다고 생각했을지도 모른다. 나이를 먹으며, 나는 인간관계에 관해 당시보다 세 배 정도 많은 지식을 갖추게 되었고, 요령도 조금 생기게 되었다. 그렇게 나는 다른 사람의 입장에서 생각하는 더 나은 성향을 갖춘 것이었다. 나는 그렇게 명령을 하는 대신, 모닥불 근처로 말을 몰고 가 이렇게 운을 띄웠다.

"좋은 시간 보내고 있니, 얘들아? 오늘 저녁 메뉴는 뭐니? 나도 어렸을 때 불을 피우는 걸 좋아했지. 물론 지금도 좋아하고말고. 하지만 이 공원에서 불을 피우는 게 위험하다는 건 너희도 알 거야. 너희가 피해를 끼치지 않을 건 알지만, 다른 아이들도 너희만큼 조심성이 있으란 법은 없단다. 다른 아이들이 너희가 피운 불을 보고 따라 피웠다가 제대로 불을 끄지 않으면, 낙엽 때문에 불이 번져 나무들을 태워버릴 수 있어. 우리가 조심하지 않으면 이곳에 나무가 남아나지 않을 것이야. 그리고 그런 일이 생겼다가는 감옥에 갈지도 모를 일이고. 하지만 나는 이래라저래라 하며 너희의 좋은 시간을 방해하고 싶지 않구나. 이렇게 노는 모습이 보기 좋은데 말이야. 다만 모닥불 주변에 있는 마른 잎들을 바로 치워주면 어떻겠니? 그리고 떠날 때는 흙을 충분히, 아주 많이 덮어 불을 끄는 것을 잊지 마렴. 그리고 다음에 또 모닥불을 피우러 오거든, 언덕 너머 모래밭을 이용하는 것은 어떠니? 그곳에는 화재가 일어날 일이 없단다. 고맙다, 얘들아. 좋은 시간 보내렴."

이런 종류의 대화는 너무도 다른 결과를 만든다! 아이들은 협조하고 싶어한다. 마지못해서 하거나 불만도 없다. 강제로 명령을 따를 필요가 없기 때문에, 체면을 구기지도 않는다. 아이들과 나는 기분이 상하지 않고 상황을 해결했다. 다른 사람의 입장을 고려한 덕분이었다.

앞으로 누군가에게 불을 끄거나, 당신의 제품을 구매하거나, 자선 단체에 기부를 하라고 요구할 일이 있으면 잠시 멈춰 서서 눈을 감고 다른 사람의 입장에서 그 이야기를 듣는다고 생각해보면 어떨까? 이렇게 말이다.

"왜 그 사람이 내가 시킨 일을 해야 하지?"

이건 시간이 걸리는 작업이지만, 적을 만들지 않고 더 나은 결과를 가져다준다. 게다가 불필요한 마찰도 줄여주고 시간도 절약해준다.

하버드 대학 경영대학원의 도넘 대학원장은 이렇게 말했다.

"나는 면담을 앞두고 두어 시간 약속 장소 앞에서 서성이는 편을 선호합니다. 머릿속에 내가 무슨 말을 할지, 그리고 상대방이 어떤 관심과 동기로 대답할지 완벽히 정리되지 않은 상태로 나타나는 것보다 말입니다."

너무도 중요한 말이기에, 그의 말을 한 번 더 강조하겠다.

"나는 면담을 앞두고 두어 시간 약속 장소 앞에서 서성이는 편을 선호합니다. 머릿속에 내가 무슨 말을 할지, 그리고 상대방이 어떤 관심과 동기로 대답할지 완벽히 정리되지 않은 상태로 나타나는 것보다 말입니다."

만일 이 책을 읽은 뒤 다른 사람의 입장을 고려하고, 당신의 관점만큼이나 상대방의 관점에서 사안을 살피는 태도를 보이게 되었다면, 당신은 앞으로의 사회생활에 있어 큰 걸음을 나아가게 된 것이나 다름없다.

따라서 다른 사람의 감정을 상하게 하거나 원망을 자아내지 않고 사람을 변화시키는 8번째 규칙은 다음과 같다.

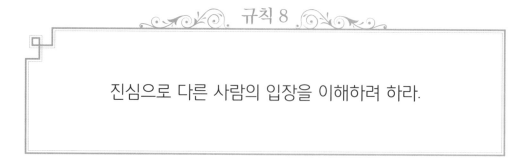

규칙 8

진심으로 다른 사람의 입장을 이해하려 하라.

제9장

모두가 원하는 것

▶──────── 논쟁을 멈추고, 악감정을 밀어내고, 호의를 끌어내고, 다른 사람이 경청하도록 만드는 마법의 주문을 알고 싶은가?

여기 그 주문이 있다.

"당신이 그렇게 느꼈다고 해서, 당신을 조금도 원망하지는 않습니다. 내가 당신이었어도, 아마 그런 기분이 들었을 겁니다."

이런 식의 답변은 가장 성미가 고약한 사람이라도 누그러뜨릴 수 있다. 그리고 당신은 그런 이야기를 하며 전적으로 진심일 수 있다. 왜냐하면 당신이 상대방의 입장이 되어본다면, 실제로도 그와 똑같은 감정을 느낄 것이기 때문이다. 알 카포네를 예로 들어보자. 당신이 알 카포네와 똑같은 신체, 성격 그리고 사고방식을 지녔다고 하자. 그리고 그와 똑같은 환경에서 살며 같은 경험을 했다고 하자. 당신은 그와 정확히 똑같은 사람이 되어 같은 위치에 있었을 것이다. 알 카포네를 알 카포네로 만든 것은 바로 앞서 나열한 것들이기 때문이다.

예를 들어보자.

당신이 방울뱀이 아닌 것은 당신의 어머니와 아버지가 방울뱀이 아니기 때문이다.

당신은 당신이 되기 위해서 한 일이 그리 많지 않다. 당신이 살면서 만나는 짜증 나고, 편협하며, 사리 분간을 못 하는 사람들 또한 그렇게 되기 위해 별다른 일을 하지 않았다. 그러니 그 가여운 악마들을 안쓰럽게 여겨라. 가엽게 생각하라. 그리고 동정하라. 이렇게도 생각해보는 것이다.

'신의 은총 덕분에, 나는 저들보다 나은 사람이 되었다.'

당신이 살며 만나는 4명의 사람 중 3명은 동정에 굶주리고 목말라할 것이다. 그들이 원하는 것을 주고, 그들로부터 사랑을 받아라.

한번은 '작은 아씨들'의 작가 루이자 메이 올컷에 관해 방송한 적 있다. 당연히 그녀가 그 불멸의 저서를 매사추세츠주 콩코드에 살며 집필했다는 것을 알고 있었다. 하지만 내가 뭐라고 하는지 인식하지 못한 채로, 나는 '뉴햄프셔 콩코드'에 있는 그녀의 옛날 집을 찾아간 적이 있다고 말해버렸다.

말실수가 한 번으로 그쳤다면, 어쩌면 용서를 받았을지도 모른다. 하지만 애석하게도 나는 두 번이나 실수를 저질렀다. 무방비인 채로 있던 나에게 신랄한 비판을 담은 편지와 전보가 벌떼처럼 달려들었다. 많은 사람들이 분개했고, 일부는 욕을 하기도 했다.

매사추세츠주 콩코드에서 자랐으며, 지금은 필라델피아에 산다는 한 여성은 나에게 맹렬한 분노를 터뜨렸다. 내가 올컷을 뉴기니의 식인종과 착각했대도 그토록 격렬히 화를 내지는 않았을 것이다. 편지를 읽는 동안, 나는 이렇게 생각했다.

'하느님, 이 여자와 결혼하지 않음에 감사드립니다.'

나는 내가 지리학적 실수를 저질렀다면, 그녀는 당연히 지켜야 할 예의를 지키지 않는 더 큰 실수를 저질렀다고 따지는 말로 시작하는 편지를 쓰고 싶었다. 그리고 소매를 걷어붙인 뒤, 내가 진짜로 생각하는 바를 말할 예정이었다. 하지만 나는 그러지 않았다. 나는 마음을 다스렸다. 나는 그 어떤 성급한 바보나 그런 답장을 쓸 수 있다는 사실을 떠올렸다. 그리고 대다수의 어리석은 사람들은 진짜로 그 일을 실천할 것이었다.

나는 어리석은 사람들과 한 무리에 들고 싶지 않았다. 그래서 나는 그녀의 적개심을 친근함으로 돌려놓기로 마음먹었다. 그건 도전이자, 일종의 게임이기도 했다. 나는 이렇게 생각했다.

'어쨌든 내가 그녀의 상황이었다면, 아마 똑같이 느꼈을지도 모르지.'

그렇게 나는 그녀의 관점을 가지고 공감을 표하기로 한 것이다.

필라델피아에 가게 된 날, 나는 그녀에게 전화를 걸었다. 대화 내용은 이러했다.

나 : 안녕하세요, 부인. 몇 주 전 제게 편지를 보내셨지요. 감사 인사를 전하기 위해 연락을 드렸습니다.

부인 : (날이 서 있고, 교양이 있으며, 점잖은 목소리로) 전화 거신 분이 누구실까요?

나 : 부인은 저를 모르십니다. 저는 데일 카네기입니다. 제가 몇 주 전 일요일에 루이자 메이 올컷에 관한 방송을 한 것을 들으셨지요. 저는 그녀가 뉴햄프셔주 콩코드에 산다고 말하는 용서할 수 없는 실수를 저질렀습니다. 정말 바보 같은 실수였어요. 그리고 사과를 하고 싶습니다. 시간을 내서 편지를 써 주셔서 감사합니다.

부인 : 그런 편지를 보내 죄송합니다, 카네기 씨. 제가 제정신이 아니었어요. 제가 사과를 드려야 할 것 같네요.

나 : 아닙니다! 아니에요. 부인이 사과하실 일이 아니고, 제가 사과를 드려야죠. 학교를 조금이라도 다녀본 아이라면 그런 말실수는 하지 않았을 겁니다. 그 다음 주 일요일에 사과하긴 했지만, 개인적으로도 사과를 전하고 싶습니다.

부인 : 저는 매사추세츠주 콩코드에서 태어났어요. 우리 가문은 그곳에서 몇 세기를 살았고, 저는 제 출신에 큰 자부심을 느끼고 있어요. 그래서 올컷 선생이 뉴햄프셔에 살았다고 하는 말을 듣고 아주 괴로웠답니다. 하지만 지금은 그 편지를 보낸 것 때문에 정말 창피하군요.

나 : 제가 열 배는 더 괴로웠을 겁니다. 제 실수로 매사추세츠주에 사는 분들이 상처 입지는 않았겠지만, 제게는 상처가 남았어요. 부인 정도의 지위와

교양을 갖춘 분이 시간을 들여 라디오 방송을 하는 사람에게 편지를 쓰는 건 드
문 일이지요. 앞으로도 제가 말실수를 하면 꼭 편지를 보내주시기 바랍니다.

부인 : 제 비판을 받아들이시는 모습이 정말 놀랍군요. 정말 훌륭한 분이신
것 같아요. 선생님을 더 알아갔으면 좋겠네요.

내가 사과를 하고 그녀의 관점에 공감했기 때문에, 그녀 역시 사과를 하고
내 입장을 헤아려 주었다. 나는 스스로 화를 다스리고, 모욕을 다정함으로 갚
은 것에 대해 만족을 느꼈다. 그녀가 나를 좋아하게 만드는 일은, 그녀에게 강
으로 가서 뛰어내리라고 하는 것보다 훨씬 즐거움을 느낄 수 있었다.

백악관에서 근무하는 모든 사람은 매일같이 인간관계와 관련한 골치 아픈
문제를 마주해야 한다. 태프트 대통령도 예외는 아니었다. 그는 경험을 통해
공감이야말로 악감정을 중화시키는 놀라운 화학적 효과가 있다는 것을 배웠
다. 그의 저서 '공직자의 윤리'에서 태프트는 그가 실망과 야망에 찬 한 어머니
의 분노를 다스린 재밌는 일화를 들려준다.

태프트는 이렇게 썼다.

"정치계에 어느 정도 영향력을 갖춘 남편을 둔 워싱턴의 한 부인이 찾아와 6
주 혹은 그 이상 동안 자기 아들을 임명해달라고 졸라댔다.

그녀는 제법 많은 상원과 하원의 의원들을 대동해 찾아오기도 했다. 그녀
가 원하는 직위는 기술적인 전문성이 필요했기에, 나는 장관의 추천을 받아
다른 사람을 임명했다. 그 어머니는 나에게 편지를 써서 내가 그럴 권한이
있었음에도 자신을 기쁘게 만들어주지 않았기에, 나를 배은망덕한 사람이라
고 말했다. 그녀는 주 의회를 구슬려 내가 관심을 두고 있는 관리 법안에 필
요한 모든 표를 받아두었는데, 그런 식으로 그녀에게 보답할 수 있느냐며 항
의하고 있었다.

그런 편지를 받으면, 우선은 부적절한 행동을 저질렀거나, 약간 무례하게
군 사람에게 그토록 가차 없이 굴 수 있는지 생각하게 된다. 그리고 그에 맞는

답변을 준비한다. 당신이 현명한 사람이라면, 그렇게 쓴 편지를 서랍에 넣고 서랍에 자물쇠를 채워버릴 것이다. 이틀 뒤에 그 편지를 꺼내 보면 (이런 편지는 이틀 정도 천천히 보내도 상관이 없다), 당신은 그 편지를 보내고 싶지 않게 될 것이다. 그리고 나도 그 방식을 택했다. 그런 뒤, 나는 자리에 앉아 그녀에게 예의 바른 태도로 그런 상황에서 겪을 어머니의 실망을 이해하는 바지만, 그 임명은 개인적인 호감으로 어찌할 수 있는 것이 아니며, 기술적인 전문성이 있어야 하는 자리이기에 장관의 추천을 받았어야 했다고 설명했다. 그리고 그녀의 아들이 지금 맡은 관직에서 그녀가 바라는 성과를 이루길 희망한다고 썼다. 이 편지는 그녀의 화를 누그러뜨렸고, 그녀는 그런 편지를 보내 미안하다는 답장을 보냈다.

하지만 그 임명 건은 단번에 승인을 받지 못했다. 그사이 나는 그녀의 남편이 썼다고 하는 편지를 받게 되었다. 앞서 받은 편지와 똑같은 필체로 왔지만 말이다. 편지에는 상심한 그녀가 신경쇠약에 걸려 병상에 눕게 되었으며, 심각한 위암에 걸렸다는 이야기가 담겨 있었다. 그녀의 남편은 임명을 철회하고 자기 아들을 그 자리에 앉혀서 아내의 치료에 도움을 줄 수 없겠느냐고 물었다. 나는 그 남편에게 또 다른 편지를 써서 부디 병의 판정이 잘못된 것이길 바라며, 아내의 심각한 지병으로 슬픔에 잠겼을 그를 동정했다. 하지만 임명을 철회하는 것은 불가능하다고 말했다. 내가 임명한 사람은 결국 승인을 받게 되었고, 편지를 받은 지 이틀 후 백악관에서 음악회가 열렸다. 내 아내와 나에게 처음으로 인사를 건넨 사람은 최근에 임종을 맞았어야 할 그녀와 그녀의 남편이었다."

솔 휴락은 아마 미국 최고의 흥행업자일 것이다. 거의 반세기에 가까운 시간 동안 그는 전 세계적으로 유명한 예술인들인 샬리아핀, 이사도라 덩컨 그리고 파블로바와 같은 사람들과 함께 일했다. 휴락은 나에게 신경질적인 스타들을 다루며 배운 가장 첫 번째 교훈이 그들의 별난 성격에 대한 공감, 공감 그리고 공감의 필요성이라고 말했다.

3년 동안, 그는 표도르 샬리아핀의 공연 기획자로 일했다. 샬리아핀은 메트로폴리탄의 고급 취향의 관람객들을 가장 많이 감동시킨, 가장 위대한 베이스 성악가 중 한 명이었다. 그러나 샬리아핀은 끊임없이 문제를 일으켰다. 그는 버릇없는 아이처럼 굴었다. 실제로 휴락은 이렇게 말했다.

"그는 모든 면에서 끔찍한 친구였다."

예를 들어 샬리아핀은 공연 당일 정오쯤 휴락을 불러 이렇게 말한 것이다.

"솔, 몸이 좋지 않아. 목이 마치 덜 익힌 햄버거 같군. 오늘 밤 노래를 하는 건 불가능하겠어."

휴락이 말싸움을 벌였을까? 절대 아니다. 그는 그런 식으로는 아티스트를 다룰 수 없다는 것을 알고 있었다. 그는 샬리아핀의 호텔 방으로 달려가 그의 상황에 공감하며 애석해했다.

"딱하기도 해라. 당연히 노래할 수 없겠지요. 당장 공연을 취소하겠습니다. 몇천 달러가 들겠지만, 당신의 명성을 지키기 위해서라면 아무것도 아니지요."

그러면 샬리아핀은 한숨을 쉬며 이렇게 말했다.

"잠시 뒤에 다시 와줄 수 있겠나. 다섯 시쯤 와서 상황을 한번 살펴보세."

다섯 시가 되면 휴락은 다시 호텔로 달려가 그를 똑같이 동정했다. 그는 또다시 공연을 취소하자고 주장하고, 샬리아핀은 한숨을 쉬며 이렇게 말했다

"나중에 다시 와주게. 몸이 나아질지도 모르니."

7시 30분경, 위대한 성악가는 무대에 서는 것에 동의했다. 휴락이 메트로폴리탄의 무대에 서서 샬리아핀이 지독한 감기에 걸려 목 상태가 좋지 않다고 말한다는 조건이었다. 휴락은 그렇게 하겠다고 거짓말을 했다. 성악가를 무대에 올릴 유일한 방법이기 때문이었다.

아서 I. 게이츠 박사는 그의 훌륭한 저서 '교육 심리학'에서 이렇게 적었다.

"인간은 누구나 동정을 갈망한다. 어린아이는 간절한 마음으로 자신의 상처를 드러낸다. 아니, 충분한 동정을 얻으려고 일부러 생채기나 멍을 만들기도

한다. 어른들도 마찬가지로 자신의 병을 보여주고, 사고와 병, 특히 수술에 대해 자세히 이야기한다. 실제로 일어나거나 상상 속에 있는 '자기연민'은 사실상 어느 정도 모두가 지니고 있다고 볼 수 있다.

그렇기에 사람들의 마음을 돌리고 싶다면, 다음의 규칙을 따라라.

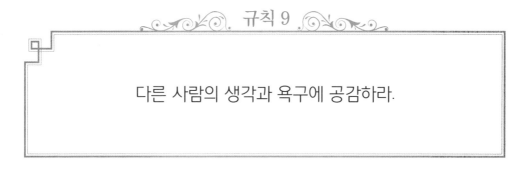

규칙 9

다른 사람의 생각과 욕구에 공감하라.

제10장

모두가 만족하는 호소법

▶──────── **나는 무법자** 제시 제임스가 살던 미주리주 외곽에서 자랐다. 한 번은 카니에 위치한 제임스 농장을 방문했다. 그곳에는 제시 제임스의 아들이 살고 있었다.

그의 아내는 나에게 시아버지인 제시 제임스가 어떻게 기차를 털고 은행을 강탈한 돈으로 이웃 농부들의 빚을 갚아주었는지에 관한 이야기를 들려주었다.

제시 제임스 역시 마음속으로는 더치 슐츠, '쌍권총' 크로울리, 알 카포네와 같은 범죄자가 그랬듯 자신을 이상주의자라고 여겼는지도 모르겠다. 실상은 이렇다. 당신이 만나는 모든 사람들은 자신을 높게 평가하고 있고 괜찮은 사람이자 이기적인 면이 없는 사람이 되고자 한다.

사람을 잘 분석했던 J. P. 모건은 막간을 이용해 사람들이 어떤 행동을 취하는 데는 보통 두 개의 이유가 있다는 사실을 알아냈다. 첫 번째 이유는 그럴듯한 것이고, 두 번째 이유는 실제 이유다.

그중 사람들이 생각하는 것은 실제 이유다. 여기엔 논란의 여지가 없다. 하지만 마음속으로 모두 이상주의자인 우리는 그럴싸한 동기를 찾는 것을 좋아한다. 그래서 사람들을 변화시키고자 한다면, 보다 고상한 동기에 호소해야 한다.

과연 실천하기에 너무 이상적인 이야기로 들리는가? 그렇다면 펜실베이니 아주 글레놀든에 자리한 파렐 미첼사의 해밀턴 J. 파렐의 이야기를 들어보자.

파렐에게는 불만에 찬 세입자가 있었다. 그는 이사를 가겠다고 파렐을 협박하는 중이었다. 임대차계약이 4개월이나 남은 시점이었으나, 그는 계약과 상관없이 당장 방을 비우겠다고 통지를 한 것이었다.

내 강연에 참석한 파렐은 이렇게 말했다.

"이 사람들은 관리비가 가장 많이 드는 겨우내 그 집에 머물렀습니다. 그리고 가을 전에 다시 아파트를 세놓는 것은 어려워 보였습니다. 임대료를 다 날리게 될 상황이 뻔히 보이자, 나는 몹시 화가 났습니다. 평상시라면, 당장 세입자를 찾아가 계약서를 똑바로 보라고 충고했을 겁니다. 그리고 그가 만일 이사를 해야겠다면, 즉시 남은 임대료를 한 번에 지급해야 할 것이며, 반드시 그 돈을 받아낼 것이라고 엄포를 놓았겠지요. 하지만 버럭 화를 내며 한바탕 소란을 일으키는 대신, 나는 다른 전략을 택했습니다. 이렇게 말입니다.

'도 씨, 전달 주신 메시지를 받았지만 당신이 진짜 이사를 할 것으로 생각하지는 않습니다. 오랜 시간 동안 임대 사업을 한 덕에 사람을 제법 잘 보는 편인데, 처음 보았을 때부터 당신이 내뱉은 말을 지키는 사람이라고 판단했거든요. 사실, 저는 제 안목을 믿기 때문에 내기를 하라면 할 수도 있습니다. 자, 제가 이런 제안을 드리죠. 며칠의 시간을 드릴 테니 다시 생각해보시는 겁니다. 임대료를 내야 하는 다음 달 첫날까지 기한을 드리겠습니다. 그때가 되어서도 여전히 이사를 하겠다고 하신다면, 확신하건대 결정을 받아들이겠습니다. 제가 판단을 잘못한 것이니, 이사를 할 수 있도록 해드리죠. 하지만 당신이 약속을 지키는 사람이고, 계약이 완료될 때까지 이곳에서 계속 머무를 거라는 걸 믿어 의심치 않습니다. 사람이 되든 원숭이가 되든, 그 선택은 항상 우리에게 있는 법이니까요!'

그리고 다음 달이 되었을 때, 그 남자는 직접 임대료를 들고 찾아왔습니다. 그는 아내와 상의 끝에 계속해서 머물기로 했다고 하더군요. 아마 명예롭게 행동하는 유일한 방법은 계약을 지키는 것이라고 생각한 것일 테지요."

고인이 된 노스클리프 경은 신문에서 자신이 원하지 않는 사진을 게재하자, 편집자에게 편지를 보냈다. 하지만 그는 '더는 그 사진을 싣지 마십시오. 나는 그 사진이 싫습니다.'라고 하지 않았다. 그는 고상한 동기에 호소하는 것을 택했다. 그는 우리가 어머니에게 가지는 존경심과 사랑을 이용했다. 그는 이렇게 썼다.

"더는 그 사진을 싣지 말아주었으면 합니다. 어머니께서 좋아하시지 않네요."

존 D. 록펠러 주니어가 신문 사진기자들이 자녀들의 사진을 찍는 것을 멈춰줬으면 했을 때, 그 역시 보다 고상한 동기에 호소하는 방법을 택했다. 그는 "아이들의 사진이 실리는 것을 원하지 않소."라고 말하지 않았다. 그는 우리 모두가 마음속에 지니고 있는, 아이들에게 해가 되지 않고 싶어 하는 욕구에 호소했다. 그는 이렇게 말했다.

"당신들 중에도 자녀가 있는 사람들이 있으니 이해할 거요. 아이들이 매스컴에 너무 노출되면 좋지 않다는 것을 말이오."

메인주에서 온 가난한 소년이었던 사이러스 H. 커티스는 '더 세터데이 이브닝 포스트'와 '레이디스 홈 저널'을 소유한 백만장자가 되기에 앞서 혜성처럼 업계에 등장했을 당시 그는 다른 잡지사들처럼 기고자들에게 원고료를 줄 수 없었다. 그리고 일류 작가들을 고용할 수도 없었다. 그리하여 그는 보다 고상한 동기에 호소하는 방법을 택했다. 그리고 '작은 아씨들'을 쓴 불멸의 작가 루이자 메이 올컷이 엄청난 인기를 끌던 당시, 그녀의 글을 받아내는 데 성공했다. 바로 그녀가 가장 애정을 가진 자선 단체에 백 달러를 기부한 것이었다.

회의적인 사람은 여기서 이렇게 말할 것이다.

"노스클리프나 록펠러, 감성적인 소설가에게나 먹힐 일이지. 하지만 나에게 줄 외상값이 있는 말도 통하지 않는 친구들에게는 통하지 않아!"

당신이 맞을 수도 있다. 모든 상황과 사람에게 통하는 법칙은 없기 때문이다. 당신이 지금 얻고 있는 결과물에 만족한다면 굳이 변화가 필요할까? 하지만 당신이 만족하지 않는다면, 실험해보는 것도 괜찮지 않을까?

뭐가 되었든, 당신은 한때 내 강의를 들었던 제임스 L. 토머스가 들려주는 이 이야기를 재밌게 읽을 것이다.

어떤 자동차 회사를 이용하는 6명의 고객들이 지불 청구서 내용대로 비용을 지불하는 것을 거부했다. 청구서 전체가 잘못되었다고 항의하는 고객은 없었지만 그들은 청구 내용 일부가 잘못되었다고 주장하고 있었다. 하지만 어떤 경우에도 고객은 서비스를 받은 당시 서류에 서명했기 때문에, 회사가 틀릴 일은 없었고 실제로도 그랬다. 그것이 첫 번째 실수였다.

채권 부서 직원들이 연체된 청구 금액을 받기 위해 일을 처리한 순서는 다음과 같다. 과연 그들이 성공했을까?

1. 직원들은 각 고객에게 전화를 걸어 직설적으로 만기가 한참 지난 청구 비용을 받아야겠다고 말했다.
2. 그들은 회사가 절대적으로 그리고 무조건적으로 옳다는 사실을 확실히 했다. 그것은 곧 고객이 절대적으로 그리고 무조건적으로 틀리다는 것을 의미했다.
3. 그들은 회사가 고객보다 자동차에 대해 훨씬 잘 알고 있다는 사실을 지적했다. 말다툼할 필요가 뭐가 있다는 말인가?
4. 그 결과 그들은 논쟁을 벌였다.

이 방법 가운데 하나라도 고객의 마음을 돌리고 정산을 받을 수 있도록 했을까? 그럴 수 없었다는 것은 당신도 안다.

이 단계에서 채권 담당자는 법률가를 대동해 공격을 개시할 준비를 하고 있었다. 하지만 다행히도 해당 사안이 본부장의 귀에 들어가게 되었다. 본부장은 채무를 이행하지 않은 고객들을 조사한 뒤, 그들이 모두 청구된 비용을 제때에 납부하고 있었다는 정황을 확인했다. 청구 방식에 상당한 결함이 있는 것 같았다. 본부장은 제임스 L. 토머스를 불러 그에게 이 "불량채권"들을 회수하라고 시켰다. 토머스는 다음의 방식을 택했다.

1. 나는 연체된 청구 비용을 받기 위해 고객을 한 명씩 방문했습니다. 청구 내용이 정확하다는 것을 우리는 알고 있었지만, 그것에 관해서는 한마디도 하지 않았습니다. 나는 회사가 그들을 어떻게 대했는지, 그리고 어떤 실책을 범했는지 알기 위해 왔다고 했습니다.

2. 나는 고객의 이야기를 듣기 전에 어떤 의견도 내지 않을 것이라는 사실을 명확히 했습니다. 회사가 결코 실수한 적이 없다는 사실은 밝히지 않았습니다.

3. 나는 오직 고객의 차에만 관심이 있으며, 그 차에 관해 세상에서 가장 잘 알고 있는 것은 다름 아닌 고객이라고 말했습니다. 그 주제에 관해서는 고객이 권위자라고요.

4. 나는 그의 이야기를 경청하며, 그가 바라고 기대하는 관심과 공감을 보였습니다.

5. 결국, 고객이 이성을 되찾았을 때, 나는 그의 페어플레이 정신에 모든 것을 맡겼습니다. 나는 고상한 동기에 호소했습니다. 나는 이렇게 말했습니다.

"우선 이 일이 잘못 처리되었다는 사실을 저 역시 잘 인지하고 있음을 알아주셨으면 합니다. 회사 직원으로 인해 불편하고, 귀찮고, 화가 나셨을 테지요. 회사를 대표해 사과드립니다. 이곳에 앉아 선생님의 이야기를 들어보니, 공정하고 참을성이 많으신 분이라 놀라지 않을 수 없었습니다. 그런 분이라는 것을 알아서 부탁 하나만 드리겠습니다. 세상에 이 일을 선생님보다 더 잘할 수 있는 분은 없으시겠지요. 선생님보다 잘 아는 사람이 없을 테니까요. 여기 청구서가 있습니다. 이 청구 금액을 알아서 조정해주십시오. 우리 회사 대표라 하더라도 선생님과 똑같이 금액을 조정하시리라 믿습니다. 여기 청구서를 두고 갈 테니, 조정하신 그대로 처리하겠습니다."

고객이 청구서를 정정했을까? 분명 그랬다. 그리고 그 일을 무척 재밌게 받아들였다. 청구서는 150달러에서 400달러 사이의 금액이었다. 하지만 고객이 자신의 이익만 추구했을까? 딱 한 명만 그랬다! 오직 한 사람만이 문제의 비용을 한 푼도 낼 수 없다고 했다. 하지만 나머지 다섯 명은 회사의 사정에 맞춰 비용을 지불해주었다. 이 이야기의 흥미로운 점은, 여섯 고객 모두가 2년 이내에 새 차를 주문했다는 것이다!

토머스는 이렇게 말했다.

"이건 경험을 통해 배운 것입니다. 고객에 대한 정보가 전혀 없을 때, 유일하게 할 수 있는 일은 그 고객이 자신이 바르다고 인정을 받았다는 전제하에 진실하고, 정직하고, 믿을 수 있고, 기꺼이 그리고 간절히 비용을 지불할 마음이 있다고 생각하는 것입니다. 쉽게 말하자면 사람들은 정직하고 자신의 의무를 다하고자 합니다. 예외는 비교적 많지 않습니다. 당신을 속이려고 하는 사람들마저도 당신이 그들을 정직하고, 올바르고, 공정하다고 생각하는 것을 느끼게 해준다면 대부분 호의적으로 반응할 것이라 믿습니다."

따라서 당신의 뜻대로 누군가를 설득하고자 한다면, 다음의 규칙을 따르는 게 좋을 것이다.

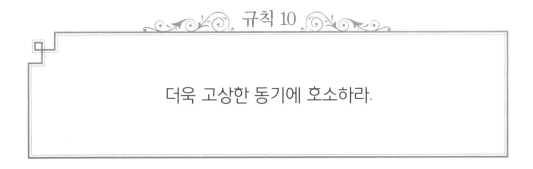

규칙 10

더욱 고상한 동기에 호소하라.

제11장

영화도 하고 TV도 하는 일

▶─────── **수년 전,** '필라델피아 이브닝 불리틴'은 중상모략에 빠져 위기를 맞고 있었다. 악의적인 소문이 떠돌았던 것이다.

광고주들은 그 신문이 더는 독자들의 시선을 끌지 못한다는 이야기를 들었다. 실리는 광고가 너무 많은 반면에 읽을 뉴스가 없다는 것이었다. 즉시 조치를 취해 헛소문을 잠재워야 했다.

하지만 어떻게 해야 할까?

그들은 이런 방법을 택했다.

신문사는 어느 평범한 하루 정규판에 실린 모든 기사를 모아 분류한 뒤 책으로 출간했다. 그 책의 이름은 '어느 하루'였고, 307쪽으로 구성되어 있었다. 그건 일반 양장본에 버금가는 두께였다. 그러나 신문사는 하루 치 일반 기사와 특집 기사를 모아 팔았다. 값은 2달러도 아닌 2센트였다.

그 책은 해당 신문사가 지닌 흥미로운 기사의 방대한 양을 한눈에 볼 수 있도록 연출한 것이었다. 그리고 그 사실을 생생하고, 흥미롭고, 인상적으로 보여주었다. 그건 수치를 잔뜩 기록한 서류나 실속 없는 말로 할 수 있는 것보다 훨씬 훌륭한 일을 해냈다.

케네스 구드와 젠 카우프만이 쓴 '사업에 필요한 쇼맨십'을 읽어보라. 이들의 책은 어떻게 쇼맨들이 투자를 통해 수익을 실현하는지에 관해 자세히 다룬다. 예를 들면 일렉트로룩스사가 고객들의 귀에 대고 성냥불을 그어 냉장고의 조용함을 극대화시킴으로써 기기를 판매한 일, 퍼스널리티사가 배우인 앤 소던의 사인을 1.95 달러짜리 모자에 새김으로써 시어스 로벅의 카탈로그에 들어간 일, 조지 웰바움이 쇼윈도의 움직이는 디스플레이가 작동을 멈추었을 때 80%의 청중이 이탈한 것을 밝혀낸 일, 미키 마우스가 백과사전에 실린 것과, 그의 이름이 새겨진 장난감이 한 공장을 파산으로부터 구제한 일, 이스턴 항공사가 더글라스 항송사의 실제 계기판을 창에 띄워 보여주면서 길거리의 많은 사람들을 끌어모은 일, 해리 알렉산더가 회사의 제품과 경쟁사의 제품 간 가상의 복싱 시합을 중개해 판매사원들의 사기를 북돋은 일, 사탕 진열대를 우연히 비춘 조명이 매출을 두 배나 뛰게 만든 일, 크라이슬러사가 자사의 차 위에 코끼리를 올려 차의 튼튼함을 증명한 일 등이 실렸다.

뉴욕대의 리처드 보든과 앨빈 뷔스는 1만 5천 건의 판매 면담을 분석했다. 그들은 '논쟁에서 이기는 법'이라는 책을 썼고, '판매의 6가지 규칙'이라는 강의를 열었다. 그 강의는 영화로 제작되었고, 대기업 수백 곳의 판매사원들이 시청하게 되었다.

그들은 연구를 통해 발견한 규칙들을 설명하는 데 그치지 않고, 그것을 눈으로 볼 수 있도록 했다. 청중들을 상대로 설전을 벌이며 판매의 잘못된 방식과 옳은 방식을 보여준 것이다.

연출이란 이런 것이다. 그저 사실을 말하는 것은 충분하지 않다. 사실을 선명하고, 흥미롭고, 극적으로 만들어야 한다. 쇼맨십을 사용해야 한다. 관심을 끌고자 한다면 당신 역시 영화와 라디오가 하는 그 일을 해야 한다.

쇼윈도 전시 전문가들은 연출의 강력한 힘을 알고 있다. 예를 들어 신제품 쥐약을 만든 제조업자는 딜러에게 쇼윈도에 둘 수 있는 살아있는 쥐 두 마리를 주었다. 쥐들이 쇼윈도에 등장한 주간에 판매율은 평상시보다 5배 많이 집계되었다.

'디 아메리칸 위클리'의 제임스 B. 보인튼은 장황한 시장 보고서를 발표해야 했다. 그의 기업은 콜드크림을 판매하는 유명 기업들에 관한 철저한 조사를 막 끝낸 참이었다. 그는 경쟁사의 요금 할인 정책에 대비한 자료를 당장 내놓아야 하는 시급한 상황이었다. 그 자료를 요청한 고객은 광고업계의 가장 거물이자 강력한 사람이었다.

그의 첫 번째 시도는 시작도 해보지 못하고 실패했다.

보인튼은 설명했다.

"내가 처음 사무실에 들어갔을 때, 나는 조사에 사용한 방식에 관한 쓸데없는 이야기나 하며 다른 길로 빠졌습니다. 그와 나는 서로 논쟁하려 들었습니다. 그는 내가 틀렸다고 말했고, 나는 내가 맞았다는 것을 증명하려 했습니다. 나는 내 만족을 위해 결국 말싸움에서 이겼지만, 면담 시간을 모두 소진했고, 아무런 결과도 얻지 못했습니다. 두 번째 면담에서, 나는 수치와 자료로 채워진 표를 더는 신경 쓰지 않았습니다. 나는 고객을 보러 간 뒤, 내가 가진 자료를 연출에 사용했습니다. 내가 사무실에 들어갔을 때, 그는 통화 중이었습니다. 그리고 그가 대화를 끝내는 동안, 나는 여행 가방을 열어 32개의 콜드크림을 그의 책상 위에 올려놓기 시작했습니다. 모두 그가 알고 있는 제품들이었고, 그의 경쟁사들이 만든 것이었습니다. 각 제품 위에 나는 거래 조사 결과를 나타내는 꼬리표를 붙여두었습니다. 그리고 각 꼬리표에는 조사 결과를 간략하게 요약해서 적어두었습니다. 무슨 일이 일어났느냐고요? 더는 논쟁을 벌이지 않게 되었습니다. 뭔가 새롭고 전에 없던 일이 벌어졌습니다. 그는 제품을 하나씩 손에 들더니 꼬리표에 붙은 정보를 읽기 시작했습니다. 친근한 대화가 오갔습니다. 그는 부수적인 질문을 던졌고, 큰 흥미를 보였습니다. 그는 처음에 나에게 10분의 면담을 허락했지만, 10분, 20분, 40분 그리고 1시간이 지나도록 우리는 이야기를 나누었습니다. 나는 이전과 똑같은 사실을 보여주고 있었지만, 이번에는 연출과 쇼맨십을 이용했습니다. 그건 분명한 차이를 만들었습니다."

따라서 상대방이 당신 생각에 동의하게 만들고 싶다면 다음의 규칙을 따르라.

규칙 11

당신의 생각을 극적으로 표현하라.

제12장

아무런 방법도 통하지 않을 때

▶——————— 찰스 슈와브의 공장 중에는 작업 할당을 지키지 못하는 곳이 있었다.

슈와브는 작업 책임자에게 물었다.

"당신 같은 능력을 지닌 책임자가 어찌하여 할당량을 채우지 못하는 겁니까?

책임자가 답했다.

"모르겠습니다. 구슬려도 보고, 달래기도 해보고, 재촉과 비난을 퍼붓기도 했고 해고하겠다는 위협도 해보았습니다. 하지만 아무것도 통하지 않았어요. 그들은 일하지 않습니다."

그 대화는 늦은 오후에 이루어졌기에, 야간 근무조가 출근하기 직전이었다. 슈와브는 책임자에게 분필 조각을 가져오라고 했다. 그리고 가까이 서 있던 남자에게 이렇게 물었다.

"당신이 있는 근무조는 주조물을 녹이는 작업을 몇 번이나 했나요?"

"여섯 번입니다."

슈와브는 아무런 말도 없이 바닥에 커다랗게 숫자 6을 그린 뒤 사라졌다.

출근한 야간 근무조는 바닥의 숫자 6이 무엇을 의미하는지 물었다.

"사장님이 오늘 오셨습니다. 주간 근무조가 주조물을 몇 번 녹였는지 물어보시고는 그 숫자를 바닥에 새기셨어요."

다음 날 아침, 슈와브는 다시 작업장에 나타났다. 지난밤 새겨 둔 숫자는 6 에서 7로 바뀌어 있었다.

주간 근무조는 출근해서 바닥 위에 숫자 7이 분필로 그려져 있는 것을 보았다. 그래서 '야간 근무조가 우리보다 일을 잘한다는 거야? 본때를 보여줘야겠군.' 주간 근무조는 열정적으로 일했다. 그들이 퇴근할 때 바닥에는 큰 글씨로 10이라는 숫자가 휘갈겨져 있었다. 그리고 숫자는 계속 늘어갔다.

생산량이 뒤처지던 그 공장은 다른 어떤 공장보다 더 많은 물량을 생산하기 시작했다.

그 법칙은 무엇일까?

찰스 슈와브는 이렇게 말했다.

"일을 마무리하는 방법은, 경쟁을 유도하는 것이다. 비도덕적이거나 돈벌이로서의 경쟁이 아닌, 다른 사람을 능가하고자 하는 열망의 경쟁심이다."

남보다 뛰어나고자 하는 열망! 도전! 투쟁! 이것은 용감한 사람들의 마음을 사로잡는 확실한 방법이다.

도전이 아니었다면, 시어도어 루스벨트가 미국의 대통령이 되는 일도 없었을 것이다. 러프 라이더스 의용대를 모집해 스페인 전쟁에서 참여했던 루스벨트는 종전 후 쿠바에서 막 돌아와 뉴욕주의 주지사가 되었다. 그러나 반대파였던 민주당은 그가 뉴욕주민이 아니라는 사실을 밝혀냈다. 겁이 난 루스벨트는 사퇴를 검토했다. 하지만 당시 뉴욕 출신 상원 의원이었던 토머스 콜리어 플랫이 그에게 투쟁심을 불러일으켰다. 시어도어 루스벨트를 갑작스럽게 방문한 그는 쩌렁쩌렁한 목소리로 이렇게 외쳤다.

"산후안의 영웅이 겁쟁이였던가?"

루스벨트는 싸움에서 물러서지 않았고, 역사에 이름을 새겼다. 그 도전은 그의 인생을 바꾸었을 뿐 아니라, 국가의 미래에도 영향을 미쳤다.

찰스 슈와브는 도전의 대단한 힘을 이해하고 있었다. 보스 플랫과 알 스미스도 마찬가지였다. 알 스미스가 뉴욕의 주지사를 지내는 동안, 그는 난관에 부딪힌 적이 있다. 데블스 아일랜드 서쪽에 있는 가장 악명 높은 교도소인 싱싱의 교도소장 자리가 비어있었다.

교도소에는 추잡한 소문과 스캔들이 난무했다. 스미스는 싱싱 교도소를 지도할 실력자를 원했다. 하지만 그 자리에 누굴 앉혀야 할까? 그는 뉴햄프턴의 루이스 E. 로스를 불렀다.

로스가 그를 찾아오자, 그는 쾌활하게 물었다.

"싱싱 교도소를 맡는 게 어떤가? 경험이 있는 사람이 필요하네."

로스가 당황했을까? 그는 싱싱 교도소의 위험을 알고 있었다. 그것은 정치적인 임명이었고, 정치 상황에 따라 예상 밖의 상황이 생길 수도 있었다. 교도소장은 3주마다 교체되었다. 그는 자신의 경력을 생각해야 했다. 과연 위험을 감수하는 것이 현명할까?

로스가 갈등하는 것을 안 스미스는 몸을 뒤로 젖히고 앉아 미소를 지었다.

"이보게, 젊은 친구. 겁을 먹었다고 해서 나무라진 않겠네. 그건 어려운 자리야. 큰 인물만이 그 자리를 견딜 수 있지."

스미스는 도전장을 내민 것이었다. 로스는 '큰 인물'만이 맡을 수 있는 일을 시도해본다는 생각이 마음에 들었다.

그리하여 로스는 교도소장직을 맡게 되었고, 싱싱 교도소에 머무르게 되었다. 그리고 그는 현존하는 교도소장 중 가장 유명한 인물이 되었다. 그의 저서 '싱싱 교도소에서의 2만 년'은 수십만 부나 팔렸다. 그는 방송에 출연했고, 그의 교도소 생활을 담은 이야기는 여러 영화의 영감이 되었다. 그리고 그가 범죄자를 '교화하는' 방식은 기적처럼 교도소를 바꾸어 놓았다.

그 대단한 파이어스톤 타이어 회사의 창립자 하비 S. 파이어스톤은 이렇게 말했다.

"돈, 오직 돈만으로는 사람들을 결속시키거나 좋은 사람을 붙들 수 없다. 그 역할을 하는 것은 게임이다."

모든 성공한 사람들이 좋아하는 것이 바로 게임이다. 게임은 자기표현의 기회, 자신의 가치와 탁월함을 증명하고 승리할 기회다. 도보 경주, 고함지르기 대회, 파이 먹기 대회가 열리는 것도 남보다 탁월하기 위한 열망, 남보다 내가 중요한 사람이라고 느끼고 싶은 열망 때문이다.

따라서 기백이 있는 사람, 패기만만한 사람을 사로잡길 원한다면, 다음의 규칙에 따르라.

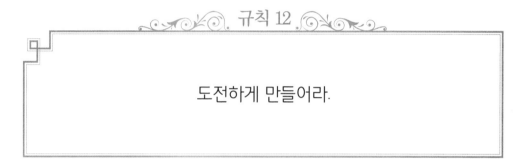

규칙 12

도전하게 만들어라.

제3부 요약

사람들의 호감을 사는 방법

규칙 1. 논쟁에서 이기는 유일한 방법은 그것을 피하는 것이다.

규칙 2. 다른 사람의 의견을 존중해라. 절대 당신이 틀렸다고 하지 말아라.

규칙 3 당신이 틀렸다면 빠르고 분명하게 인정하라.

규칙 4. 우호적으로 시작해라.

규칙 5. 다른 사람의 입에서 즉시 '네, 네.'라고 답할 수 있도록 하라.

규칙 6. 상대방으로부터 이야기를 끌어내라.

규칙 7. 상대방에게 스스로의 머릿속에서 나온 생각인 것처럼 여기도록 만들어라.

규칙 8. 진심으로 다른 사람의 입장을 이해하려 하라.

규칙 9. 다른 사람의 생각과 욕구에 공감하라.

규칙 10. 더욱 고상한 동기에 호소하라.

규칙 11. 당신의 생각을 극적으로 표현하라.

규칙 12. 도전하게 만들어라.

제4부

상대방의 감정을 상하게 하거나 원한을 사지 않고 사람을 변화시키는 방법

제1장

상대방의 결점을 찾았을 때

▶───────── **캘빈 쿨리지가** 대통령으로 있을 당시, 내 친구 중 한 명이 백악관에 초청되어 주말을 보내게 되었다. 대통령의 개인 집무실에 들어가는 동안, 그는 쿨리지가 비서 중 한 명에게 이렇게 말하는 것을 들었다.

"오늘 멋진 원피스를 입었군요. 당신은 정말 매력적인 사람이에요."

그건 아마 '침묵의 캘빈'이라고 불리던 그의 비서가 이제껏 들어본 것 중 가장 요란한 칭찬이었을 것이다. 그 칭찬이 너무도 뜻밖의 것이었던 나머지 비서는 당황스러움에 얼굴이 빨개졌다. 그러자 쿨리지는 이렇게 말했다.

"자, 그냥 기분 좋으라고 한 말이니까, 우쭐댈 필요는 없어요. 그보다 앞으로는 구두점에 조금 더 신경을 써주면 좋겠어요."

그가 사용한 방식은 속이 뻔한 것이었지만, 그가 사람의 심리를 이용하는 방법은 훌륭했다고 할 수 있다. 장점에 대한 칭찬을 듣고 난 뒤에는 불쾌한 이야기를 듣는 것이 쉬워지는 법이다.

이발사는 면도에 앞서 비누칠을 한다. 1896년 대통령 선거에 출마한 매킨리도 정확히 같은 방법을 사용했다. 당시 공화당의 중요한 당원 하나가 그를 위한 선거 연설문을 작성했다. 그는 자신의 글이 키케로, 패트릭 헨리, 다니엘 웹스터의 연설문을 합친 것보다 낫다고 생각하고 있었다. 잔뜩 신이 난 그는 매킨리 앞에서 자신이 쓴 불멸의 연설문을 큰 소리로 읽었다. 나름 괜찮은 부분도 있었지만, 매킨리는 그 연설문을 사용할 수가 없었다. 분명 엄청난 비판을 몰고 올 것이었기 때문이다. 그의 기분을 상하고 싶지 않았던 매킨리는 그의 대단한 열정을 식히지 않고 거절해야만 했다. 그가 얼마나 영리하게 처신했는지 보시라.

매킨리는 이렇게 말했다.

"이보게, 정말 인상적이고 감명 깊은 연설문이네. 그 누구도 이보다 잘 준비하진 못했을 거야. 다만 다른 때 같았으면 시기적절한 말들이었겠지만, 지금 현 상황에 딱 맞는 이야기는 아닌 듯하네. 자네의 관점에서는 타당하고 냉철한 이야기가 맞겠지만, 나는 당의 입장 또한 고려해야 하네. 내가 언급한 부분을 반영해서 다시 연설문을 작성해주게."

그는 매킨리의 말에 따랐고, 매킨리는 그의 글을 교정하며 그가 연설문을 다시 쓰는 것을 도왔다. 그리고 그는 선거의 주요 연설자 중 한 명이 되었다.

에이브러햄 링컨이 쓴 편지 중 두 번째로 유명한 편지를 소개하겠다. (그가 쓴 편지 중 가장 유명한 것은 빅스비 여사에게 그녀의 다섯 아들이 전쟁에서 전사한 것에 대한 그의 슬픔을 전하는 글이다.)

링컨은 5분 만에 그 편지를 서둘러 써 내려갔을 것이다. 하지만 그 편지는 1926년 경매에서 1만 2천 달러에 팔렸다. 그 돈은 링컨이 50년 동안 열심히 일해 모았을 때 벌 수 있는 금액이었다. 1863년 4월 26일에 그 편지가 쓰일 당시는 남북전쟁의 가장 암울한 시기에 접어들었을 때였다. 18개월 동안, 북부군을 지휘하던 링컨의 장군들은 패배를 거듭 중이었다. 그것은 무의미하고 어리석은 학살일 뿐이었다. 미국인들은 끔찍한 충격을 받았다. 수천 명의 군사들이 탈영했고, 상원에 있는 공화당 의원들마저 반발했으며 링컨을 대통령직에서 끌어내리려 했다. 링컨은 이렇게 말했다.

"우리는 파멸 직전에 있습니다. 신이 우리를 버린 듯 싶군요. 희망은 한 줄기도 보이지 않습니다."

그 편지는 그렇게 슬픔과 혼돈 속에서 쓰였다.

여기서 이 책에 옮겨적는 것은 링컨이 다루기 힘든 장군의 마음을 바꾸기 위해 어떤 방법을 취했는지 보여주기 때문이다. 그것도 한 장군의 행동에 따라 나라의 운명이 달린 순간에 말이다.

이 편지는 아마 링컨이 대통령이 된 뒤 적은 편지 가운데 가장 날이 선 편지였을 것이다. 그런데도 링컨은 후커 장군의 중대한 실책에 관해 말하기에 앞서 칭찬을 하는 것을 잊지 않았다.

실제로 후커 장군의 잘못은 심각했다. 하지만 링컨은 그 부분을 지적하지 않았다. 링컨은 매우 보수적이었고, 외교적이었다. 링컨은 이렇게 적었다.

"당신에게 충분히 만족스럽지 못한 부분이 몇 가지 있습니다."

지략과 외교란 바로 이런 것이다!

그가 후커 장군에게 보낸 편지는 다음과 같다.

'나는 당신을 포토맥군 사령관으로 임명했습니다. 그럴만한 충분한 이유가 있다고 생각했기 때문입니다. 하지만 장군에게 충분히 만족스럽지 못한 부분이 몇 가지 있음을 알려드리는 게 좋겠다는 생각이 듭니다.

나는 당신이 용감하며 노련한 군인이라고 믿고 있으며 그 점을 높이 삽니다. 그리고 당신이 정치와 직분을 혼동하지 않는 사람이며, 그런 당신의 판단이 옳다고 생각합니다. 당신은 본인에 대한 확신이 있으며, 그것 또한 필수적이진 않더라도 귀중한 자질입니다.

당신이 가진 야심은 적당히 작용했을 때 실보다 득이 많은 것입니다. 그러나 번사이드 장군이 군을 지휘하는 동안, 당신의 그 야심은 모든 수단을 동원해 번사이드 장군을 방해했습니다. 그것은 국가뿐 아니라 공훈을 세운 가장 명예로운 동료에게도 큰 잘못을 저지른 것입니다.

나는 최근에 당신이 군대와 정부 모두에게 독재자가 필요하다고 말한 적이 있음을 전해 들었습니다. 내가 당신을 임명했을 때는 독재자가 필요한 것은 아니었지만, 당신이 그런 생각을 품고 있음에도 불구하고 그 자리에 앉힌 것입니다. 승리하는 장군만이 독재자가 될 수 있습니다. 내가 당신에게 기대하는 것은 군사적 성공입니다. 그리고 나는 승리를 위해서라면 독재도 감내할 것입니다.

정부는 모든 기량을 발휘해 당신과 다른 지휘관들을 동등하게 지원할 것입니다. 당신이 부대 내에서 지휘관에 대한 비판이 돌도록 했으며, 병사들이 그를 신뢰하지 못하게 했던 것이 당신에게 부메랑처럼 되돌아갈까 굉장히 우려스럽습니다. 나는 최대한 그런 일이 일어나지 않도록 당신을 도울 예정입니다.

나폴레옹을 데려온다고 해도 그런 분위기가 만연한 군대를 데리고 승리할 수는 없을 것입니다. 그러니 무모한 행동을 하지 않도록 조심하십시오. 무모한 행동은 하지 말되, 경계를 늦추지 않고 힘을 다해 전진해주십시오. 그리고 우리에게 승리를 안겨 주십시오.'

당신은 쿨리지도, 매킨리도 링컨도 아니다. 당신이 알고 싶은 것은 이 법칙을 일상적인 업무에서 사용할 수 있는지다. 과연 그럴까? 필라델피아에 있는 워크사에서 일하는 W. P. 고(W. P. Gaw)의 이야기를 들어보자.

워크사는 필라델피아주에 정해진 기한 내에 대규모 사무실 건물을 건설하는 계약을 맺었다. 모든 것이 잘 진행되고 있었다. 근데 완공이 가까워졌을 때 즈음, 난데없이 외벽용 청동 장식을 만드는 하청업체가 납품 기한을 지키지 못하게 되었다고 통보를 해왔다. 뭐라고! 공사가 멈추면 위약금이 생길 테고, 손해가 막심할 것이었다! 이 모든 게 하청업체 단 한 명 때문에 생길 수 있다니!

장거리 통화로 말다툼과 뜨거운 언쟁을 벌였지만 모두 소용없는 일이었다. 고는 하는 수 없이 직접 호랑이 굴에 찾아가기 위해 뉴욕으로 출장을 떠났다.

고는 자신을 간단하게 소개한 뒤, 하청업체의 사장에게 이렇게 물었다.

"사장님. 브루클린에서 사장님과 같은 성을 가진 사람이 한 명밖에 없다는 걸 알고 계셨나요?"

사장은 깜짝 놀라 이렇게 대답했다.

"아니요. 그건 몰랐네요."

고는 이렇게 말했다.

"오늘 아침 기차에서 내려 주소를 찾으려고 전화번호부를 펼쳤는데, 브루클린 전화번호부에 사장님 성을 가진 사람이 한 분뿐이더군요."

사장이 대답했다.

"처음 알게 된 사실이네요."

그는 관심 있게 전화번호부를 들여다보았다. 그리고 자랑스럽게 이렇게 말했다.

"드문 이름이긴 합니다. 내 가문은 2백 년 전 네덜란드에서 뉴욕으로 이주했어요."

그는 몇 분이나 계속해서 자신의 가족과 조상들에 관해 이야기했다. 그가 말을 마칠 때쯤, 고는 그가 과거에 방문했던 비슷한 공장들과 비교하며 그의 공장 규모를 칭찬했다.

"제가 본 청동 세공 공장 중에서 가장 청결하고 깔끔한 곳이네요."

사장이 대답했다.

"이 사업을 일으키기 위해 평생을 바쳤답니다. 제 자부심이에요. 공장을 좀 둘러보시면 어떨지요?"

공장을 견학하는 동안 고는 제작 환경을 칭찬하며, 경쟁사보다 우수해 보이는 이유를 말해주었다. 고가 흔치 않은 장비를 알아보자, 사장은 자신이 직접 그 기계를 발명했다고 말해주었다. 그는 제법 오랜 시간 동안 고에게 기기의 작동법과 뛰어난 성능을 시연해주었다. 그는 방문객을 점심에 초대하겠다고 고집을 부렸다. 그때까지도 그들은 고의 진짜 방문 목적에 대해서는 한 마디도 주고받지 않았다.

점심 식사 후, 사장은 이렇게 말했다.

"자, 이제 본론에 들어가시죠. 당연히 왜 이곳에 오셨는지 알고 있습니다. 우리의 만남이 이토록 즐겁게 흐를 거라고는 기대하지 못했습니다. 다른 주문을 미루더라도 의뢰하신 물품은 제때 제작해서 발송할 테니, 제 약속을 믿고 필라델피아로 돌아가셔도 좋습니다."

고는 아무런 요구도 하지 않았음에도 자신이 원하는 것을 얻을 수 있었다. 자재는 제때 도착했고, 그들은 계약 일자에 맞춰 건물의 공사를 마칠 수 있었다.

고가 보통 그런 상황에서 생길법한 격렬한 싸움을 벌였다고 해도 같은 결과를 얻을 수 있었을까?

따라서 상대방의 감정을 상하게 하거나 원한을 사지 않고 사람을 변화시키는 방법은 다음과 같다.

규칙 1

칭찬과 솔직한 감사의 말로 시작하라.

제2장

미움을 받지 않고 비판하는 법

▶──────── 어느 한 정오에 찰스 슈와브가 자신의 제강 공장 중 한 곳을 지나가다 직원들이 담배를 피우고 있는 것을 보게 되었다. 직원들의 머리 바로 위에는 '금연'이라는 표지판이 붙어있었다. 슈와브가 그 표지판을 가리키며 "글을 읽을 줄 모르나?"라고 했을까? 아니다. 그건 슈와브의 방식이 아니었다. 그는 직원들에게 다가가 한 명씩 시가를 나눠주며 이렇게 말했다.

"이걸 밖에 나가서 피워주면 고맙겠소."

직원들은 자신들이 규정을 어겼다는 것을 알고 있었다. 그런데도 자신들을 나무라는 대신 작은 선물을 주며 공로를 인정하는 슈와브를 존경하게 되었다. 그런 사람을 어떻게 좋아하지 않을 수 있을까?

존 워너메이커 역시 같은 기술을 사용했다. 워너메이커는 매일 필라델피아 주에 있는 그의 매장을 둘러보곤 했다. 어느 날 그는 계산대에서 종업원을 기다리는 고객을 보았다. 하지만 그 누구도 손님에게 눈길을 주지 않고 있었다. 판매원들은 계산대 끝에서 자기들끼리 웃으며 수다를 떠는 중이었다.

워너메이커는 한 마디도 하지 않았다. 계산대로 가서 직접 손님에게 계산해준 뒤 그녀가 구매한 물건을 판매원들이 포장할 수 있도록 전달한 뒤 할 일을 하러 가버렸다.

1887년 3월 8일, 달변가 헨리 워드 비처가 세상을 떠났다. 이어지는 일요일, 라이먼 애벗은 비처의 빈자리를 대신해 설교단에 올라 달라는 요청을 받았다.

최선을 다하고 싶은 마음에, 그는 작가인 플로베르처럼 세심하게 연설문을 쓰고, 고쳐 쓰고 또 다듬었다. 그리고 아내 앞에서 그것을 읽었다. 손으로 쓴 연설문이 대체로 그렇듯, 결과는 형편없었다. 만일 그의 아내가 판단력이 부족한 사람이었다면, 그녀는 이렇게 말했을 것이다.

"모두 잠들어 버릴 거예요. 꼭 백과사전을 낭독하는 것 같잖아요. 설교 경력이 그렇게 오래됐는데 그보다는 잘해야 하지 않겠어요? 제발 사람이 말하는 것처럼 말할 수는 없겠어요? 왜 자연스럽게 하지 않는 거예요? 그걸 읽었다간 얼굴에 먹칠하게 될 거예요."

그녀는 그렇게 말할 수도 있었다. 그리고 만일 실제로 그녀가 그렇게 말했다면, 그다음 벌어질 일은 말하지 않아도 알 것이다. 그 사실을 알고 있던 그녀는 이렇게 말했다.

"노스 아메리칸 리뷰에 실으면 적격이겠네요."

그녀는 그가 쓴 글을 칭찬하면서 그 글이 연설에는 적합하지 않다는 것을 영리하게 지적했다. 라이먼 애벗은 그녀가 지적한 부분을 알아듣고, 공들여 쓴 연설문을 버린 뒤 설교단에 올라 아무것도 읽지 않고 연설을 펼쳤다.

따라서 상대방의 감정을 상하게 하거나 원한을 사지 않고 사람을 변화시키는 방법은 다음과 같다.

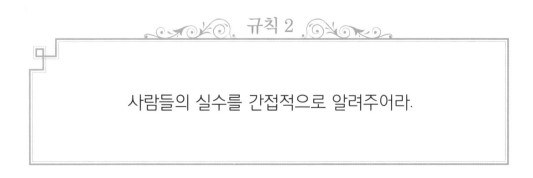

규칙 2

사람들의 실수를 간접적으로 알려주어라.

제3장

본인의 잘못을 먼저 말하라

▶──────── 내 조카 조세핀 카네기는 내 비서로 일하기 위해 뉴욕으로 왔다. 당시 조세핀은 19살이었다. 고등학교를 졸업한 지 3년이 되었었고, 사회 경험은 전무했다. 지금이야 그녀는 서구에서 가장 실력 좋은 비서 중 한 명이 되었다지만, 처음 내 비서직을 맡았을 때만 해도 백지상태에 가까웠다.

하루는 조세핀에게 야단을 치려다, 이런 생각을 했다.

'잠깐만. 이봐, 데일 카네기. 잠깐 있어 봐. 너는 조세핀보다 나이를 두 배나 먹었지. 그리고 사회 경험은 천 배 정도 많이 했어. 어떻게 조세핀이 너와 같은 관점, 판단력 그리고 진취성을 가지길 바랄 수가 있어? 그나마도 그렇게 대단하지 않은데? 그리고, 이봐. 너는 19살 때 뭘 했지? 네가 했던 터무니없는 이런저런 실수와 잘못을 잊어버린 건가?'

솔직하고 공정하게 그 사실을 고려하자, 조세핀의 타율이 내가 그녀의 나이에 가졌던 것보다 우수하다고 결론짓게 되었다. 그리고 미안하게도, 조세핀에게 충분한 칭찬을 해주지 않았다는 것을 알게 되었다.

그 이후로 나는 조세핀의 실수를 지적할 때면 이렇게 말을 시작했다.

"조세핀, 실수를 했구나. 하지만 신께서는 내가 너보다 낫지 않다는 걸 알고 계시지. 사람은 판단력을 가지고 태어나는 것이 아니라, 경험을 통해 얻는단다. 그리고 너는 내가 네 나이였을 때보다 잘하고 있어. 나는 정말 멍청하고 어리석은 일들을 저질러서 너는 물론이고 그 누가 되었든 비판할 자격이 없단다. 하지만 이렇게 하는 것보다는 저렇게 하는 것이 더 현명한 것 같지 않니?"

비판하는 사람이 겸손한 태도로 본인 역시 완벽하지 않다는 사실을 인정하는 것으로 시작한다면, 장황한 잔소리를 듣는 것도 크게 어렵지 않다.

세련된 기품의 베른하르트 폰 뷜로우는, 1909년 이러한 자세를 취해야 하는 분명한 필요성을 배우게 되었다. 뷜로우는 독일 제국의 총리였다. 당시 왕좌에는 빌헬름 2세가 앉아있었다. 황제에게는 불손한 빌헬름, 오만한 빌헬름, 독일 최후의 황제 빌헬름 같은 별명이 있었다.

그리고 놀라운 사건이 벌어졌다. 황제의 입에서 믿을 수 없는, 유럽 대국을 뒤흔들다 못해 온 세상을 떠들썩하게 만들 일련의 폭팔음을 만들어낸 것이다. 그것으로도 모자라 황제는 사람들 앞에서 어리석고, 독선적이며, 터무니없는 발표를 했다. 그 발표는 황제가 영국에 손님으로 초청된 동안 일어났는데, 황제는 '데일리 텔레그래프'가 그 발표 내용을 찍어내도 되도록 직접 허락해주기까지 했다. 예를 들어 그는 자신이 영국인들에게 호감을 가지고 있는 유일한 독일인이며, 일본의 위협에 맞서 해군을 구축하고 있고, 오직 그만이 러시아와 프랑스를 상대로 입은 굴욕으로부터 영국을 구할 수 있을 것이며, 영국의 로버츠 경이 남아프리카에서 보어인들을 무찌를 수 있었던 것도 그의 군사 작전 덕분이라는 이야기였다.

지난 100년의 역사를 살펴본대도, 평화롭던 시기에 유럽의 황제 입에서 그와 같은 말이 나온 적은 없었다. 마치 벌집을 쑤셔놓은 듯 유럽 대륙 전체가 시끌벅적했고, 영국인들은 격분했으며 독일의 정치인들은 경악했다. 모두의 반응에 전전긍긍하기 시작한 황제는 제국의 총리로 있던 폰 뷜로우에게 비난의 화살을 대신 받아달라고 했다. 폰 뷜로우가 책임을 지고 황제에게 그런 말들을 하라고 자신이 조언했다고 말해주길 원했던 것이었다.

폰 뷜로우는 이의를 제기했다.

"하지만 폐하, 독일인이든 영국인이든 누군가 황제께 그런 것을 조언했다고

민을 사람은 없을 것 같습니다."

하지만 그 말을 한 즉시, 폰 뷜로우는 자신이 중대한 실수를 범했다는 것을 깨달았다. 황제가 불같이 화를 냈던 것이다.

황제가 소리쳤다.

"당신은 나를 멍청한 당나귀로 여기는군. 당신이라면 절대 저지를 수 없는 실수나 하는 사람으로 말이야!"

폰 뷜로우는 그가 황제를 비난하기 전에 칭찬을 먼저 했어야 한다는 것을 알았다. 하지만 이미 엎어진 물이었기에, 그는 차선을 택했다. 그는 황제를 비난한 뒤에 칭찬한 것이었다. 그리고 그것은 기적 같은 결과를 낳았다.

폰 뷜로우는 공손하게 답했다.

"전혀 그런 뜻이 아닙니다. 폐하께서는 많은 부분에서 저를 능가하시지요. 해군과 육군에 관한 지식은 물론 자연 과학에서도 마찬가지입니다. 황제께서 기압계나 무선 전신 또는 뢴트겐선에 관하여 이야기하실 때면 저는 감탄하며 경청하곤 한답니다. 저는 자연 과학이나 화학, 물리학과 관련된 분야에 대해서는 창피할 정도로 무지합니다. 단순한 자연 현상도 설명하지 못할 정도지요. 하지만 그 대신 역사에 관해서는 조금의 지식을 갖추고 있고, 정치 분야, 특히 외교 분야에서 유용한 약간의 자질을 가졌는지도 모르겠습니다."

폰 뷜로우의 칭찬에 황제는 활짝 웃었다. 폰 뷜로우가 황제를 칭송하며 자신을 낮춘 덕이었다. 그 이후 황제는 무엇이든 용서할 수 있는 것처럼 굴었다. 황제는 열성적으로 이렇게 말했다.

"내가 말하지 않았소. 우리는 서로를 완벽하게 만들어준다고. 우리는 붙어 다녀야 하오. 그리고 그럴 것이고!"

그는 여러 번이나 폰 뷜로우의 손을 잡고 흔들었다. 같은 날 그는 더욱 도취해 두 주먹을 불끈 쥐고는 이렇게 말하기도 했다.

"나에게 폰 뷜로우에 대해 좋지 않게 이야기하는 자가 있으면 얻어맞을 줄 아시오."

폰 뷜로우는 그렇게 위기를 모면했다. 하지만 영리한 외교관이었던 그로서는 큰 실수를 저지른 셈이었다. 그는 황제가 보모를 필요로 하는 얼빠진 인간이라는 것을 일깨우기 전에 본인의 단점과 빌헬름의 우월성을 언급하는 것으로 이야기를 시작해야 했다.

만일 겸손한 말 몇 마디와 상대를 칭찬하는 것으로 거만하고 모욕당한 황제를 충실한 친구로 만들 수 있다면, 우리가 일상에서 마주치는 사람들에게는 이를 얼마나 더 잘 활용할 수 있을까? 현명하게 이를 이용한다면, 인간관계에서 놀라운 기적을 만들 수 있을 것이다.

따라서 상대방의 감정을 상하게 하거나 원한을 사지 않고 사람을 변화시키는 방법은 다음과 같다.

규칙 3

다른 사람을 비판하기에 앞서
자신의 실수를 먼저 이야기하라.

제4장

명령을 좋아하는 사람은 없다

▶──────── 한번은 미국에서 가장 경험이 많은 전기 작가라고 할 수 있는 아이다 타벨과 저녁 식사를 가졌다. 그녀에게 이 책을 쓰고 있다는 이야기를 했을 때, 사람들과 잘 지내는 법에 관한 이런저런 이야기를 나누었다. 그리고 그녀는 오언 D. 영의 전기를 쓰던 시절의 이야기를 들려주었다. 그녀는 3년간 영과 같은 사무실에서 근무한 한 남자를 인터뷰했는데, 그 사람이 삼 년이라는 시간 동안 오언 D. 영이 누군가에게 명령을 내리는 것을 단 한 번도 들은 적이 없다고 했다는 것이다. 영은 명령이 아닌 제안을 이용했다. 예를 들어 그는 절대 "이렇게 하세요." 또는 "이렇게나 저렇게는 하지 마세요."라고 말하는 법이 없었다고 한다. 그 대신 "이 일을 고려해보면 어떨까요?"라든지 "그렇게 하면 일이 성사가 될까요?"라는 식의 화법을 썼다는 것이다. 그리고 그는 편지를 받아적게 한 다음 "어떻게 생각하세요?"라고 물어보곤 했다. 비서 중한 명이 쓴 편지를 들여다볼 때면 "이 표현은 이런 식으로 대체하면 더 나을 것 같아요."라고 조언했다. 그는 사람들에게 스스로 일할 기회를 주었다. 비서들에게 할 일을 정해주는 일이 없었다. 그들이 알아서 자신의 일을 찾도록 한 뒤, 실수로부터 배울 수 있도록 지켜본 것이었다.

　이 같은 기술은 실수를 바로잡는 것을 더욱 쉽게 만든다. 상대방의 자존심을 지켜주고 그 사람이 중요한 사람이라는 느낌을 주게 한다. 그리고 반항심이 아닌 협력하고 싶은 마음이 들도록 한다.

따라서 상대방의 감정을 상하게 하거나 원한을 사지 않고 사람을 변화시키는 방법은 다음과 같다.

직접적인 명령을 내리는 대신 질문을 던져라.

제5장

상대방의 체면을 세워 주어라

▶──────── 몇 년 전, 제너럴 일렉트릭사는 찰스 스타인메츠를 부서장 자리에서 물러나도록 해야 하는 까다로운 상황에 직면하게 되었다. 스타인메츠는 전기 분야에 관해서는 최고의 천재였으나, 그를 회계부의 부서장으로 임명한 것은 실수였다. 그는 회사에 없어서는 안 될 인물이었고, 아주 예민한 성미를 가지고 있었기에 회사는 그의 기분을 고려하지 않을 수 없었다. 그리하여 회사는 그에게 제너럴 일렉트릭사의 자문기사라는 새로운 직함을 주었다. 그리고 다른 사람이 회계부를 이끌도록 하였다.

스타인메츠는 만족했고, 회사의 임원들도 마찬가지였다. 그들은 아무런 소동도 일으키지 않은 채, 그 까다로운 인사를 이동시킨 것이다. 다 그의 체면을 세워 주었기 때문이었다.

다른 사람이 체면을 세울 수 있도록 하라! 그건 너무나도 중요한 일이다! 과연 우리 중에서 체면의 중요성을 생각하는 사람이 몇이나 될까? 우리는 다른 사람의 기분을 상관하지 않고 함부로 행동하고, 질책하고, 위협한다. 다른 사람이 보는 앞에서 아이나 직원을 꾸짖기도 한다. 그 사람의 자존심이 상하고 있다는 사실을 고려하지 않은 채로 말이다.

그러나 몇 분만 투자해 사려 깊은 말을 건네거나, 상대의 태도를 진심으로 이해해본다면, 타인에게 상처를 입히는 일은 일어나지 않을 것이다.

공인회계사 마셜 A. 그레인저는 나에게 이런 편지를 보냈다.

직원을 해고하는 것은 즐거운 일이 아닙니다. 그러나 해고를 당하는 것은 더욱 끔찍하지요. 회계일에는 성수기라는 것이 있습니다. 소득세 납부 기한이 지나면 많은 사람이 직업을 잃는 것도 그 때문입니다.

업계 종사자라면 사람을 자르는 것이 유쾌하지 않다는 걸 모를 수가 없습니다. 이런 이유로 그 유쾌하지 않은 일을 잽싸게 해치우는 관습이 생겨났습니다. 보통은 '스미스 씨, 잠깐 앉으시죠. 세금 납부 기한이 지났고, 더는 당신께 맡길 일이 없습니다. 어차피 우리가 성수기에 맞춰 당신을 고용했다는 걸 이미 알고 계시기 때문에…….'라고 합니다.

이런 상황에 놓인 상대방은 실망감에 휩싸이게 됩니다. 그리고 대부분의 사람들은 평생 같은 업계에 머무르게 될 텐데, 그토록 무심하게 자신을 해고한 회사에 애정을 가지게 될 리가 없지요.

최근 들어 나는 약간의 요령과 배려를 가지고 임시 직원을 해고하게 되었습니다. 나는 각 직원이 지난 계절 동안 한 일을 신중하게 살펴본 뒤에 면담을 신청합니다. 그리고 이렇게 말하는 것입니다.

"스미스 씨, 이러이러한 부분을 정말 잘 해주셨습니다. 뉴어크 출장 건은 쉽지 않은 일이었는데도 말이죠. 그 일이 잘 성사된 것에 우리는 큰 자부심을 느꼈답니다. 당신이 가진 능력으로는 어디에서든 좋은 결과가 있을 것이라고 봅니다. 우리는 당신을 믿고, 응원한다는 걸 항상 기억해주면 좋겠습니다."

그 결과 사람들은 해고를 당했음에도 훨씬 가벼운 마음으로 회사를 떠날 수 있게 되었습니다. 마냥 실망하는 대신 회사에 자리가 있었다면, 계속해서 일할 수 있었음을 알기 때문입니다. 그리고 회사가 다시 그들을 필요로 할 때면, 열정을 가지고 돌아온답니다.'

고인이 된 드와이트 머로는 맹수처럼 싸우는 사람들을 화해시키는 묘한 재주가 있었다. 어떻게 그게 가능했을까? 그는 신중하게 두 사람이 지닌 옳거나 공정한 면을 짚어내 칭찬하고, 강조하고, 잘 드러나도록 하였다. 그리고 합의 결과와 관계없이, 그 누구도 가해자로 만들지 않았다.

중재자라면, 사람들의 체면을 세워줘야 한다는 걸 모를 수 없다. 세상을 지배하는 큰 인물이라면, 소소한 개인적 승리를 두고 흡족해하는 데 낭비할 시간이 없다. 여기 그 예시가 있다.

1922년, 수 세기 동안 이어진 격렬한 대립 끝에, 터키인들은 그리스인들을 영토에서 영원히 몰아내기로 했다. 무스타파 케말은 병사들 앞에 나폴레옹처럼 선 채로 이런 연설을 했다.

"제군들의 목표는 지중해다."

그리고 근대사에 가장 격렬했던 것으로 기록된 전쟁의 서막이 열렸다. 그리고 터키가 승리했다. 그리스 장군인 트리코피스와 디오니스가 항복을 위해 케말의 본부로 향하는 동안, 터키인들은 패배한 적에게 저주를 퍼부었다.

그러나 케말은 승리와 관계없는 태도를 보여주었다. 그는 악수를 청하며 이렇게 말했다.

"여러분, 피곤하셨을 텐데 자리에 앉으시지요."

종전에 관하여 상세한 논의가 이루어진 후, 그는 상대가 느낄 패배로 인한 충격을 완화시켰다. 그는 동등한 군인으로서 이렇게 말했다.

"전쟁은 때때로 위대한 인물을 굴복시키기도 합니다."

승기가 펄럭이는 동안에도 케말은 다음의 중요한 규칙을 잊지 않았다.

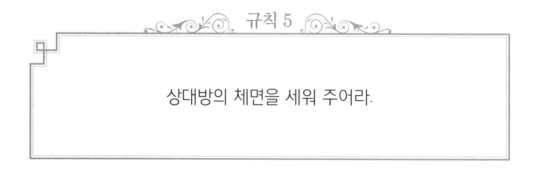

규칙 5

상대방의 체면을 세워 주어라.

제6장

사람들을 성공에 이르도록 하는 법

▶───── 나의 오랜 친구 피트 발로는 평생 동물 서커스와 곡예단을 따라다녔다. 나는 그가 공연을 위해 개를 훈련시키는 모습을 보는 것을 좋아했다. 개의 재주가 조금이라도 향상된 것 같으면, 그는 야단법석을 부리며 개를 쓰다듬고 칭찬하며 고기를 주었다.

그건 특별한 기술이 아니다. 동물 훈련사들은 그 기술을 수백 년 동안 사용해왔다.

우리는 어째서 사람을 바꾸고자 할 때 같은 기술을 사용하지 않는 걸까? 왜 우리는 당근이 아닌 채찍을 들고 칭찬이 아닌 질책을 할까? 작은 발전이라도 보이면 칭찬하자. 타인은 그 칭찬으로 계속해서 발전할 힘을 얻게 될 것이다.

루이스 E. 로스 교도소장은 이것이 싱싱 교도소의 비정한 범죄자에게도 적용된다는 사실을 발견했다.

이 장을 쓰는 동안 그로부터 받은 편지에는 이렇게 적혀있었다.

"수감자의 노력을 제대로 인정하는 것은 그들의 잘못된 행위를 비난하고 지탄할 때와 달리 그들의 협조를 얻고, 나아가 궁극적으로는 갱생으로 이어지는 좋은 결과를 낳습니다."

나는 싱싱 교도소에 수감되어 본 적이 없다. (적어도 아직까지는 그렇다.) 하지만 지난 삶을 돌아보며, 칭찬 몇 마디가 모든 것을 바꿔놓은 경험을 떠올릴 수는 있다. 당신도 그렇지 않은가? 인류의 역사를 보면 칭찬이 마법 같은 결과를 가져온 일화가 가득하다.

예를 들어 수십 년 전, 나폴리의 한 공장에서 일하던 열 살짜리 소년이 있었다. 그에게는 가수가 되고자 하는 꿈이 있었는데, 처음 그를 가르친 선생님은 그를 좌절시켰다.

"너는 노래를 할 줄 몰라. 네게는 재능이랄 게 없어. 꼭 바람에 철문이 움직이며 나는 소리 같구나."

그러나 가난한 소작농이었던 그의 어머니는 아들을 꼭 끌어안고 그에게 재능이 있으며, 점점 나아지고 있다고 칭찬해주었다. 그리고 그가 음악 레슨을 받을 수 있도록 돈을 벌기 위해 발 벗고 나섰다. 어머니의 칭찬과 격려는 소년의 삶을 바꾸어 놓았다. 이것은 다름 아닌 당대 가장 위대하고 저명한 성악가가 된 엔리코 카루소의 이야기다.

19세기 초, 런던에 살던 한 청년은 작가가 되기 위한 열망을 품고 있었다. 하지만 모든 것이 그의 꿈을 반대하는 것처럼 보였다. 그는 학교라곤 고작 4년을 다녀보았을 뿐이었다. 그의 아버지는 빚을 감당하지 못해 감옥에 갇혔고, 청년은 굶주림에 시달려야 했다. 결국 그는 쥐가 들끓는 창고에서 흑색 도료병에 라벨을 붙이는 일을 얻었다. 그는 두 명의 다른 런던 빈민가 출신 부랑아들과 함께 형편없는 다락방에서 잠을 잤다. 그는 자신이 가진 재능을 믿지 못했기에, 사람들의 비웃음을 사지 않도록 한밤중에 몰래 나와 첫 번째 원고를 출판사에 보냈다. 모든 원고가 거절을 당하던 중, 결국 한 원고가 채택되었다. 원고료는 한 푼도 받지 못했지만, 한 편집자가 그의 재능을 알아보고 칭찬했다. 그날 황홀감에 젖은 그는 눈물을 흘리며 정처 없이 길을 걸어 다녔다.

그 원고를 통해 그가 받은 칭찬과 인정은 그의 삶을 송두리째 바꾸어 놓았다. 그 격려가 없었다면, 그는 남은 삶을 쥐가 들끓는 공장에서 보냈을지도 모를 일이다. 당신도 그의 이름을 들어보았을 것이다. 그는 다름 아닌 찰스 디킨스이다.

또 다른 한 소년이 런던의 한 포목점에서 점원으로 일하며 생계를 이어가고 있었다. 그는 매일 5시에 일어나 점포 바닥을 쓸고 14시간 동안 일을 했다. 일은 고되었고 그는 자신의 일을 경멸했다. 2년 후, 더 이상 그 생활을 참을 수 없었던 그는 어느 날 아침 일어나 아침도 먹지 않고 15마일을 걸어 가정부로 일하고 있는 그의 어머니를 보러 갔다.

제정신이 아닌 상태로 그는 어머니에게 애원했다. 그리고 다시 그 가게로 돌아가느니 차라리 스스로 목숨을 끊겠다고 맹세했다. 또한 그는 다니던 학교의 교장 선생님께 길고 애처로운 편지를 쓰며 너무도 상심한 나머지 더는 살고 싶지 않다고 털어놓았다.

교장 선생님은 그를 칭찬하며 학창시절 그가 매우 명석했기 때문에 더 좋은 일이 어울린다며 교직을 제안했다.

그 칭찬은 소년의 미래를 바꾸어 놓았다. 그리고 그 사건은 영문학의 역사에 길이 남게 되었다. 그의 손에서 무수한 베스트셀러 책과 수백만 달러가 쏟아졌기 때문이다. 그는 다름 아닌 H. G. 웰스였다.

1922년 캘리포니아주 외곽에 아내를 부양하며 힘든 생계를 유지하는 젊은이가 있었다. 그는 일요일마다 교회 성가대에서 노래했으며, 때때로 결혼식 축가로 '오 약속해 주세요'를 부르며 5달러 정도를 벌었다. 돈에 쪼들렸던 그는 시내에 살 수 없었고, 포도밭 한가운데 지어진, 곧 부서질 것 같은 집을 한 채 빌렸다. 그 집의 월세는 12달러 50센트에 불과했다. 하지만 그 월세마저 감당할 수 없었던 그는 열 달이나 집세가 밀리게 되었다. 그는 나에게 포도 말고는 아무것도 먹지 못할 때도 있었다고 고백했다. 너무도 좌절했던 나머지 그는 가수의 꿈을 포기하고 트럭 판매일을 하려고 했었다. 그때, 루퍼트 휴스에게 이런 칭찬을 듣게 되었다.

"당신은 노래에 재능이 있어요. 뉴욕에서 노래를 배워보세요."

그 작은 칭찬과 약간의 격려는 가수로서의 삶에 전환점이 되었다. 그는 2천 5백 달러를 빌려 동부로 향했다. 그는 바로 바리톤 가수 로렌스 티벳이다.

사람을 변화시키는 법에 관해 이야기해 보자. 만일 누군가의 숨겨진 재능을 알아봐 줄 수 있다면, 우리는 변화를 넘어 그 사람이 완전히 새로운 삶을 살도록 할 수 있다.

과장하는 것 같은가? 그렇다면 미국 역사상 가장 저명한 심리학자이자 철학자 중 한 명이었던 윌리엄 제임스의 현명한 말을 들어보시라.

"우리는 자신이 가진 잠재력에 비교했을 때, 절반 정도만 깨어있다. 우리는 육체적 그리고 정신적 자원의 아주 작은 부분만을 사용하고 있다. 넓게 보면, 인간은 자신의 한계에 한참 미치지 못하는 곳에 머무른다. 인간은 다양한 종류의 역량을 사용하지 못하는 상태에 적응돼 있다.'

맞다. 지금 이 글을 읽는 순간에도, 당신은 다양한 종류의 역량을 사용하지 못하는 상태에 머무르고 있다. 그리고 당신이 기량을 마음껏 펼치지 못한 마법 같은 재능 중에는 다른 사람을 칭찬하고 영감을 불어넣어 그들의 잠재적 가능성을 일깨우는 재능도 있을지 모른다.

따라서 상대방의 감정을 상하게 하거나 원한을 사지 않고 사람을 변화시키는 방법은 다음과 같다.

규칙 6

작은 발전을 포함해 모든 발전을 칭찬하라.
'마음으로 인정하고 후한 칭찬을 건네라.'

제7장

개에게도 좋은 이름을 붙여 주어라

▶─────── 뉴욕주 스카스데일 브루스터가 175번지에 살고 있는 내 친구인 어니스트 겐트는 하녀 한 명을 고용하며, 그녀에게 다음 월요일까지 출근하라고 말했다. 그 사이, 겐트는 앞서 같은 하녀를 고용했던 사람에게 전화를 걸었다. 그리고 하녀에 대한 좋지 못한 평가를 듣게 되었다. 하녀가 처음 출근한 날, 겐트는 이렇게 말했다.

"넬리, 네가 전에 일하던 집의 주인에게 전화를 했단다. 그분은 네가 정직하고 믿을 수 있으며, 요리도 잘하고 아이들도 잘 본다고 말해주셨어. 그런데 네가 깔끔하지 못하고 집 청소를 잘 못 한다고도 하셨단다. 근데 너를 보니 그분이 괜한 소리를 하신 것 같구나. 누가 봐도 이렇게 단정한 차림을 하고 있는 네가 그럴 리가 없지. 네가 분명 집을 깔끔하고 깨끗하게 치워놓을 거라는 걸 알 수 있어. 우리는 잘 지낼 수 있을 것 같구나."

그리고 그들은 실제로도 잘 지내게 되었다. 넬리는 지켜야 할 평판이 있는 사람이 되었고, 그를 위해 최선을 다했다. 그녀는 집을 반짝반짝하게 유지했다. 그녀는 겐트가 자신에게 품은 이상을 깨트리느니, 차라리 기꺼이 근무 시간 외에 남아 집을 쓸고 닦는 것을 택했다.

볼드윈 로코모티브 웍스의 회장인 새뮤얼 보클레인은 이렇게 말했다.

"보통 사람은 누군가 자신을 존중하거나 자신의 능력을 인정한다는 것을 보여주면 쉽게 이끌린다."

요컨대, 특정 자질을 두고 어떤 사람을 발전시키려 한다면 이미 그 사람이 그것에 뛰어나다고 믿고 있는 것처럼 행동하라.

셰익스피어는 이렇게 말했다.

"실제로는 아닐지라도, 덕목을 갖춘 것처럼 굴어라."

그러니 다른 사람이 길렀으면 하는 덕목이 있다면, 대놓고 이미 그가 그것을 갖춘 것처럼 굴고 말하라. 그들에게 부응해야 하는 좋은 평판을 만들어주어라. 그러면 그들은 당신의 환상을 깨지 않기 위해 엄청난 노력을 기울일 것이다.

조제트 르블랑은 그녀의 저서 '추억들. 마테를링크와 함께한 나의 삶'에서 한 보잘것없는 벨기에 소녀의 놀라운 변화를 그려냈다.

그녀가 들려주는 이야기는 이렇다.

"이웃 호텔에서 온 하녀가 내 식사를 날랐다. 그녀는 '식기 닦기 마리'라고 불렸다. 그녀가 부엌데기로 일을 시작했기 때문이었다. 그녀의 눈은 초점이 맞지 않았고, 다리는 굽어 있었으며, 외적으로도 내적으로도 가난한 존재였다. 하루는 그녀가 지저분한 손으로 마카로니를 손에 들고 있는 동안, 나는 그녀에게 대놓고 이렇게 말했다.

'마리, 너는 네 안에 어떤 보물들이 들어있는지 알지 못하는구나.'

감정을 억누르는 것에 익숙했던 마리는 뭔가 끔찍한 일이 일어날까 두려운 마음에 옴짝달싹 못 하고 한참을 가만히 있었다. 그리고 그녀는 식탁 위에 요리를 내려놓은 뒤, 한숨을 쉬며 솔직하게 이렇게 말하는 것이었다.

'부인, 저는 절대 그 사실을 믿지 못했을 거예요.'

그녀는 내 말을 의심하거나, 질문하지도 않았다. 그녀는 부엌으로 돌아가 내가 한 말을 되새겨 보았다. 그녀의 진지한 태도에 그 누구도 그녀를 비웃지 않았다. 그날부터 사람들은 그녀를 조금씩 배려하기 시작했다. 하지만 가장 신기한 변화는 마리 자신에게서 생겼다. 자신이 아직 세상에 드러나지 않은 어떤 경이로운 것을 품고 있다고 믿게 되자, 그녀는 자신을 극진히 돌보기 시작했다. 그렇게 빛을 보지 못했던 젊음이 활짝 피어나 그녀의 아름다움을 되찾아주었다.

2개월 후, 그녀는 주방장의 조카와 결혼하게 되었다는 소식을 전했다.

'저도 이제 귀부인이 된답니다.'

그녀는 나에게 고마워했다. 작은 말 한마디가 그녀의 인생을 송두리째 바꾼 것이었다."

조제트 르블랑은 '식기 닦기 마리에게 지켜야 할 평판을 만들어 주었고, 그 평판은 그녀를 바꾸어 놓았다.

헨리 클레이 리스너 역시 프랑스에 파견된 미국 보병의 행동을 교정하고자 할 때 같은 기술을 이용했다. 한번은 미국에서 가장 인기 있는 장군 중 한 명인 제임스 G. 하보드 장군이 리스너에게, 자신이 생각하기에 프랑스에 주둔하고 있는 2백만 명의 미국 보병들은 자신이 여태까지 듣고 본 병사들 가운데 가장 깨끗하고 이상적인 남자들이라고 말한 적이 있다.

과한 칭찬이었을까? 어쩌면 그럴지도 모른다. 그러나 리스너는 이를 이용했다.

리스너는 이렇게 적었다.

"나는 항상 병사들에게 장군이 한 말을 전하곤 했습니다. 그게 진실인지 아닌지 의문을 품은 적은 없습니다. 그러나 하보드 장군의 높은 평가에 부응하기 위해 병사들이 고군분투할 것은 알고 있었습니다."

옛말에 이런 이야기가 있다.

"개에게 나쁜 이름을 붙여 준다면 그 개의 목을 매달게 될 것이다."

개에게 좋은 평판을 주어라. 그리고 무슨 일이 일어나는지 보시라!

부유한 사람, 가난한 사람, 동냥하는 사람 또는 도둑질하는 사람도 자신에게 주어진 정직한 사람이라는 평판을 지키기 위해 애를 쓸 것이다.

사기꾼에 관해서라면 누구보다 잘 알고 있는 싱싱 교도소의 소장 워든 로스는 이렇게 말했다.

"사기꾼을 상대로 이기는 방법은 딱 한 가지밖에 없습니다. 그를 정직한 신사를 다루듯 다루어야 합니다. 그에게 실제로 그러한 면이 있는 것처럼 행동하는 것입니다. 그러한 대접에 우쭐해진 사기꾼은 당신의 기대에 부응하려 할지도 모릅니다. 누군가 자신을 믿는다는 사실에 자부심을 갖습니다."

따라서 상대방의 감정을 상하게 하거나 원한을 사지 않고 사람을 변화시키는 방법은 다음과 같다.

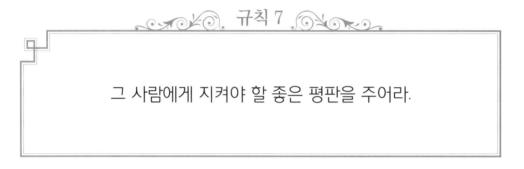

규칙 7

그 사람에게 지켜야 할 좋은 평판을 주어라.

제8장

고치기 쉬운 잘못처럼 보이게 하라

▶──────── 불혹에 접어든 나의 독신 친구 중 한 명이 약혼하며, 약혼녀로부터 때늦은 춤 교습을 받으라는 권유를 받았다. 나에게 그 이야기를 들려주던 그는 이렇게 고백했다.

"춤 교습을 받아야 할 거라고 누가 알았겠나. 아마 20년 전에 처음으로 춤을 배웠을 때, 춤 선생이 나에게 했던 말이 사실일 걸세. 그녀는 내가 하는 모든 것이 잘못되었다고 했어. 알고 있는 모든 것을 지워버리고 처음부터 다시 시작해야 한다고 했지. 그래서 나는 그날로 의지를 잃었네. 계속할 이유를 찾지 못해서 그 수업을 그만두었지. 그다음에 만난 선생은 거짓말을 하는 사람일지언정 내가 수업을 좋아하도록 만들었네. 그녀는 무심한 태도로 내 춤이 조금 구식이긴 하지만, 기본기가 잘 잡혀있기 때문에 새로운 스텝을 익히는 데 아무 문제가 없다고 해주었어. 첫 번째 교사가 내 실수를 강조하며 의욕을 떨어뜨려 놓았다면, 새로운 교사는 정반대의 방법을 썼네. 그녀는 내가 올바른 동작을 할 때마다 나를 칭찬하면서 실수는 아무것도 아닌 것처럼 말해주더군. 그녀는 나를 안심시켰어.

'리듬 감각을 타고났어요.'

'당신은 타고난 댄서예요.'

나는 상식적으로 내가 언제나 그랬고 앞으로도 늘 삼류 댄서로 남을 것이라는 걸 알고 있었지. 그런데도 마음 깊은 곳에서 어쩌면 그녀가 진심으로 그런 말을 했을지도 모른다는 생각도 들었어. 물론 돈을 받고 일하는 입장에서 한 소리인지도 모르지. 하지만 굳이 진실을 알 필요가 있을까? 어쨌든, 나는 그녀가 나에게 타고난 리듬 감각이 있다고 말해준 덕분에 춤을 더 잘 추게 되었어. 용기와 희망을 얻어 더 발전하고 싶다는 생각이 들었거든.”

당신의 아이와 배우자 또는 직원에게 그가 일을 무능하고 멍청하다고 말해보라. 게다가 재능이 없거나 하는 일마다 잘못되었다고 말해보라. 그건 곧 발전을 하기 위한 모든 의욕을 꺾어버리는 행위나 다름이 없다. 대신 정반대의 기술을 사용하라. 통 크게 칭찬하고, 하는 일이 쉬운 것처럼 느끼게 하고, 당신이 그 사람의 능력을 믿고 있으며, 아직 발굴되지 못한 재능이 있다는 사실을 알도록 하라. 그러면 그 사람은 밤을 새워서라도 자신의 능력을 갈고닦을 것이다.

인간관계를 예술적으로 다루는 로웰 토머스 역시 이 기술을 사용했다. 그는 사람들을 자신감으로 채워주고, 용기와 믿음을 이용해 영감을 불어넣는다. 한번은 토머스 부부와 함께 주말을 보낸 적이 있다.

토요일 저녁, 나는 따뜻한 벽난로 앞에서 열린 친선 브리지 게임에 참여하라는 초대를 받았다. 브리지 게임? 오! 절대 못 하지! 나는 게임의 규칙에 관해 아무것도 알지 못했다. 그 게임은 항상 나에게 큰 수수께끼였다. 안돼! 절대 못 해!

로웰이 말했다.

“데일, 아무것도 아니네. 브리지 게임은 그냥 기억력과 판단력만 있으면 된다네. 자네는 기억력에 관한 글도 쓰지 않았나. 자네에겐 식은 죽 먹기일세. 자넨 이미 전문가야.”

그리고 순식간의 일이었다. 내가 뭘 하고 있는지 깨닫기도 전에, 나는 처음으로 브리지 게임에 참여하고 있었다. 나에게 타고난 재주가 있다는 말을 들었고 게임이 어렵지 않아 보였던 것이다.

브리지 게임 이야기를 하다 보니 일리 컬버트슨이 떠오른다. 그가 쓴 브리지 게임에 관한 책은 십여 개 언어로 번역되어 총 백만 부가 넘게 팔렸다. 그는 나에게 어떤 한 젊은 여성이 자신에게 천부적인 재능이 있다고 알려주지 않았다면 결코 브리지 게임을 직업으로 삼지 않았을 것이라고 말해주었다.

그가 1922년 미국에 왔을 때, 그는 철학과 사회학 교수직을 얻으려 했으나 실패했다. 그런 뒤 그는 석탄을 팔려고 했으나 또다시 실패했다. 그리고 커피를 팔려고 했지만 그마저도 실패하고 말았다.

그는 종종 브리지 게임을 하기는 했으나, 그 게임을 가르치는 일을 하게 될 것이라고는 짐작조차 하지 못했다. 그는 게임을 잘 못 했을 뿐 아니라, 고집불통이기까지 했다. 그는 사람들에게 질문을 퍼붓고 게임을 분석하려 들어 누구도 그와 함께 게임을 하려 들지 않았다.

그리고 그는 조세핀 딜런이라는 한 아름다운 브리지 게임 교사를 만나 사랑에 빠지고 결혼까지 하게 된다. 그녀는 그가 얼마나 신중하게 게임을 분석하는지를 본 뒤 그에게 잠재된 천재성이 있다고 설득시켰다. 그는 오직 그 격려한마디에 브리지 게임을 직업으로 삼게 되었다.

따라서 상대방의 감정을 상하게 하거나 원한을 사지 않고 사람을 변화시키는 방법은 다음과 같다.

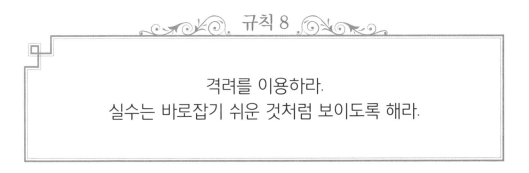

규칙 8

격려를 이용하라.
실수는 바로잡기 쉬운 것처럼 보이도록 해라.

제9장

사람들이 기꺼이 당신이 원하는 바를 하도록 하라

▶──────── **1915년 당시** 미국 전역은 공포에 싸여있었다. 벌써 1년이 넘는 시간 동안 유럽 국가들은 인류가 겪은 피의 역사를 통틀어도 상상해본 적도 없는 대량 학살로 이어지고 있었으며, 다시 평화가 찾아올 수 있을지 그 누구도 알지 못했다. 하지만 우드로 윌슨은 그 평화를 가져오겠다는 굳은 결심을 내렸다. 그는 개인 사절단이자 평화 특사를 파견해 유럽의 군 지도자들과의 자리를 만들고자 했다.

당시 국무장관을 지내던 평화주의자 윌리엄 제닝스 브라이언이 그 역할을 맡고 싶어 했다. 평화에 크게 이바지하여 자신의 이름을 길이 남길 수 있는 기회라고 생각했던 것이다. 하지만 윌슨은 다른 사람을 그 자리에 임명했다. 다름 아닌 그의 가까운 친구이자 고문인 에드워드 M. 하우스 대령이었다. 그리고 하우스 대령에게는 브라이언의 기분을 상하게 하지 않으면서 직접 그 소식을 전해야 하는 골치 아픈 업무가 주어졌다.

하우스 대령은 자신의 일기장에 이렇게 적었다.

'내가 평화 특사로 유럽에 가게 되었다는 이야기를 들었을 때, 브라이언은 확실히 실망한 것처럼 보였다. 그는 자신이 유럽에 갈 계획을 세우고 있었다고 말해주었다. 나는 그에게 대통령이 이 일을 공식적으로 진행하는 것이 현명하지 않다고 생각하고 있다고 했다. 그리고 장관이 가게 된다면 사람들의

이목이 집중될 것이고, 그가 왜 유럽까지 왔는지 궁금해할 것이라고 말했다.'

그의 말이 시사하는 바를 알겠는가? 하우스는 사실상 브라이언에게 그가 특사 일을 맡기에는 너무 중요한 인물이라고 말하고 있었다. 그리고 브라이언은 그 말에 만족했다.

세상이 돌아가는 이치를 몸으로 겪은 노련한 하우스 대령은 인간관계에 있어 가장 중요한 법칙을 따르고 있었다. 바로 '다른 사람이 당신이 원하는 일을 기꺼이 하도록 만들어라'라는 것이었다.

우드로 윌슨 역시 윌리엄 깁스 맥아두를 내각에 불러들이며 그 법칙을 사용했다. 장관이 되는 것은 그것만으로도 큰 영예였으나, 윌슨은 굳이 맥아두를 높이 사는 태도를 보였다. 맥아두는 직접 이렇게 말했다.

"그(윌슨)는 자신이 내각을 구성하고 있으며, 내가 재무장관을 맡아준다면 아주 기쁘겠다고 했다. 그에게는 다른 사람을 기분 좋게 만들며 일을 처리하는 방법이 있었다. 그는 영광스러운 자리를 수락하면서도 내가 그에게 호의를 베푸는 것처럼 느끼도록 만들었다."

불행히도, 윌슨은 항상 그런 방법을 사용하지는 않았다. 만일 그랬다면, 역사가 달라졌을지도 모를 일이다. 예를 들면, 미국이 국제 연맹에 가입할 당시 윌슨은 상원과 공화당의 심기를 고려하지 않았다. 윌슨은 엘리후 루트, 찰스 에반스 휴스, 헨리 캐보트 로지와 같은 공화당의 주요 인사들을 평화 회의에 데려가는 것을 거부했다. 그 대신, 그는 민주당의 잘 알려지지 않은 당원들을 데려감으로써 공화당에게 모욕을 주었다. 그리고 연맹에 드는 것이 그들의 생각이기도 했다는 걸 알려주거나 연맹 일에 관여할 수 있도록 해주지 않았다. 이 부주의한 일 처리로 인해 그는 자신의 경력을 무너뜨렸고, 건강을 해쳤으며 수명을 단축했다. 그리고 미국이 연맹에 들지 못하도록 함으로써 세계사를 바꿔놓았다.

유명한 출판사인 더블데이 페이지는 '다른 사람이 당신이 원하는 일을 기꺼이 하도록 만들어라'라는 법칙을 항상 지켰다. 이 출판사는 인간관계에 너무도 능통했던 나머지 O. 헨리가 더블데이 페이지에서 원고를 거절당했을 때 다른 출판사에서 원고가 통과되었을 때보다 더 기분이 좋다고 말했을 정도다. 그들은 원고를 거절할 때 아주 정중한 태도로 작품을 칭찬하곤 했다.

내가 아는 사람 중에는 너무 많은 강연 초대를 받아 이를 거절해야 하는 사람이 있다. 친구의 부탁을 거절해야 할 때도 있지만 과거에 도움을 준 사람의 부탁을 거절해야 할 때도 있었다. 하지만 그가 너무도 능숙하게 거절을 했기에 거절을 당하는 사람이 만족할 정도였다. 어떻게 했느냐고? 그는 자신이 이런저런 일로 바쁘다는 이야기는 절대 하지 않았다. 초대해주어 고맙다는 인사를 한 뒤에 그는 초대를 받아들이지 못하는 상황에 대해 사과를 하고, 그를 대신할 강사를 제안했다. 그 말인즉 거절 의사에 대해 다른 사람의 기분이 상할 틈을 주지 않는 것이었다. 그는 즉시 상대방이 다른 강사를 떠올리도록 만들었다.

그는 아마 이렇게 제안했을 것이다.

"'브루클린 이글'의 편집장 제 친구 클리블랜드 로저스는 어떠세요? 아니면 기 힉콕은요? 그는 15년이나 파리에 살았고 유럽 특파원으로 지내며 겪은 놀라운 이야기들을 들려줄 수 있을 겁니다. 아니면 리빙스턴 롱펠로우는요? 그는 인도에서 큰 짐승을 사냥하는 근사한 영화를 찍었어요."

뉴욕에서 가장 큰 인쇄업체 중 한 곳인 J. A. 원트사를 운영하는 J. A. 원트는 한 기계공의 기분을 상하지 않게 하면서 그의 업무 태도를 고쳐놓아야 하는 상황에 놓여있었다. 그 기계공의 일은 타자기와 다른 기계가 밤낮으로 고장 없이 돌아가도록 하는 것이었다. 그는 항상 긴 업무 시간과 지나친 업무량에 대해 불평하며 조수가 필요하다고 말했다.

J. A. 원트는 그에게 조수를 구해주거나 업무를 줄여주거나 근무 시간을 조정해주지 않고도 그의 불만을 잠재웠다. 어떻게 했을까? 그 기계공에게 개인 사무실을 내주었다. 사무실 문에는 '서비스부 부장'이라는 직함이 걸렸다.

더는 아무나 불러다 일을 시킬 수 있는 기계공이 아닌, 한 부서의 장이 된 그는 위신과 인정을 얻고 중요한 사람처럼 대접을 받았다. 그는 불평 없이 즐겁게 일했다.

유치해 보이는가? 그럴지도 모른다. 하지만 나폴레옹은 레지옹 도뇌르 훈장을 만들어 1만 5천 명의 병사에게 이를 수여했고, 18명의 장군에게 '프랑스 원수'라는 명칭을 부여했으며 자신의 군대를 '대육군'이라 칭했다. 사람들은 나폴레옹에게 그가 전쟁을 겪은 참전 용사들에게 '장난감'이나 선물한다며 비난했지만, 나폴레옹은 이렇게 말했다.

"장난감에 지배당하는 것이 바로 인간이다."

나폴레옹에게도 직위와 권위를 부여하는 이 기술이 도움이 되었다면, 당신에게도 그럴 것이다. 예를 들어 뉴욕 스카스데일에 사는 내 친구 어니스트 겐트 부인은 잔디밭 위를 뛰어놀며 망가뜨리는 사내아이들 때문에 애를 먹고 있었다. 그녀는 아이들을 아이들을 혼내도 보고 달래도 보았으나 소용없는 일이었다.

그녀는 패거리의 가장 골치 아픈 소년에게 직위와 권위를 부여하는 방법을 시도했다. 그녀는 그 소년을 '탐정'으로 임명하고 자신의 사유지에 무단출입자가 드나들지 않도록 지키는 임무를 주었다. 문제는 그렇게 해결되었다. 그녀의 '탐정'이 뒷마당에 모닥불을 피워 쇠꼬챙이를 빨갛게 달군 뒤 잔디밭에 들어오는 어떤 아이든 살을 태워버리겠다고 위협했던 것이다.

인간의 본성이란 그런 것이다. 상대방의 감정을 상하게 하거나 원한을 사지 않고 사람을 변화시키는 방법은 다음과 같다.

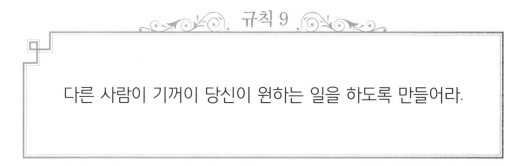

규칙 9

다른 사람이 기꺼이 당신이 원하는 일을 하도록 만들어라.

제4부 요약

상대방의 감정을 상하게 하거나 원한을 사지 않고 사람을 변화시키는 방법

규칙 1. 칭찬과 솔직한 감사의 말로 시작하라.

규칙 2. 사람들의 실수를 간접적으로 알려주어라.

규칙 3. 다른 사람을 비판하기에 앞서 자신의 실수를 먼저 이야기하라.

규칙 4. 직접적인 명령을 내리는 대신 질문을 던져라.

규칙 5. 상대방의 체면을 세워 주어라.

규칙 6. 작은 발전을 포함해 모든 발전을 칭찬하라. '마음으로 인정

하고 후한 칭찬을 건네라.'

규칙 7. 그 사람에게 지켜야 할 좋은 평판을 주어라.

규칙 8. 격려를 이용하라. 실수는 바로잡기 쉬운 것처럼 보이도록 하라.

규칙 9. 다른 사람이 기꺼이 당신이 원하는 일을 하도록 만들어라.

제5부
기적의 결과를 일군 편지들

▶──────── **장담하건대,** 당신이 지금 무슨 생각을 하는지 알고 있다. 아마 이런 생각을 하고 있을 것이다.

'기적의 결과를 일군 편지들이라니! 헛소리 같으니라고! 어디서 약을 파는 거야!'

당신이 그렇게 생각한대도 탓하지는 않는다. 15년 전 내가 이 책을 집어 들었다면 나 역시 같은 생각을 했을 수도 있다. 당신이 회의적인 사람이라고? 나는 회의적인 사람을 좋아한다. 나는 스무 살이 될 때까지 미주리주에 살았다. 나는 증거를 제시하는 사람에게 호감을 느낀다. 인류가 이룬 대다수의 혁신은 의심하고, 질문하고, 도전하고, 증거를 요구하는 사람들로 인해 만들어졌다.

어디 솔직해져 보자. '기적의 결과를 일군 편지들'이 적절한 제목일까? 아니, 정말 솔직하게 말하면 그렇지 않다. 진실은, 이 제목은 사실을 의도적으로 절제하여 표현한 것이다. 이 장에서 등장하는 편지들은 기적이라고 표현하기에도 부족한 결과들을 만들어냈다. 누가 그런 평가를 했을까? 바로 켄 R. 다이크다. 그는 미국에서 가장 잘 알려진 판촉 전문가로 한때 존스 맨빌사의 판촉 책임자로 일하고 있었으며, 훗날 콜게이트 팔몰리브 피트사의 홍보 책임자이자 전미 광고주 협회의 협회장이 되었다.

다이크는 딜러들에게 정보를 요청하는 편지를 보냈을 때 겨우 5%에서 8%의 확률로 답변이 온다고 했다. 그는 15%의 답변율은 더없이 훌륭한 결과이며, 만일 20%의 답변율을 만들어낼 수 있다면 그건 기적이라고 말했다.

그러나 이 장에서 등장하는 다이크의 편지는 42.5%의 답변율을 보였다. 그 말인즉슨 그냥 기적도 아닌 두 배의 기적이 일어난 것이다. 당신도 그 결과는 비웃을 수 없을 것이다. 이 편지는 장난도, 요행도, 사고도 아니었다. 다른 다수의 편지 또한 비슷한 결과를 만들어냈다.

어떻게 가능했을까? 켄 다이크가 직접 들려준 이야기는 이러하다.

"편지의 효율성이 놀랍도록 증가한 것은 카네기의 '효율적인 말하기와 인간 관계' 강의를 들은 직후였습니다. 나는 기존의 접근방식이 잘못되었음을 확인했습니다. 나는 이 책에서 가르치는 규칙들을 적용하려 노력하였고, 그 결과 정보를 요청하는 편지의 답변율은 무려 500%에서 800%까지 증가하게 되었습니다."

이어지는 내용이다. 이 편지는 상대방에게 작은 부탁을 하며, 그가 스스로 중요한 사람이라고 여기게 하고 있다. 괄호 안에는 내 개인적인 감상을 넣었다.

○○님께

제게 닥친 작은 문제를 해결하는 데 도움을 주실 수 있을까요?

(상황을 명백히 보자. 인디애나에 사는 한 평범한 딜러가 존스 맨빌의 임원으로부터 이러한 편지를 받는 모습을 상상해보라. 그리고 첫 문장에서, 뉴욕의 한 고위직 인사가 딜러에게 자신의 문제를 해결하는 데 도움을 달라고 하는 것이다. 인디애나의 딜러가 이렇게 생각하는 것이 그려진다. '도움이 필요하다는 뉴욕의 이 친구가 사람을 제대로 찾아왔군. 나는 항상 관대하고 사람들을 돕는 걸 좋아하지. 그에게 어떤 문제가 있는지 살펴봐야겠군!')

작년, 저는 우리 딜러들에게 지붕 교체 시공 주문을 늘리는 데 가장 필요한 것은 일 년짜리 광고 메일 사업이며, 존스 맨빌에서 모든 광고 비용을 부담해야 한다고 회사를 설득했습니다.

(인디애나의 딜러는 아마 이렇게 말할 것이다. "당연히 회사에서 비용을 부담해야지. 광고로 난 수익을 가장 많이 독차지하게 되는 것도 결국 그들일 테니. 내가 집세를 내려고 허리띠를 졸라매는 동안 그 사람들은 수백만 달러를 벌어들이고 있다고. 근데 이 작자는 뭐가 문제라는 걸까?")

최근, 저는 광고 사업의 혜택을 받은 1천 6백 명의 딜러에게 설문을 보냈습니다. 그리고 정말 기쁘게도 수백 명의 딜러가 이 같은 협력 시스템에 만족했으며 매우 유용했다고 답변을 주었습니다. 성원에 답하고자, 당사는 현재 새로운 광고 메일 사업을 추진 중이며, 선생님께서 더욱 흡족해하실 거로 생각하고 있습니다.

그러나 오늘 아침 회장님께서 제 보고서를 보시더니, 작년 광고 사업으로 올린 성과가 어느 정도인지 질문하셨습니다. 그 질문에 답변하기 위해서는 선생님의 도움이 필요합니다.

('그 질문에 답변하기 위해서는 선생님의 도움이 필요합니다.' 이건 훌륭한 문장이다. 뉴욕의 고위직 인사는 사실을 말하고 있으며, 인디애나의 존스 맨빌 딜러를 정직하고 진심을 담아 인정하고 있다. 켄 다이크는 자신의 회사가 얼마나 중요한 위치에 있는지 말하기 위해 조금의 시간도 낭비하지 않았다. 그 대신, 그는 상대방에게 자신이 얼마나 의지하고 있는지를 즉시 보여주었다. 켄 다이크는 딜러의 도움 없이는 존스 맨빌의 회장에게 보고서 하나 올릴 수 없음을 인정하고 있다. 인디애나의 딜러가 그런 류의 대화를 좋아하는 것은 당연한 일이다. 그도 사람이기 때문이다.)

그리하여 선생님께 다음과 같은 요청을 드리고자 합니다. 동봉한 엽서에 다음의 질문에 대한 답변을 보내주실 수 있을까요?

(1) 작년의 광고 메일 사업을 통해 얼마나 많은 지붕 시공 및 교체 공사 계약을 따낼 수 있었나요?

(2) 가능하면 이른 시일 안에, 선생님의 총 수익 가운데 광고로 인해 창출한 수익의 추산액을 알려주실 수 있을까요?

이 부탁에 친절히 응해 주신다면 정말 감사하겠습니다.

판촉 담당자 켄 R. 다이크 드림.

(마지막 문장에서 그가 어떻게 자신을 낮추고 상대방을 드러냈는지 보라. 그가 '친절', '감사합니다.'와 같은 말들이다.)

간단한 편지다. 그렇지 않은가? 그러나 다른 사람에게 작은 부탁을 들어달라고 요청함으로써 기적을 만들어냈다. 이 부탁은 상대방이 자신을 스스로 중요한 사람이라고 생각하게 했다.

이러한 심리는 당신이 석면 지붕을 팔든 포드를 타고 유럽을 여행하든 마찬가지로 적용된다.

예를 들어보자. 호머 크로이와 나는 자동차로 프랑스를 여행하고 있었다. 낡은 포드 자동차를 세우고 우리는 농부 한 무리에게 다음 대도시까지 어떻게 갈 수 있는지 물었다.

질문의 효과는 굉장했다. 나막신을 신은 농부들은 미국인들을 부자처럼 쳐다보았다. 그 일대에서는 자동차가 아주 귀했기 때문이었다. 자동차를 타고 프랑스를 여행하는 미국인들이라니! 백만장자가 아니면 뭐람! 어쩌면 헨리 포드의 친척일지도 모른다. 하지만 그 상황에서 중요한 건 따로 있었다. 우리가 돈은 더 많을지언정, 그들의 도움이 없이는 여행을 계속할 수 없었다. 우리는 공손히 모자를 벗고 길을 물었다. 그들에 대한 존중을 표한 것이었다. 그들은 서로 앞다투어 대답하기 시작했다. 그중에서 귀한 기회에 몹시 흥분한 한 사람이 다른 사람들을 조용히 시켰다. 그는 우리에게 길을 알려주는 기쁨을 혼자 만끽하고 싶어 했던 것이다.

당신도 이 방법을 시도해보라. 낯선 도시에 가게 된다면, 상대방의 경제적 또는 사회적 위치를 가늠하는 대신 이렇게 말해보라.

"제게 문제가 좀 있는데, 도와주실 수 있을까요? 이 장소로 가려면 어떻게 해야 하나요?"

벤저민 프랭클린은 이 기술을 이용해 신랄한 비판을 일삼던 적을 평생의 친구로 바꾸어 놓았다.

당시 젊은 청년이었던 프랭클린은 작은 인쇄 사업에 모아둔 모든 돈을 투자했다. 그리고 필라델피아주의 주의회 서기관으로 선출되는 데 성공했다. 그 뒤로 그는 공식적인 인쇄 업무를 도맡아 할 수 있었다. 수완이 좋은 일이었고, 프랭클린은 그 자리를 유지하고 싶어 했다. 하지만 위험이 들이닥쳤다. 의회에서 가장 돈이 많고 능력도 있는 한 의원이 프랭클린을 몹시 싫어했던 것이었다. 그는 단순히 프랭클린을 싫어한 것이 아니라, 공적인 장소에서 그를 맹렬히 비난하기까지 했다.

그건 아주 위험한, 정말 위험한 일이었다. 그렇기에 프랭클린은 그가 자신을 좋아하게 만들겠다고 결심했다. 하지만 어떻게 해야 할까? 그게 문제였다. 적에게 도움을 제공할까? 그건 의심을 키우고, 무시를 당할 수도 있다. 프랭클린은 너무도 현명하고 노련해서 그런 덫에 걸리지 않았다. 그는 정반대로 행동했다. 그의 적에게 부탁을 들어달라고 요청한 것이었다.

프랭클린은 10달러를 빌려달라고 부탁하지 않았다. 절대로 아니다! 프랭클린은 그의 허영심을 자극하고, 프랭클린이 그를 인정하고 있으며 그의 지식과 성과를 동경한다는 것을 교묘하게 드러내는 그런 부탁을 했다. 프랭클린은 그 일화를 직접 들려주었다.

"그의 서재에 아주 귀하고 흥미로운 책이 있다는 걸 들어서 알고 있던 나는 그에게 편지를 보내 그 책을 읽고 싶다는 열망을 내비치며, 책을 며칠만 빌려줄 수 있느냐고 부탁했습니다.

그는 즉시 책을 보내왔고, 나는 한 주 뒤 그 책을 되돌려보내며 부탁을 들어준 것에 대해 깊은 감사를 전했습니다.

의회에서 그를 다시 만났을 때, 그는 처음으로 나에게 말을 걸며 (처음 있는 일이었습니다) 아주 정중히 나를 대했고, 훗날 도움이 필요하면 언제든 자신에게 요청하라고까지 했습니다. 그날 이후로 우리는 좋은 친구가 되었고, 우리의 우정은 그가 세상을 떠날 때까지 이어졌습니다."

벤 프랭클린이 작고한 지 많은 시간이 흘렀지만, 그가 이용한 심리, 다른 사람에게 도움을 요청하는 기술은 여전히 대단한 일들을 만들어내고 있다.

예를 들어보겠다.

이 기술은 내 수강생 중 한 명이었던 앨버트 B. 암젤에게 놀라운 성과를 안겨주었다. 배관 및 난방 자재 판매사원이었던 암젤은 브루클린의 한 배관공에게 주문을 따내고자 애를 쓰는 중이었다. 그 배관공은 크게 사업을 하고 있었고 평판 또한 상당히 좋았다. 하지만 암젤은 처음부터 주눅이 들어있었다. 배관공이 상대를 거칠고, 냉정하고, 못되게 구는 데서 만족을 얻는 당황스러운 인물이었기 때문이었다. 커다란 시가를 꼬나물고 책상 뒤에 앉은 그는 암젤이 사무실을 찾을 때마다 그를 향해 으르렁거렸다.

"오늘은 아무것도 필요하지 않소! 내 시간이든 당신 시간이든 낭비하지 않길 바라오! 다시 나가시오!"

어느 날, 암젤은 새로운 방법을 시도해보게 된다. 그 방법은 고객의 마음을 활짝 열고, 친구를 만들고, 좋은 계약을 많이 따내도록 해주었다. 암젤의 회사는 롱 아일랜드 퀸스에 새로운 대리점을 내는 것을 두고 협상을 하는 중이었다. 그곳은 배관공이 잘 아는 지역이자, 그가 제법 큰 사업을 펼치고 있는 곳이기도 했다. 암젤은 그에게 전화를 걸어 이렇게 말했다.

"선생님, 오늘은 무엇을 팔고자 방문한 것이 아닙니다. 부탁을 드릴 게 있어 연락을 드렸습니다. 잠깐만 시간을 내주실 수 있을까요?"

배관공이 시가를 고쳐 물며 말했다.

"어디, 무슨 일이오? 말해보시오."

암젤이 말했다.

"우리 기업이 퀸스 빌리지에서 새로운 대리점을 열려고 하고 있습니다. 선생님은 어떤 주민보다 그 지역을 잘 알고 계시지요. 그러니 선생님의 의견을 구하고 싶어요. 저희 계획이 현명한 판단일까요?"

그건 전에 없던 일이었다! 수년 동안 그 배관공은 판매 사원에게 호통을 치고 사무실에서 쫓아내는 데서 자신이 중요한 사람이라는 기분을 얻곤 했다. 하지만 이 판매사원이 자신에게 조언을 구하고 있는 것이었다. 그것도 큰 회사의 직원이 앞으로 어떻게 하는 것이 좋을지에 관해 그의 의견을 묻고 있었다.

그가 의자를 앞으로 당기며 말했다.

"앉아보시오."

면담 시간 동안 배관공은 퀸스 빌리지에 배관 사업을 열었을 때 얻을 수 있는 유리한 점과 장점에 관해 상세히 설명했다. 그는 대리점이 자리할 곳을 검토해주었을 뿐 아니라, 자재 구매 및 보관 그리고 거래 개시에 관한 모든 절차를 알려주었다. 그는 판매 사원에게 사업을 운영하는 법을 알려주며 자신이 중요한 사람이라는 감각을 찾았다. 그리고 그는 사적인 이야기로 대화를 확장했다. 그는 친근한 태도로 암젤에게 집안 문제나 부부싸움에 관해서도 이야기했다.

암젤은 이렇게 말했다.

"그날 저녁 그의 사무실을 나올 때 나는 첫 주문을 따냈을 뿐 아니라 단단하고 우호적인 사업 관계의 기초를 마련하게 되었습니다. 나를 보면 으르렁거리고 호통치던 그 사람과 이제는 함께 골프를 칩니다. 그에게 부탁함으로써 그가 중요한 사람이라는 생각을 심어주었고, 그것이 태도의 변화로 이어진 것이었습니다."

켄 다이크의 또 다른 편지를 살펴보자. 그리고 그가 얼마나 노련하게 '부탁의 심리'를 이용하는지 다시 확인해보자.

지금으로부터 몇 년 전, 다이크는 사업가, 도급업자, 건축가들에게 정보를 요청하는 편지를 보냈지만 답장을 받을 수 없어 괴로워하고 있었다.

당시 그는 건축가와 기술자들에게 100통의 편지를 보냈을 때 겨우 1통의 답장을 받을 뿐이었다.

그는 답변율이 2%만 되어도 아주 좋은 것으로, 3%가 되었을 땐 훌륭한 것으로 여겼다. 하지만 10%라면 어떨까?

10%는 기적에 가까운 수치다. 하지만 다음의 편지는 50%의 답변율을 만들어냈다. 다섯 번의 기적에 버금가는 수치다. 그뿐만 아니다! 2장, 3장이 넘어

가는 답장들이 도착했다! 편지는 친근한 조언과 협조를 하고자 하는 마음이 담겨있었다.

여기 그 편지가 있다. 다이크가 활용한 심리를 살펴보자. 여기서 그는 앞서 인용한 편지와 거의 같은 표현을 사용하고 있다. 편지를 정독하며 행간을 읽는 동안 수신인이 느낄 감정을 분석해보라.

어떻게 이 편지가 다섯 배는 더 놀라운 기적을 만들어냈을까?

○○님께

제게 생긴 약간의 문제를 해결하는 데 도움을 주실 수 있을까요?

1년 전쯤, 저는 건축가에게 가장 필요한 것은 존슨 맨빌의 모든 건축 자재와 수리 및 리모델링 부분을 한눈에 볼 수 있는 카탈로그라고 회사를 설득했습니다.

첨부된 카탈로그가 바로 그것입니다. 현재 재고가 떨어져 가고 있어, 그 사실을 회장님께 알렸더니 그는 (기업의 대표자가 대체로 그렇듯) 새로운 카탈로그를 만들기 전에 이전의 카탈로그가 기획된 대로 만족스러운 성과를 내었다는 자료를 제시하라고 하셨습니다.

그리하여 선생님께 도움을 여쭙고자 합니다. 그리고 저는 선생님 외에도 전국 49명의 다른 건축가분들께도 의견을 구하고자 합니다.

절차를 간단히 하기 위해, 이 편지 뒷면에 짧은 질문을 첨부하였습니다. 질문에 답변하거나 별도의 의견을 적은 뒤 편지를 동봉한 반송 봉투에 담아 보내주십시오.

당연한 말이지만 이 편지에 의무적인 답장을 하실 필요는 없습니다. 이 카탈로그 생산을 중단할지, 아니면 선생님의 경험과 충고를 반영해 더 나은 카탈로그를 만들지는 선생님의 의견에 달려있습니다.

어떤 도움이라도 주시면 정말 감사하겠습니다.

판매 홍보 매니저 켄 R. 다이크 드림.

경고해두겠다. 나는 지난 경험을 통해 이 편지를 읽고 똑같은 방법을 기계적으로 사용하려는 사람이 있을 것이라는 걸 안다. 그 사람은 진심 어린 진짜 칭찬이 아닌 아첨과 거짓말로 다른 사람의 에고에 불을 지필 것이다. 그런 방법은 효과가 없다.

기억하라. 우리는 모두 칭찬과 인정에 목말라하고 있다. 그리고 그것을 얻기 위해 뭐든 할 것이다. 하지만 거짓말과 아첨을 원하는 사람은 아무도 없다.

다시 말하겠다. 이 책에서 가르치는 규칙들은 진심으로 행할 때만 효과가 있다. 나는 속임수를 제시하는 것이 아닌, 새로운 삶의 방식에 관해 이야기하는 것이다.

제6부

더 행복한 가정을 꾸리는
7가지 방법

제1장

결혼의 무덤을 파는 가장 빠른 길

▶──────── 나폴레옹 보나파르트의 조카 나폴레옹 3세는 테바 여백작이자 세상에서 가장 아름다운 여인이었던 외제니 드 몽티조와 혼인했다. 그의 고문들은 그녀가 하찮은 스페인 귀족의 여식에 불과하다는 점을 지적했다. 하지만 나폴레옹은 이렇게 대꾸했다.

"그것이 어쨌단 말인가?"

그녀의 우아함, 젊음, 매력, 아름다움은 나폴레옹을 더할 나위 없이 신성한 행복으로 채워주었다. 그는 왕좌에 앉아 국가 전체에 저항하는 연설을 토했다.

"내가 모르는 여성보다 내가 사랑하고 존중하는 여성을 원한다."

나폴레옹과 그의 신부는 완벽한 로맨스에 필요한 모든 요소인 건강, 부, 권력, 명성, 아름다움, 사랑, 흠모를 갖추었다. 그 어떤 결혼의 신성한 불꽃도 그보다 환히 불타오른 적이 없었다.

그러나 애석하게도 불꽃은 곧 희미해졌고 식어버렸으며 재만 남게 되었다. 나폴레옹은 외제니를 황후로 만들 수 있었지만, 프랑스의 그 무엇도 그의, 사랑의 힘이나 권력도 그녀의 잔소리를 막을 수는 없었다.

질투로 인한 괴롭힘, 의심으로 인한 비탄으로 그녀는 그의 명령을 거부했으며 사생활 또한 존중하지 않았다. 그녀는 그가 국무를 보는 동안 사무실에 쳐

들어갔다. 그가 중요한 이야기를 하는 동안 끼어들기도 했다. 그가 다른 여성과 어울리는 걸 두려워한 나머지, 그를 혼자 두는 것을 두려워했다.

그녀는 자주 자매를 찾아 남편에 대한 불평을 터뜨렸다. 그녀는 눈물을 흘리고, 잔소리하고 협박했다. 다짜고짜 나폴레옹을 찾아가 욕설을 퍼붓기도 했다. 다수의 호화로운 궁전을 지닌 프랑스의 황제 나폴레옹에게는 자신만의 공간이라곤 벽장 하나조차 없었다.

그렇게 외제니가 얻은 것은 무엇이었을까? 여기 그 정답이 있다. E. A. 라인하트는 자신의 저서 '나폴레옹과 외제니 : 제국의 희비극'에서 이렇게 적었다.

"나폴레옹은 밤이면 종종 쪽문으로 도망쳐 중절모자를 눌러쓰고 가장 가까운 친구 한 명만을 대동한 채 궁을 나섰다. 그는 자신을 기다리고 있는 미녀를 찾아가거나, 책에서만 볼 수 있던 파리의 골목을 거닐며 황제로서는 꿈꾸지 못한 풍경을 보고 그곳의 공기를 들이마시곤 했다."

외제니가 잔소리를 통해 얻은 것이 바로 그것이다. 그녀가 왕좌를 차지한 것은 사실이다. 그녀가 세상에서 가장 아름다운 여성이었다는 것도 사실이다. 그러나 그녀의 지위나 아름다움도 잔소리의 유독 가스에 질식한 사랑을 지킬 수는 없었다. 외제니는 성경에 나오는 욥처럼 울부짖었다.

"내가 그토록 두려워하던 일이 일어났다."

일어났다고? 그 일은 가엽게도 그녀가 질투와 잔소리로 자초한 것이었다.

악마가 사랑을 파괴하기 위해 발명한, 지옥의 도구 가운데 잔소리만큼 치명적인 것이 없다. 잔소리는 실패하는 법이 없다. 킹코브라의 공격처럼, 잔소리는 언제나 파괴하고, 언제나 성공한다.

톨스토이의 아내 또한 그 사실을 너무 늦게 깨달았다. 그녀는 죽기 전, 딸들에게 이렇게 고백했다.

"내가 네 아버지를 죽였다."

그녀의 딸들은 대답하지 않은 채 눈물만 흘렸다. 어머니가 하는 말이 진실이라는 것을 알고 있었기 때문이다. 그녀들은 그녀가 거듭된 불만, 끝없는 비난과 잔소리로 아버지를 죽였다는 것을 알고 있었다. 톨스토이와 그녀의 아내는 행복해질 수 있는 모든 요소를 갖추고 있었다. 그는 역사상 가장 유명한 소설가였다. 그의 두 대작인 '전쟁과 평화', '안나 카레니나'는 우리 문학사에 영원히 남아 빛날 것이다.

톨스토이의 인기가 얼마나 대단했으면, 그의 추종자들이 낮과 밤을 가리지 않고 그를 에워싸고 다녔으며, 그가 내뱉는 모든 말을 받아적었다. 하다못해 '이제 잠자리에 들어야겠네.'라는 말까지 말이다.

사람들은 그의 일거수일투족을 기록했다. 그리고 러시아 정부는 그가 적은 모든 문장을 찍어내고 있다. 그가 생전에 쓴 글을 모두 모으면 백 권은 족히 될 것이다.

유명세뿐 아니라, 톨스토이와 그녀의 아내에게는 재력, 사회적 지위 그리고 자녀들이 있었다. 하늘 아래 그보다 꽃을 피운 사랑은 없었다. 신혼 때만 해도 그들의 행복은 너무도 완벽하고, 열정적이며 지속될 것처럼 보였다. 그리하여 그들은 전능하신 하느님 앞에 무릎을 꿇고 그 황홀경이 이어지도록 빌었다. 그리고 놀라운 일이 일어났다. 톨스토이가 점차 변하기 시작했던 것이었다. 그는 완전히 다른 사람이 되었다. 그는 자신이 쓴 훌륭한 책들을 창피해하기 시작했으며, 평화와 전쟁 그리고 기아의 끝을 전도하는 팸플릿을 쓰는 데 평생을 바쳤다.

이 남자는 자신이 젊은 시절, 살인을 포함하여 저지를 수 있는 모든 죄를 저질렀음을 고백하였다. 그는 예수의 가르침을 따르려고 시도했다. 그는 모든 토지를 포기하고 가난한 삶을 택했다. 그는 농사일을 하고, 나무를 베고 건초를 쌓았다. 직접 자신의 신발을 만들었고, 방을 청소했으며, 나무 그릇으로 식사를 했으며 적들을 사랑하려고 노력했다.

레프 톨스토이의 삶은 비극이었고, 비극의 원인은 결혼에 있었다. 그의 아내는 사치를 좋아했으나 그는 사치를 경멸했다. 그녀는 명성과 사람들의 갈채를 갈망했지만, 톨스토이에게 그런 시시한 것들은 아무런 의미를 지니지 못했다. 그녀는 돈과 재물을 원했으나, 톨스토이는 부와 개인의 재산이 죄라고 여겼다. 오랜 시간 동안, 그녀는 그가 자신의 책 저작권을 어떤 조건도 없이 무료로 제공하는 것을 두고 잔소리를 하고, 질책하고, 소리를 질러댔다. 그녀는 책의 수입을 원했다. 톨스토이가 반대했을 때, 그녀는 히스테리에 빠져 아편병을 입에 문 채로 바닥을 구르며 우물에 몸을 던져 스스로 목숨을 끊겠다고 협박했다.

그리고 역사상 가장 비극적이라고 볼 수 있는 사건이 일어났다. 앞서 말했듯, 그들은 결혼 직후 몹시도 행복했다. 하지만 48년 뒤, 톨스토이는 그녀를 쳐다보는 것조차 견딜 수 없어 했다. 때때로, 저녁이 되면 비탄에 빠진 아내는 애정에 목마른 나머지 그의 앞에 앉아 50년 전 그가 일기장에 적은 그녀에 관한 아름다운 사랑의 글들을 큰 소리로 읽어달라고 졸랐다. 그 아름답고 행복하던 날들을 회상하며 다시는 돌아오지 않는다는 것을 깨달았을 때, 두 사람은 모두 눈물을 흘렸다. 삶의 현실은 그 옛날 꿈꿨던 로맨틱한 꿈들로부터 너무도 멀어져 있었다.

톨스토이가 82살이 되었을 때, 그는 더는 비극적인 불행을 견딜 수 없었다. 1910년 10월의 어느 눈 내리는 밤, 그는 아내를 떠났다. 자신이 어디로 가야겠다는 생각도 없이 추위와 어둠 속으로 뛰어든 것이었다.

그로부터 11일 후, 그는 한 기차역에서 폐렴으로 사망했다. 그의 마지막 유언은 그녀가 절대 장례식에 오지 못하도록 하라는 것이었다. 톨스토이의 아내가 잔소리와 불평, 히스테리로 얻은 대가는 바로 그것이었다.

독자 중에는 그가 잔소리하게 했을 것이라고 생각하는 사람도 있을 것이다. 그럴 수 있다. 하지만 그건 요점을 벗어난 이야기다. 요점은, 과연 잔소리가 도움이 되었는지 아니면 상황을 한없이 더 나쁘게 만들었냐는 것이다.

"나는 정말이지 제정신이 아니었다."

그녀가 그 사실을 인정했을 때는 이미 너무도 늦어버린 뒤였다.

에이브러햄 링컨의 삶에 있어 최대 비극 역시 결혼이었다. 다시 말하는데, 그의 암살도 아닌 그의 결혼이었다. 부스가 링컨에게 총을 쐈을 때, 링컨은 자신이 총에 맞은 것도 몰랐다. 그러나 그의 법률 고문이었던 헌던에 따르면 그는 23년 동안 거의 매일같이 '부부간 불화의 혹독한 수확물'을 거두었다. '부부간 불화?' 그건 미화된 표현이다. 20년이 넘는 세월 동안, 링컨 부인은 잔소리하며 그를 괴롭혔다.

그녀는 언제나 불평했고, 남편을 비난했다. 그의 무엇도 마음에 들지 않았다. 그는 자세가 구부정했고, 무릎을 편 채로 이상하게 걸었다. 그녀는 그의 걸음에 활기가 없고, 몸짓이 우아하지 않다고 불평했다. 그녀는 그의 걸음걸이를 흉내 냈으며, 렉싱턴 기숙학교를 다니던 시절 멘텔 선생님이 가르쳐준 대로 발가락이 땅을 향하도록 걸으라며 잔소리를 했다.

그녀는 링컨의 큰 귀가 직각으로 튀어나오는 것을 보기 싫어했다. 그의 코뼈가 직선이 아니며, 아랫입술은 툭 튀어나왔고, 폐병에 걸린 사람처럼 보이는 데다, 손과 발은 너무 크고 머리는 너무 작다고 나무라기까지 했다.

에이브러햄 링컨과 메리 토드 링컨은 매일같이 대립했다. 교육, 배경, 성격, 취향은 물론 정신세계마저 달랐다. 그들은 끊임없이 서로를 자극했다.

누구보다 링컨을 잘 알고 지냈던 지금은 고인이 된 상원 의원 알버트 J. 비버리지는 이렇게 적었다.

"링컨 부인의 시끄럽고 날카로운 목소리는 길 건너편에서도 들렸다. 인근 주민들은 그녀가 끊임없이 분노를 토해내는 것을 듣고 살았다. 종종 그녀의 분노는 말이 아닌 다른 방식으로 표출되기도 했다. 그녀의 폭력성에 대한 증거는 무수히 많으며 의심할 여지가 없다."

예시로는 이런 일이 있었다.

링컨과 그의 아내는 혼인한 지 얼마 지나지 않아 제이콥 얼리 부인과 함께 살게 되었다. 부인은 스프링필드에서 의사였던 남편을 여의고 하숙집을 운영해야 하는 처지에 놓여있었다.

어느 아침, 식사하던 중 링컨이 아내의 불같은 심기를 건드리는 어떤 일을 저질렀다. 아무도 기억하지 못하는 하찮은 일이었다. 하지만 분노에 휩싸인 링컨 부인은 남편의 얼굴에 뜨거운 커피를 부어버렸다. 하숙집의 다른 사람들이 보는 앞에서 말이다. 모욕을 당한 링컨은 아무 말도 없이 앉아있었다. 얼리 부인은 조용히 젖은 수건을 가져와 그의 얼굴과 옷을 닦아주었다.

링컨 부인의 질투는 너무도 어리석고, 사납고, 믿을 수 없는 것이었다. 지금에 와서 그녀가 공적인 장소에서 저지른 한심하고 수치스러운 일들을 읽는 것만으로도 놀라움을 금할 길이 없다. 그녀는 결국 미치고 말았다. 누군가 그녀를 두고 할 수 있는 가장 너그러운 말은 그녀의 행동이 정신이상이 발생할 조짐이었다는 것 정도일 테다.

이 모든 잔소리, 질책, 그리고 분노가 링컨을 바꿔놓았을까? 어떤 면에서는 그렇다. 그녀에 대한 그의 태도가 바뀌었다. 불행한 결혼을 한 것을 후회하게 했고, 가능하면 그녀를 피하도록 만들었다.

스프링필드에는 11명의 변호사가 있었다. 하지만 그곳에서 먹고살 만큼 충분한 일이 없었기에, 그들은 말을 타고 데이비드 데이비스 판사가 순회 재판을 여는 이 재판장에서 저 재판장으로 옮겨 다녔다. 그렇게 변호사들은 제8법원의 모든 소송을 따내었다.

다른 변호사들은 토요일이면 스프링필드로 돌아가 가족들과 주말을 보냈다. 하지만 링컨은 그러지 않았다. 그는 집에 가는 것을 두려워했다. 봄과 가을이면 각각 3개월씩, 링컨은 순회 재판에 남아 스프링필드 근처에는 얼씬도 하지 않았다. 그 일은 몇 해나 계속되었다. 시골 호텔 생활은 때때로 끔찍했지만, 링컨 부인의 끝없는 잔소리와 폭발하는 분노를 겪어야 하는 집보다는 나았다.

이 모든 건 링컨 부인, 외제니 황후 그리고 톨스토이 부인이 잔소리로 얻은 결과이다. 이들은 삶의 비극을 초래했다. 그리고 소중히 여기는 모든 것을 파괴했다.

뉴욕 가정법원에서 11년 동안 근무하며 수천 건의 유기 사건을 검토한 베시 햄버거는 남자가 집을 떠나는 가장 큰 이유 중 하나가 아내의 잔소리라고 말한다. '보스턴 포스트'에는 이런 글이 실리기도 했다.

"많은 아내는 잔소리라는 삽으로 결국 결혼의 무덤을 조금씩 파고 있다."

그러니 행복한 가정을 꾸리고 싶다면 다음을 따르라.

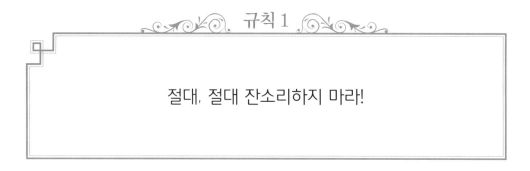

규칙 1

절대, 절대 잔소리하지 마라!

다른 사람의 삶의 방식을 인정하고 사랑하라

▶─────── 영국 수상이었던 디즈레일리는 말했다.

"내가 삶을 살며 많은 어리석은 일을 저질렀을 수는 있지만, 나는 절대 사랑을 위해 결혼할 생각은 없었다."

실제로 그는 그러지 않았다. 그는 35세의 나이까지 미혼으로 지내다 남편과 사별한, 그보다 15살이나 많은 한 재력가에게 청혼했다. 그녀의 머리 위에는 50번의 겨울을 지나온 새하얀 흔적이 쌓여있었다. 사랑이었을까. 절대 아니다. 그녀는 그가 자신을 사랑하지 않는다는 것을 알고 있었다. 그녀는 그가 자신의 재력 때문에 청혼했다는 것을 알았다. 그리하여 그녀는 한 가지를 요청하게 된다. 그의 성격을 알아갈 수 있도록 1년의 시간을 줄 수 있겠느냐는 것이었다. 그리고 1년 후, 그녀는 그와 결혼했다.

따분하고 속물 같은 이야기 같지 않은가? 그러나 모순적이게도, 디즈레일리의 결혼은 케케묵은, 진흙탕 같은 결혼의 역사에 있어 가장 눈부신 성공 중 하나였다.

디즈레일리가 선택한 여성은 젊지도, 아름답지도, 명석하지도 않았다. 그와 정반대였다. 그녀의 말은 문학적, 역사적 오류로 가득해 사람들의 웃음을 샀다. 예시로, "그리스인이 먼저인가요, 로마인이 먼저인가요?"라고 물어볼 정도였다. 옷 입는 스타일도 이상했고, 집을 꾸미는 취향도 유별났다. 하지만 결혼에 있어 가장 중요한 요소인, 남자를 다루는 일만큼은 천재적이었다.

그녀는 결코 디즈레일리와 지적 능력을 두고 겨루려 하지 않았다. 그가 오후 내내 재치 넘치는 귀족 부인들과 재담을 주고받느라 지루하고 지친 채로 집에 돌아오면, 메리 앤은 가벼운 농담으로 그가 쉬도록 해주었다. 집은 점점 그에게 기쁨의 공간이 되었다. 그는 집에서 복잡한 머리를 비우고 메리 앤의 따뜻한 애정에 몸을 녹일 수 있었다. 그가 집에서 나이 든 부인과 보내는 시간은 그의 인생에 있어 가장 행복한 시간이었다. 그녀는 그의 조력자이자, 친구이자, 조언자였다. 매일 밤 그는 하원에서 나와 그녀에게 그날의 소식을 전해주고자 서둘러 집으로 돌아갔다. 그리고 여기서 가장 중요한 대목이 나온다. 그가 어떤 일을 맡게 되든, 메리 앤은 남편이 실패하지 않을 것이라고 믿었다.

30년 동안, 메리 앤은 디즈레일리 한 명만을 위해 살았다. 그녀가 자신의 재산을 가치 있다고 생각한 것은 그의 삶을 편하게 살 수 있도록 만들어 주었기 때문이었다. 그 대가로, 그녀는 디즈레일리의 영웅이 되었다. 디즈레일리는 그녀가 세상을 떠난 뒤 백작이 되었다. 하지만 평민이었을 때도, 그는 빅토리아 여왕을 설득해 메리 앤을 귀족으로 만들려고 했다. 그렇게 1868년, 그녀는 비콘스필드 자작 부인이 되었다.

그가 대중에게 얼마나 어리석고 산만한 사람처럼 보였을지 몰라도, 그는 결코 그녀를 비난하는 법이 없었다. 그는 절대 비난하는 말은 한마디도 하지 않았다. 그리고 만일 누군가 그녀를 조롱하려고 하면, 그는 맹렬히 맞서 그녀를 변호했다. 메리 앤은 완벽하지 않았지만, 30년 동안 남편에 관해 이야기하고, 칭찬하고, 존경하는 일을 멈추지 않았다. 그 결과는 무엇이었을까? 디즈레일리는 말했다.

"우리는 30년 동안 함께 했지만, 단 한 번도 그녀가 지루하게 느껴진 적이 없었다."(그런데도 어떤 사람들은 메리 앤이 역사를 잘 모르기에 멍청하다고 생각한다.)

한편 디즈레일리는 메리 앤이 자신의 인생에서 가장 중요한 사람이라는 것을 숨기지 않았다. 그 결과는 어땠을까? 메리 앤은 친구들에게 이렇게 말하곤 했다.

"그의 친절함 덕분에, 내 삶은 행복으로 가득했어."

두 사람은 이런 농담을 주고받곤 했다. 디즈레일리가 "내가 돈 때문에 당신과 결혼한 걸 알고 있소?"라고 물으면, 메리 앤은 웃으며 이렇게 대답하는 것이다.

"맞아요. 하지만 다시 나와 결혼해야 한다면 그때는 사랑 때문이겠지?"

디즈레일리는 그녀의 말에 동의했다. 메리 앤은 완벽한 사람은 아니었다. 하지만 현명했던 디즈레일리는 그녀를 있는 그대로 인정했다.

헨리 제임스는 말했다.

"타인과의 관계에서 가장 먼저 배워야 할 것은 그 사람이 행복해지는 방식에 간섭하지 않는다는 것이다. 그 방식이 우리가 행복해지기 위해 사용하는 방식을 폭력적으로 방해하지 않는다는 전제하에 말이다."

반복해서 살펴볼 만한 말이다.

"타인과의 관계에서 가장 먼저 배워야 할 것은 그 사람이 행복해지는 방식에 간섭하지 않는다는 것이다."

리랜드 포스터 우드는 그의 책 '가족과 함께 성장하기'에서 이렇게 적었다.

"결혼의 성공은 옳은 사람을 고르는 것뿐만이 아닌, 옳은 사람이 되는 것에 달려있다."

그러니 행복한 가정을 꾸리고 싶다면 다음을 따르라.

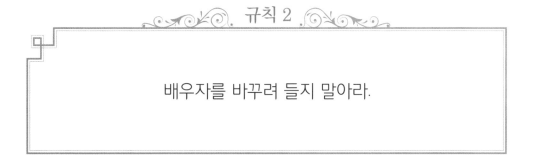

규칙 2

배우자를 바꾸려 들지 말아라.

제3장

내가 저지른 바보 같은 일들

▶──────── 디즈레일리의 정치 인생에서 가장 막강한 라이벌은 윌리엄 글래드스턴이었다. 이 두 라이벌은 토론의 여지가 있는 모든 주제를 두고 맞붙었지만, 한 가지에 관해서는 공통점이 있었다. 바로 사생활에 있어서만큼은 최상의 행복을 추구한다는 것이었다.

윌리엄 글래드스턴과 캐서린 글래드스턴은 59년 동안이나 함께 살았다. 거의 60년에 가까운 시간을 변치 않는 헌신으로 빛나게 만들었던 것이다. 영국 수상 가운데 가장 위엄있는 사람이었던 글래드스턴이 아내의 손을 잡고 난로 주위에서 춤을 추며 이런 노래를 부르는 모습을 떠올려보자.

허름한 남편과 말괄량이 아내
우리는 삶의 달고 쓴 맛을 함께 맛볼 것이야

일터에서 전혀 만만치 않은 사람이었던 글래드스턴은 집에서는 절대 비판하는 일이 없었다. 그가 아침 식사를 위해 내려왔을 때 나머지 가족들이 여전히 잠들었다는 것을 알게 되면 그는 자신만의 부드러운 방법을 사용했다. 그는 큰 목소리로 이상한 노래를 부르며 다른 가족들에게 영국에서 가장 바쁜 남자가 아침 식사를 위해 혼자 아래층에서 기다리고 있다는 걸 넌지시 알려주었다. 세련되고, 배려 있던 그는 집안에서 남을 비난하는 일을 엄격히 금하고 있었다.

예카테리나 2세도 마찬가지였다. 예카테리나 2세는 세상에서 가장 거대한 제국을 통치한 여성이었다. 수백만 명의 백성 목숨이 그녀의 손에 달려있었다. 정치적으로 보았을 때, 그녀는 잔혹한 독재자로, 쓸모없는 전쟁을 벌이고 무수한 적들을 총살형에 처했다. 하지만 요리사가 고기를 태웠을 때, 그녀는 아무 말도 하지 않았다. 그녀는 미소를 지으며 넓은 아량으로 고기를 먹었다. 배우자가 차려준 식탁에서 우리가 갖춰야 할 태도였다.

불행한 결혼의 원인에 관해서 미국 최고의 권위자라고 할 수 있는 도로시 딕스는 50%가 넘는 결혼이 실패했다고 말한다. 그녀는 로맨틱한 꿈이 그토록 많이 망가지는 이유 중 하나를 비난, 그것도 부질없고 상처를 주는 비난으로 꼽았다.

그리고 만일 당신이 자녀를 비난하고 싶다고 했을 때, 내가 그러지 말라고 할 것이라고 짐작하겠지만 그렇지 않다. 나는 다만 당신이 아이를 비난하기 전에, '미국 저널리즘'의 고전이라 할 수 있는 '아버지가 잊었단다'를 읽어보라고 권하고자 한다. 애초에 이 글은 '피플스 홈 저널'에 실린 사설이었다. 작가의 동의를 받아 '리더스 다이제스트'에 요약된 버전을 인용하겠다.

'아버지가 잊었단다'는 진심을 담아 휘갈겨 쓴 글로, 수많은 독자의 심금을 울리며 여러 해 동안 재판되었다. 작가인 W. 리빙스턴 라니드는 이렇게 말했다.

"'아버지가 잊었단다'는 수백 곳의 잡지와 사보를 비롯한 미국 전역의 일간지에 실렸습니다. 그리고 많은 언어로 번역되어 출간되기도 했습니다. 나는 이 글을 학교, 교회 그리고 강연에서 읽길 원하는 수천 명 사람들의 요청을 수락하기도 했습니다. 그리고 셀 수 없이 많은 방송에서도 언급되었습니다. 이상한 일이지만, 대학 정기 간행물과 고등학교 잡지에까지도 실렸습니다. 때때로 사소한 이야기가 이유를 알 수 없이 인기를 얻는 경우가 있습니다. 이 글이 그런 것 같습니다."

아버지가 잊었단다
W. 리빙스턴 라니드

아들아, 이 글을 쓰는 지금 너는 누워 잠이 들어있단다. 작고 보드라운 주먹이 네 뺨을 받치고 있고, 네 금발 머리카락은 촉촉하게 땀에 젖은 이마에 들러붙어 있지. 나는 혼자 네 방에 몰래 들어왔단다. 불과 몇 분 전, 서재에서 신문을 읽고 있는데, 숨 막히는 후회의 물결이 나를 집어삼킨 것이야. 죄책감에 젖은 채 네 침대 곁에 앉았구나.

이런 생각이 들었단다. 나는 네게 신경질을 냈지. 네가 세수한 뒤 얼굴을 수건으로 제대로 닦지 않았다고, 학교에 가려고 옷을 입는 너를 꾸짖었어. 신발을 닦지 않았다고 화를 냈고, 네가 바닥에 물건을 집어 던졌을 때 큰 소리를 쳤지.

아침 식사 중에도 나는 잘못을 찾아냈단다. 너는 음식을 흘렸지. 음식을 씹지 않고 삼켰어. 식탁 위에 팔꿈치를 올려놓았어. 빵에는 버터를 너무 많이 발랐지. 너는 놀러 나가던 중 내가 기차를 타러 가려고 하니, 뒤를 돌아 손을 흔들며 '아빠, 안녕!'이라고 인사했지. 나는 눈살을 찌푸리며 이렇게 답했어.

"등을 똑바로 펴고 다녀야지!"

오후에도 잔소리는 계속되었어. 나는 길을 올라오다 땅바닥에 앉아 구슬치기를 하고 있는 너를 보았지. 양말에는 구멍이 나 있었어. 나는 네 친구들 앞에서 너를 집으로 끌고 가며 창피를 주었어.

"양말은 비싸단다. 네 돈을 주고 샀으면 조심했겠지."

어떻게 아버지가 아들에게 그런 말을 할 수 있을까?

나중에 내가 서재에서 책을 읽고 있을 때, 네가 상처받은 눈빛으로 소심하게 들어왔던 걸 기억하니? 내가 너를 얼핏 쳐다보며 답답해하자, 너는 문 앞에서 주저하며 서 있었지. 나는 이렇게 쏘아붙였어.

"원하는 게 뭐야?"

너는 아무 말도 하지 않고, 방을 잽싸게 가로질러 달려와 내 목에 팔을 감고 키스를 했지. 네 작은 팔은 신이 네 마음에 심어둔 사랑으로 나를 끌어안았어. 나의 무관심에도 시들지 않을 그런 사랑이었지. 너는 그렇게 계단을 뛰어내려 가버렸어.

아들아, 그리고 얼마 지나지 않아 나는 들고 있던 신문을 떨어뜨렸어. 끔찍한 두려움이 나를 덮쳤기 때문이야. 내가 도대체 그동안 무슨 일을 저지르고 있었던 거지? 잘못을 찾아내고, 질책하는 게 습관이 되어버렸어. 네가 어린아이라는 이유에서겠지. 내가 너를 사랑하지 않아서가 아니란다. 어린 네게 내가 너무 많은 것을 기대하고 있었어. 어른의 잣대를 들이밀고 있었던 것이야.

너의 성격은 너무도 훌륭하고 건강하고 진실한 것들이 많이 있어. 네 작은 마음은 넓은 언덕 너머로 뜨는 새벽하늘만큼이나 크지. 너는 누가 시키지 않아도 나에게 달려와 잘 자라고 키스를 해주니까 말이야. 오늘 밤, 세상에 더 중요한 일은 없단다. 나는 어두운 밤, 네 침대 곁에 앉아 무릎을 꿇고 창피해하고 있어.

이건 보잘것없는 사과란다. 네가 깨어있는 동안 이런 이야기를 했다면 너는 이해하지 못하겠지. 하지만 내일 나는 진짜 아빠가 될 거야! 나는 네 친구가 되어 네가 괴로워할 때 함께 괴로워하고, 네가 웃을 때 함께 웃을 거야. 참을성 없는 말들을 내뱉고 싶을 때면 혀를 깨물 것이야. 그리고 이렇게 되뇔 것이야.

"아직 어린아이일 뿐이야. 작은 아이!"

너를 어른으로 생각한 것만 같아 마음이 무겁구나. 그러나 지금 네가 작은 침대에 웅크린 채 지쳐 잠들어 있는 것을 보니, 네가 아직 아기라는 것을 알겠단다. 어제만 해도 네 엄마의 품에 안겨 그녀의 어깨에 머리를 기대고 있었는데, 내가 네게 너무 많은 것을 바랐구나. 너무 많은 것을.

그러니 행복한 가정을 꾸리고 싶다면 다음을 기억하라.

비난하지 마라.

제4장

모두를 행복하게 만드는 빠른 방법

▶──────── **로스앤젤레스** 가족관계연구소의 소장인 폴 포페노는 말했다.

"배우자를 찾는 많은 사람들은 사회적 지위가 높은 사람이 아닌, 기꺼이 그들의 허영심을 칭찬하고 우월감을 느끼게 해주는 사람을 원한다."

우리는 이성이 매력적이며 격식에 맞는 옷차림을 갖추었을 때 칭찬을 건네야 한다. 특히 남성들은 여성들이 얼마나 옷차림에 깊은 관심을 가지는지 쉽게 잊어버리거나, 아예 생각조차 못 하곤 한다.

예를 들어 한 커플이 길을 걷다 다른 한 커플을 길에서 마주치는 상황이 생겼다고 하자. 여성은 다른 남자에게는 눈길도 주지 않을 것이다. 반면 다른 여성이 얼마나 근사한 옷을 입고 있는지를 볼 것이다.

내 할머니는 몇 년 전 98세의 나이로 세상을 떠나셨다. 그 일이 있기 얼마 전, 우리는 30년도 전에 찍은 그녀의 사진을 한 장 보여주었다. 그녀의 눈은 사진을 제대로 볼 수 없었고, 그녀가 던진 유일한 질문은 이러했다.

"내가 무슨 옷을 입고 있니?"

생각해보라! 임종을 맞이한 한 여성이 100년의 세월이라는 그림자 속에서 노쇠한 채로 침대 신세를 지고 있다. 그녀의 기억은 너무도 빠른 속도로 소실되는 나머지 자신의 딸들조차 알아보지 못한다. 그런데도 그녀는 자신이 30년 전 입고 있던 드레스에 관심이 있었다! 나는 할머니가 그 질문을 할 당시 그녀의 침대 곁에 있었다. 나는 그날 받은 감명을 영원히 잊지 못할 것이다.

이 글을 읽고 있는 남성 독자 중에는 5년 전에 입고 있던 양복이나 셔츠를 기억하지 못할 뿐만 아니라 기억하고자 하는 조금의 욕구도 없을 것이다. 그러나 여성은 다르다. 그리고 미국인 남성들은 그 사실을 깨달아야 한다. 상류층에 속한 프랑스 남성들은 여성의 드레스와 모자를 칭찬하는 법을 배운다. 그것도 같은 저녁 여러 번에 걸쳐서 말이다. 그리고 그들이 옳다!

이 이야기는 실제로 일어났던 일은 아니지만, 진실을 보여주고 있기에 다시 인용하도록 하겠다. 이 바보 같은 이야기에 따른 농장에서 일하던 한 여성은 고된 일터에서 돌아와 저녁상에 건초더미를 차려놓았다. 사람들이 그녀에게 미친 것이 아니냐며 분개했을 때, 그녀는 이렇게 답했다.

"지난 20년 동안 당신들을 위해 상을 차려왔는데, 어떤 말도 듣지 못했어요. 당신들에게는 내가 차려준 게 밥상인지 건초더미인지도 알 수 없었지. 근데 내가 당신들이 뭘 먹는지 어떻게 알겠어요?"

모스크바와 상트페테르부르크의 무례한 귀족들은 예전만 해도 예의 바른 사람들이었다. 차르 시대, 러시아의 상류층에서는 좋은 저녁 식사 후에 요리사를 불러 격려하는 것이 관행이었다.

왜 당신의 배우자에게는 그런 배려를 하지 않는가? 배우자가 해준 닭고기 요리가 맛있었다면 그렇다고 말하라. 건초를 먹고 있지 않음에 감사하다는 표현을 하라는 것이다. 텍사스 기난은 이렇게 말하곤 했다.

"아내에게 큰 박수를 보내라."

그리고 박수를 보내는 동안, 배우자가 당신의 행복에 얼마나 중요한 사람인지 말하는 것을 두려워하지 말라. 디즈레일리는 영국이 배출한 가장 위대한 정치인이었다. 그러나 그는 자신의 아내에게 공을 돌리는 것을 부끄럽게 여기지 않았다.

얼마 전 잡지를 읽던 중 나는 이런 구절을 발견했다. 다음은 에디 캔터의 인터뷰에서 발췌한 내용이다.

"나는 세상 그 누구보다 아내에게 많은 빚을 졌다. 그녀는 나에게 최고의 친구이다. 그녀는 나에게 나아갈 수 있도록 도와주었다. 우리가 결혼한 뒤 그녀는 돈을 아껴 투자하고 또 투자했다. 그녀는 나를 위해 재산을 축적해주었다. 우리에게는 사랑스러운 5명의 자식이 있다. 그리고 그녀는 나에게 언제나 훌륭한 집을 만들어 주었다. 내 모든 성공은 그녀의 덕이다."

할리우드에서 결혼이란 위험한 일이다. 런던의 로이드 보험사도 돈을 걸지 않을 위험한 일이다. 그런 곳에서 워너 백스터는 특출나게 행복한 결혼에 성공한 몇 안 되는 사람 중 한 명이다. 한때 위니프레드 브라이슨이라고 불렸던 백스터 부인은 결혼 당시 무대 위의 화려한 경력을 포기했다. 그러나 그녀의 희생은 행복을 망칠 수 없었다. 워너 백스터는 말했다.

"그녀는 더 이상 무대 위에서 받던 박수를 받을 수 없었지만, 나만큼은 여전히 그녀를 향해 가장 큰 박수를 보낸다는 사실을 일깨워주려 했습니다. 만일 한 여성이 남편에게서 행복을 찾는다면, 그 정답은 남편의 칭찬과 헌신에 있습니다. 그 칭찬과 헌신이 실재한다면, 남편의 행복 또한 그곳에서 찾을 수 있을 겁니다."

자, 그러니 행복한 가정을 꾸리고 싶다면 가장 중요한 규칙인 다음을 따르라.

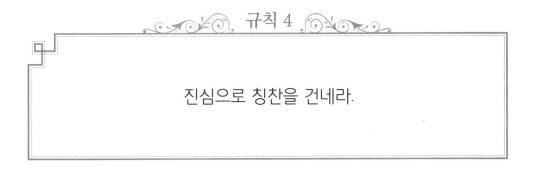

규칙 4

진심으로 칭찬을 건네라.

제5장

여성에게 큰 의미를 지니는 것

▶─────── 아주 옛날부터 꽃은 사랑의 언어로 취급되어 왔다. 제철 꽃은 비싸지도 않고, 길모퉁이에서 싼값에 살 수 있다. 그러나 보통의 남편이 수선화 한 다발을 집에 가지고 가는 일이 얼마나 드문 일인지를 고려하면, 꽃다발이 난초만큼 비싸거나 알프스산맥의 구름에 가린 절벽에서 꺾어온 에델바이스만큼이나 구하기 어려운 것처럼 생각할 수도 있을 것이다.

왜 아내가 병원에 입원했을 때만 꽃을 선물하는가? 내일 저녁 그녀에게 장미꽃 몇 송이를 선물하면 어떨까? 실험을 좋아한다면 시도해보라. 그리고 무슨 일이 일어나는지 보시라.

브로드웨이에서 바쁜 생활을 이어가던 조지 M. 코한은 어머니가 돌아가실 때까지 하루에 두 번 전화를 걸었다. 과연 그가 매번 깜짝 놀랄 소식을 전했을까? 아니다. 그건 작은 관심에서 비롯된 행위였다. 사랑하는 사람에게 그 사람을 생각하고 있고, 그 사람을 기쁘게 해주고 싶고, 그의 행복과 안녕이 당신에게 아주 귀하며, 당신의 마음이 가까이에 있다는 걸 보여주고 싶은 그런 마음 말이다.

어떤 여성들은 생일과 기념일을 아주 중요하게 생각한다. 그 이유는 아마 영원한 미스터리로 남았지만 말이다. 평범한 남성은 많은 날을 잊어버리는 실수에도 삶을 살아갈 수 있지만, 몇몇 날짜는 반드시 기억해야 한다. 1492년(콜

롬버스가 아메리카를 발견한 연도 : 역주), **1776년**(미국이 독립을 선언한 연도 : 역주), 아내의 생일 그리고 자신의 결혼기념일이 여기에 해당한다. 그나마 앞의 두 날짜는 크게 문제가 되지 않지만, 나머지 두 날짜는 절대 잊어선 안 될 것이다.

4만 건의 혼인 분쟁을 다루고 2만 쌍의 부부 화해를 이루어 낸 시카고 출신 조셉 사바스 판사는 이렇게 말했다.

"대부분의 불행한 결혼의 가장 밑바닥에는 사소한 것들이 있습니다. 아침에 출근하는 배우자에게 손을 흔들어주는 것처럼 사소한 행동으로도 많은 이혼을 막을 수 있습니다."

엘리자베스 바렛 브라우닝과의 결혼생활에 있어, 시인인 로버트 브라우닝은 역사상 가장 목가적牧歌的인 사람이었을 것이다. 그는 항상 소소한 헌신과 관심으로 부지런히 사랑을 사수했다. 그는 병상에 누운 아내를 너무도 극진히 대했다. 한번은 그녀가 자매들에게 이런 내용을 편지에 담을 정도였다.

"그가 날 너무도 귀하게 대하는 나머지, 내가 진짜 천사 같은 존재가 아닌지 궁금해지기 시작했단다."

너무도 많은 남성들이 이렇게 사소한 일상의 관심이 주는 가치를 과소평가하고 있다. 게이노 매덕스는 '픽토리얼 리뷰'에 실린 한 기사에 이렇게 적었다.

"미국 가정에는 새로운 습관이 도입되어야 한다. 예로, 더 많은 여성이 기분 좋은 일탈인 침대에서 먹는 아침과 같은 것을 누려야 한다. 여성들에게 있어 침대에서 먹는 아침은 남성들이 비공개 클럽 같은 곳에 다니는 즐거움을 준다."

결혼은 다름 아닌 일련의 사소한 사건이 오랜 시간 동안 이어지는 것이다. 그 사실을 간과한 부부는 문제를 겪을 것이다. 에드나 세인트 빈센트 밀레이는 간결한 시로 이러한 진리를 표현하였다.

사랑이 삶을 상처입히는 것이 아니라, 작은 일들이 사랑을 상처입힌다.

외워두면 좋을 구절이다. 네바다주 리노시에서는 일주일에 여섯 번, 이혼 법정이 열리는데 이혼하는 비율은 열 명의 부부 중 한 부부에 해당한다. 진짜 비극으로 인해 파국을 맞은 결혼이 몇이나 될 것 같은가? 아마 그리 많지 않을 것이다. 재판장에 앉아 불행한 남편과 아내의 증언을 듣고 있으면, 당신은 아마 '작은 일들이 사랑을 상처 입힌다'라는 말의 의미를 깨달을 것이다.

휴대용 칼을 꺼내 다음의 문장을 오려라. 모자 속도 좋고 매일 아침 준비를 하면서 볼 수 있는 거울 위도 좋으니 오려낸 종이를 붙여라.

"나는 이 길을 한 번만 걸을 수 있다. 내가 다른 사람에게 베풀 수 있는 어떤 선행이나 보일 수 있는 친절함이 있다면 지금 당장 그 일을 하고 싶다. 미루거나 무시하고 싶지 싶다. 이 길을 다시 걸을 수는 없기 때문이다."

그러니 행복한 가정을 꾸리고 싶다면, 다음을 따르라.

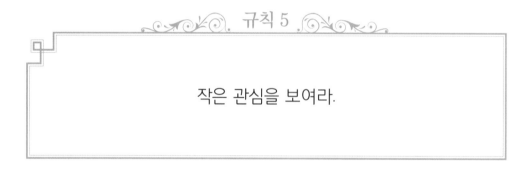

규칙 5

작은 관심을 보여라.

제6장

행복해지고 싶다면

▶────── 월터 담로쉬는 미국의 가장 위대한 연설가이자, 대통령 선거에 출마한 적이 있던 제임스 G. 블레인의 딸과 결혼했다. 그들이 오래전 스코틀랜드에 있는 앤드류 카네기의 집에서 만난 날부터, 담로쉬는 누가 봐도 행복한 삶을 이루게 되었다.

무엇이 비결이었을까?

담로쉬 부인은 말했다.

"결혼 상대를 고른 뒤에 신경 써야 할 것은 결혼 뒤의 예의입니다. 모르는 사람을 대할 때만큼만 배우자를 대한다면 얼마나 좋을까요! 누구라도 심술궂은 말을 하는 사람에게서 도망치고 싶을 테지요."

무례함은 사랑을 파괴하는 질병 같은 존재다. 모두가 그 사실을 알고 있다. 그러나 우리가 가족들보다 모르는 사람들에게 더 예의 바르게 군다는 사실은 이미 잘 알려진 사실이다. 우리는 "세상에, 그 오래된 이야기를 또 꺼내려고 하는 건 아니겠지!"라며 남의 말을 끊는다는 것은 엄두도 내지 못한다. 허락 없이 친구들의 우편물을 열어본다거나, 개인적인 비밀을 캐내는 것 또한 마찬가지다. 우리는 가장 가깝고 소중한 가족들의 사소한 잘못에만 지적할 용기를 낸다.

다시 도로시 딕스의 말을 인용하겠다.

"놀라운 것은 우리에게 못되고, 모욕적이고, 상처를 입히는 말을 하는 유일한 사람은 한집에 사는 가족들이라는 사실이다."

헨리 클레이 리스너는 이렇게 말했다.

"예의는 부서진 문을 못 본 체하고 그 너머 정원에 핀 꽃에 관심을 주는 것이다. 예의는 자동차에 들어가는 기름만큼이나 결혼에 있어 중요한 요소다."

큰 인기를 누린 '아침 식탁의 독재자'를 쓴 올리버 웬델 홈스는 집에서 독재자와는 정반대의 사람이었다. 너무도 배려가 넘쳤던 그는 슬프거나 우울한 기분이 들 때면 가족들 모르게 혼자 우울함을 달래려 했다. 그는 우울함이라는 것이 혼자서도 견디기 너무 힘들었기에, 다른 사람에게 영향을 미치고 싶지 않다고 말했다.

올리버 웬델 홈스는 그렇게 했다. 하지만 보통의 사람은 어떨까? 회사에 문제가 생겼고, 상사에게 호출받아 야단맞거나, 끔찍한 두통에 시달렸거나 5시 15분에 출발하는 통근버스마저 놓친 보통의 사람은 집에 돌아가는 즉시 가족들에게 불평을 늘어놓을 것이다.

네덜란드에서는 집에 들어가기 전에 현관에 신발을 벗어둔다. 우리 역시 그들을 본받아 일터에서 겪은 문제를 현관 밖에 벗어두고 들어가는 것이 좋을 것이다.

윌리엄 제임스는 '인간의 무지에 관하여'라는 글에서 이렇게 말한다.

"이 논문이 다루는 인간의 무지는 우리와 다른 존재 및 사람들의 감정과 관련하여 우리 모두가 가지고 있는 우리의 무지이다."

고객이나 직장 동료에게는 날카로운 말을 할 생각조차 하지 못하는 사람도 배우자에게는 쉽게 고함을 친다. 그러나 개인의 행복을 고려했을 때 결혼은 일보다 훨씬 중요하고, 필수적이다.

행복한 결혼을 한 보통의 남자는 혼자 외로움 속에서 사는 천재보다 훨씬 행복하다. 위대한 러시아 소설가인 투르게네프는 모든 문명 세계로부터 칭송을 받은 사람이었다. 그런데도 그는 이렇게 말했다.

"어딘가에 내가 늦은 밤 집에 저녁을 먹으러 올지 걱정하는 여성이 있다면, 나는 나의 모든 천재성과 나의 작품들을 포기할 수 있다."

행복한 결혼을 할 가능성은 얼마 정도일까? 앞서 말했듯, 도로시 딕스는 결혼의 절반은 실패에 그친다고 한다. 그러나 폴 포페노 박사는 다른 의견을 제시했다. 그는 말했다.

"인간은 그 어떤 일보다 결혼에서 성공할 가능성이 큽니다. 식료품 사업에 뛰어든 사람 중 70%는 실패합니다. 결혼을 한 사람 중 70%는 성공합니다."

도로시 딕스는 이 모든 것을 다음의 문장으로 요약하였다.

"결혼에 비하면, 태어나는 것은 우리 인생에 있어 사소한 에피소드이며, 죽는 것은 하찮은 사건입니다. 그 어떤 여성도 왜 남성이 사업이나 일을 성공하는 데 기울이는 노력을 가정에는 절반의 절반도 기울이지 않는지 결코 이해할 수 없습니다. 그러나 남성에게 있어 만족한 아내를 두거나 평화롭고 행복한 가정을 꾸리는 것이 백만 달러는 버는 것보다 더 큰 의미를 지닐 수 있지만, 어떤 남성도 성공적인 결혼을 위해 진지한 고민을 하거나 노력을 기울이지 않습니다. 그는 인생에서 가장 중요한 것은 행운에 맡긴 채 성공이나 실패를 받아들입니다. 아내는 왜 남편이 자신들을 세련되게 다루지 못하는지, 부드러움 대신 강압적인 방식을 택하는지 이해할 수 없습니다.

모든 남편들은 아내를 기쁘게 만들어 그 어떤 일도 아무런 대가 없이 하도록 만들 수 있습니다. 남편은 아내가 살림을 잘해 큰 도움이 된다는 가벼운 칭찬 몇 마디로 아내가 동전 한 푼까지 아끼도록 만들 수 있습니다. 작년에 산 드레스를 입었을 때 아내가 얼마나 아름답고 사랑스러운지 말해준다면, 그녀는 파리에서 온 신상품을 사지 않을 것입니다. 아내가 눈을 감아주길 바라면 두 눈에 키스하면 되고, 아내가 말을 멈추길 바라면 입술에 키스하면 됩니다.

모든 아내들은 남편들이 이러한 사실을 알고 있다는 걸 모를 수 없습니다. 이미 자신들을 어떻게 다루어야 하는지 상세히 알려주었기 때문입니다. 작은 칭찬과 아내가 원하는 것을 보여주는 대신, 싸움을 택한 대가로 맛없는 음식을 먹고, 그녀에게 새 드레스, 리무진과 진주 선물에 돈을 낭비하는 것을 보면 아내는 남편에게 화를 내야 하는지, 혐오감을 느껴야 하는지 알 길이 없습니다."

따라서 행복한 가정을 꾸리고 싶다면 다음을 따르라.

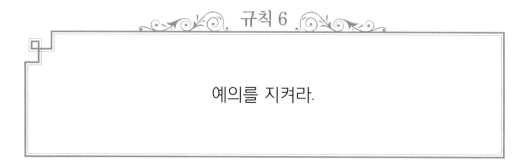

규칙 6

예의를 지켜라.

제7장

결혼생활을 이해하라

▶─────── **사회위생관리소의 국장** 캐서린 베먼트 데이비스 박사
는 언젠가 기혼 여성 1천 명을 상대로 성생활에 관한 아주 솔직한 설문 조사
를 한 적이 있다. 결과는 충격적이었다. 미국 성인의 대다수가 성생활에 있
어 믿을 수 없을 정도로 불만을 표하고 있었다. 천 명의 기혼 여성으로부터
받은 답변을 정독한 데이비스 박사는 과감히 미국에서 발생하는 이혼의 주
된 원인이 신체적인 부조화라고 발표했다.

G. V. 해밀턴 박사의 설문 역시 이러한 발견을 검증해주었다. 해밀턴은 4
년 동안 각각 100명의 기혼 여성과 남성을 대상으로 연구를 진행했다. 그는
조사에 참여한 사람들에게 개별적으로 결혼에 관하여 400여 개의 질문을 던
지며, 그들이 가진 문제를 두고 철저한 논의를 거쳤다. 그 과정이 어찌나 철
저했던지 4년이라는 연구 시간이 필요했다. 이 연구는 사회적으로 너무도
중요하다고 인정받아 주요 자선 활동가 단체로부터 지원을 받았다. 연구 결
과는 G. V. 해밀턴 박사와 케네스 맥거완의 '결혼생활의 문제'에서 확인할
수 있다.

그래서 결혼생활의 문제가 무엇이란 말인가? 해밀턴 박사는 이렇게 말
했다.

"대부분 부부간의 불화가 성적 부조화로 인해 발생했다는 사실을 그 원인

으로 지목하지 않는 정신과 의사는 몹시 편협하고 무모한 의사일 것입니다. 어쨌든 성관계가 만족스럽다면 다른 문제에서 비롯된 마찰 중 대부분은 무시될 수 있습니다."

로스앤젤레스 가족관계연구소의 책임자인 폴 포페노 박사는 수천 건의 결혼을 연구해왔으며, 가정생활에 관해서는 미국 최고의 권위자 중 한 명이다. 포페노 박사에 따르면, 실패한 결혼의 일반적인 원인으로는 다음과 같은 4가지를 들 수 있다.

1. 성적 부조화
2. 여가를 보내는 방법에 관한 의견 불일치
3. 경제적 어려움
4. 정신적, 신체적 또는 감정적 문제

성적인 원인이 1번을 차지한다는 사실에 주목하라. 그리고 희한하게도, 금전 문제는 3위에 그쳤다.

이혼에 관한 모든 권위자는 성적 조화의 절대적 필요성에 동의하고 있다. 그 예로, 살면서 수천 건의 가정에서 일어난 비극을 들어왔던 신시내티 가정법원의 호프만 판사는 수년 전, 이런 말을 한 적 있다.

"10건의 이혼 가운데 9건의 경우 성적 문제로 인해 발생하였다."

저명한 심리학자 존 B. 왓슨은 말했다.

"성관계는 분명 인생에서 가장 중요한 주제다. 그것은 분명 남성과 여성의 행복을 무너뜨리는 가장 중대한 원인이다."

이것은 내가 성인 강좌에서 같은 내용을 가르치기 전까지 다수의 현직 의사들로부터 들은 이야기기도 하다. 그렇다면 지금 같은 세상에서 우리가 이뤄낸 모든 문명을 두고도 이 가장 원시적이고 자연스러운 본능을 무시했다는 이유로 가정이 파괴되고 삶이 망가진다는 사실이 가엽게 느껴지지 않는가?

18년간 감리교 목사를 지낸 올리버 M. 버터필드는 뉴욕시 가족상담센터를 운영하기 위해 목사직을 내려놓았다. 그리고 그는 아마 그 어떤 사람보다도 더 많은 젊은 부부의 혼인을 지켜보았을 것이다. 그는 이렇게 말했다.

"목사가 되면서 내가 발견한 것은, 사랑과 좋은 의도에도 불구하고, 결혼하는 많은 커플들이 결혼에 관해서는 아무것도 모른다는 사실이었습니다. 우리가 그토록 어려운 결혼생활의 대단히 어려운 조정과 적응과정을 그저 운에 맡긴다는 것을 고려해보면, 현재의 16%밖에 안 되는 이혼율은 정말 놀라운 수치입니다. 아주 많은 부부들은 사실 결혼을 한 것이 아니라, 단순히 이혼하지 않았다고 볼 수 있습니다. 그들은 지옥과 같은 삶을 사는 것입니다."

버터필드 박사는 이렇게도 말했다.

"행복한 결혼은 우연의 산물이 아닙니다. 행복한 결혼은 지능적이고 의도적으로 계획되었다는 점에서 잘 지어진 건물 같은 것입니다."

이 과정을 돕기 위해, 버터필드 박사는 수년 동안 자신이 결혼을 시킨 모든 커플에게 미래 계획을 솔직히 털어놓도록 했다. 그렇게 이뤄진 대화 속에서 그는 대부분의 부부들이 결혼에 관해 완전히 무지하다는 결론을 내리게 되었다.

버터필드 박사는 말했다.

"성관계는 결혼생활이 주는 많은 만족감 중 하나에 불과하지만, 그 관계가 제대로 지속되지 않는다면, 그 무엇도 바로 흘러가지 않을 것입니다."

그렇다면 어떻게 해야 할까? 또 한 번 버터필드 박사의 말을 인용하겠다.

"감정적으로 침묵하기보다는 결혼생활의 자세와 행동에 관해 객관적이고도 초연한 태도로 토론하는 능력을 지녀야 합니다. 이러한 능력은 건강한 가르침과 좋은 취향을 제시하는 책을 통해 갖출 수 있습니다. 나는 직접 만든 소책자 '결혼과 성적 조화'와 함께 몇 권의 책을 구비하고 있습니다. 일반적인 독서를 기준으로 했을 때 다음 세 권의 책이 가장 만족스럽다고 생각됩니다. 이사벨 E. 허튼의 '결혼생활에서의 성적 기술', 맥스 엑스너의 '결혼의 성적 측면', 헬레나 라이트의 '결혼의 성적 요소'를 추천합니다."

따라서 더 행복한 가정을 꾸리고 싶다면 다음 규칙을 따르라.

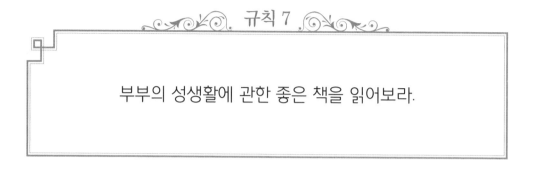

규칙 7

부부의 성생활에 관한 좋은 책을 읽어보라.

책에서 성적 조언을 얻는 게 이상하게 느껴지는가? 안 될 건 무엇인가? 지금으로부터 몇 년 전, 컬럼비아 대학은 미국사회위생연합과 함께 저명한 교육자들을 초청하여 기혼 학생들의 성생활과 결혼 문제에 관해 논의하는 시간을 가졌다. 그 회의에서 폴 포포네 박사는 이렇게 말했다.

"이혼율이 감소하고 있습니다. 가장 큰 이유는 사람들이 성관계와 결혼에 관한 유명한 책들을 더욱 많이 읽고 있기 때문입니다."

'더 행복한 가정을 꾸리는 7가지 방법'을 다루는 이번 장에 추천된 책들은 검증된 방법을 통해 비극적인 문제를 돌파하는 데 도움이 될 것이다.

사람들의 호감을 사는 방법

규칙 1. 절대, 절대 잔소리하지 마라!

규칙 2 배우자를 바꾸려 들지 마라.

규칙 3. 비난하지 마라.

규칙 4. 진심으로 칭찬을 건네라.

규칙 5. 작은 관심을 보여라.

규칙 6. 예의를 지켜라.

규칙 7. 부부의 성생활에 관한 좋은 책을 읽어보라.

(각 질문당 10점을 부과해 총 몇 점의 점수가 나오는지 확인해보시오.)

1. 꽃 선물로 아내의 애정을 사려고 하는가? 아내의 생일과 결혼기념일을 기억하고, 예상치 않은 관심과 애정을 주기 위해 노력하는가? ☐

2. 다른 사람들 앞에서 아내를 비판하지 않도록 신경 쓰는가? ☐

3. 아내가 생활비를 제외하고 자유롭게 쓸 수 있는 돈을 마련해주는가? ☐

4. 아내의 다양한 감정을 이해하며 피곤하고, 신경이 날카롭고, 감정적일 때 도우려고 노력하는가? ☐

5. 최소한 여가의 반 이상을 아내와 함께 보내는가? ☐

6. 아내의 요리나 살림 방식을 당신의 어머니, 아버지 또는 지인의 아내와 비교하는 것을 노련하게 자제하는가? ☐

7. 아내의 지적 생활과 모임, 독서 중인 책 그리고 사회 문제에 대한 견해에 확실히 관심을 보이는가? ☐

8. 사교모임 등에서 아내가 다른 남자들의 친근한 관심을 받는 상황에도 질투 섞인 지적을 자제하는가? ☐

9. 아내를 칭찬하고 존경을 표할 기회를 항상 노력하는가? ☐

10. 단추를 달고, 양말을 꿰매고, 세탁소에 옷을 맡기는 것과 같은 아내의 사소한 행동에 감사를 표하는가? ☐

결혼생활 평가 설문(아내용)

(각 질문당 10점을 부과해 총 몇 점의 점수가 나오는지 확인해보시오.)

1. 남편이 완전히 자유롭게 자신의 업무를 볼 수 있도록 해주고 남편의 동료나 비서, 근무 시간 등 간섭하지 않도록 자제하는가? ☐

2. 가정을 재미있고 매력적인 곳으로 만들기 위해 최선을 다하는가? ☐

3. 남편을 위해 평상시 먹지 않는 특별한 깜짝 요리를 준비하기도 하는가? ☐

4. 남편이 하는 일을 깊이 이해하고 유용한 대화를 할 수 있는가? ☐

5. 남편의 실수를 비판하거나 성공한 사람과 비교하지 않고 용기 있고 쾌활한 태도로 재정적 문제를 마주할 수 있는가? ☐

6. 시부모님이나 다른 친척들과 잘 지내기 위한 별도의 노력을 하는가? ☐

7. 남편이 좋아하는 스타일이나 색에 맞는 옷을 입어보기도 하는가? ☐

8. 부부간의 조화를 위해 약간의 의견 불일치를 허용하는가? ☐

9. 남편이 좋아하는 게임을 배워 여가를 함께하려는 노력을 해보았는가? ☐

10. 그날의 소식, 새로 나온 책, 새로운 아이디어에 관심을 기울여 남편의 지적 호기심을 자극해보았는가? ☐

어떻게 걱정 없는 인생을 살며 성공할 수 있을까

워렌 버핏도 극찬한
데일 카네기의 역작!

전 세계
1억 부 판매된
초대형
베스트셀러

타임지 선정
최고의
자기 계발서

국제코치연합
성공철학
필독서

국내 최초 완역 무삭제

데일 카네기
자기 관리론

데일 카네기 지음 / 유광선·김광수·장비안 옮김 / 4×6배판 / 408쪽 / 값 : 18,000원

걱정 없이 살게 해줄 가장 효과적인 실행법!

이 책에서는 '익명의 누군가' 또는 '미스터 킴과 미세스 리'와 같은
상상 속 인물에 관한 이야기를 찾을 수 없다.
일부 드문 경우를 제외하고, 실존 인물의 실명과 사는 곳을 명시하였다.
모든 것은 실제로 일어난 이야기로, 등장인물들이 그 신빙성을 부여한다.
이 책은 오랜 시간을 거쳐 검증된, '걱정을 물리치기 위한'
성공적 비결의 집대성이자 완결판이다.